加爾默羅靈修

凡尋求天主，深感除天主外，
心靈無法尋獲安息和滿足的人，
會被吸引，進入加爾默羅曠野。

星火文

聖女大德蘭誕生五百週年新

Spiritual Canticle · Cántico Esp

我的雙眼仰望祢，我看見祢的美麗

聖十字若望的靈歌

聖十字若望 St. John of the Cross ◎著

加爾默羅聖衣會◎譯

CONTENTS

目錄

CONTENTS

目錄

CONTENTS

推薦序一

聖十字若望《靈歌》新譯本序言

房志榮神父

二〇〇一年四月十二日，筆者曾經為《靈歌》華文譯本寫了「中文版序」，特別指出作者聖十字若望認為，難以言喻的天人交往，反倒能用詩的圖像和象徵表達一二。這與中國文化傳統不約而同。像我國詩仙李白，便是用三、五、七言詩，在一個秋風月夜，表達他思親念友的深情：「秋風清，秋月明；落葉聚還散，寒鴉棲復驚；相思相見知何時，今晚今夜難為情。」

今年、二〇一五年八月讀到的這新譯本，比上文說過的初譯本要明快輕便得多，沒有初譯本的八頁導言，也沒有二十三頁導論，而是直接由十字若望寫給耶穌安納姆姆的信開始，以之作為本書的序言：JHS・＋MAR・本詩篇註解論及靈魂和基督新郎間愛的交往；談及並解釋某些有關祈禱的論點與效果。本書因革拉納達聖若瑟赤足加爾默羅會隱修院院長——耶穌・安納姆姆的請求而著述。寫於一五八四年。

接著，即刻印出「靈魂與新郎的對詠詩歌」，一共四十節，每節五行，十分整齊。前十二節都是新娘唱出的，第十三節的第一行，是前十二節的結語：「撤回它們，心愛的，我已飛出！」，接下去的四行，是新郎首次開口說話：「歸來，鴿子，受傷的雄鹿開始出現在高崗上，因妳飛翔的微風取得舒暢。」第十四到第十九這六節，又都是新娘的吟詠，二十到二三，四節是新郎的回應，二十四到三十三這十節又都是新娘的傾訴。

最後，三十四至三十五兩節是新郎的結束語：「潔白的小鴿子，口啣樹枝飛回方舟；小小的斑鳩，已在翠綠的河堤旁，找到了傾心渴慕的良伴。」、「她孤居獨處，孤寂盈繞已築窩巢；孤寂中唯有愛人獨自引導，且在孤寂中，因她的愛而創傷」。餘下的五節，三十六節到四十節詩中，新娘說出到達目的地的歡愉：「心愛的，我們來欣享歡愉，在祢的美麗中，觀看我和祢，上高山，下丘陵，行到清水湧流處，深深探入叢林裡」（36節）。

教宗方濟各在其「我主應受讚美」通諭二三四號，抄錄了《靈歌》的第十四與十五詩節：「我的愛人是綿綿的崇山峻嶺，孤寂的森林幽谷，奇異奧妙的海島，淙淙迴響的江河，撩情的微風呼嘯。寧靜的深夜於黎明初現之際，默默無聲的音樂，萬籟交響的獨居，舒暢深情的晚宴」。崇山峻嶺，森林幽谷，奇異海島，淙淙江河，撩情微風，寧靜深夜，初現黎明，無聲音樂，萬籟交響，舒暢深情。這就是《聖經．默示錄》二十一章5節所說的。讓所有讀《靈歌》的人彼此代禱，大家一同到達那個境界。

房志榮神父　謹誌於輔仁聖博敏神學院

二〇一五年八月廿二日

推薦序二
我看見祢的美麗

何瑞臣教授（Professor Richard P Hardy）

雖然聖十字若望的著作來自他個人或所認識之人的經驗，無疑地，《靈歌》是他偕同天主邁向整全的個人旅程。所以，這個新譯本會為許多人開啟一道門，幫助他們跟進聖十字若望的旅程，達到我們親愛的天主。這首詩敘述新娘（靈魂）和新郎（基督），在滿是恩寵的背景下，同在一起，愈來愈合而為一。新娘對心愛主的渴望，及不斷地尋找祂，形成首詩節最搶眼的部分，直到他們的友誼加深（訂婚），最後完全結合（神婚）。

這首詩是對話，以《雅歌》（或稱《撒羅滿之歌》）為基礎，聖十字若望顯然熟記此書。甚至在三十五歲，當他寫這首詩時，對於聖經，無論是新約或舊約，他具有異乎尋常的知識和記憶。一五七七年底，由於長上視他為反抗者，被挾持且關進托利多修院的牢房，備受身體、心理和心靈的痛苦。他經驗信德的黑暗，甚至疑惑天主是否存在。雖然如此，某種程度的恩寵破解了黑暗，他體驗到與主結合的深奧，在往後的歲月裡，這個經驗持續地增長。在他內，天主總是在那裡，甚至在所有的受造界；不過，聖十字若望必須捨棄他習慣的思考方式，生活在天主賜給他的嶄新中。正是在這種揭露的光中，使若望在他的腦海裡構思詩歌；這就是〈靈歌〉的前三十一段詩節，可能寫於一五七八年。當新的守門人上任時，若望請求並得到書寫的文具，因此他寫下之前數週構思於內心的這些詩句，一五七八年八月，逃離托利多修院之前，他完成了三十一詩節的〈靈歌〉。後來，到了一五八二年，他增加五段詩節，專論天主的美麗和奧妙。一五八四年，他擔任革拉納達修院的院長時，耶穌·安納姆姆（時為革拉納達隱修院的院長）請求他解釋或註解他的詩。因此，在那一年，他完成了註解的第一版本，一五八六年，他增加一些細節，調動詩節的順序，完成了第二版本。這兩個版本確實是「新娘和基督新郎之間愛的交往」，如若望在開始註解時說的。

他的註解有三個部分：⑴渴望新郎；⑵為「合而為一」（Oneness）準備就緒；⑶新娘與新郎完全結合。在每一個部分中，我們發現，聖十字若望說出他所有的經歷，也是天主在這個愛的過程中讓他體驗而了悟的。

打從詩和註解的開頭，他所說的這個人，就是已經被天主帶領，達到曉悟天主是誰，及已經給予的愛（Love，即天主）。這人渴望圓滿地享有天主，然而，天主卻彷彿不在。現在，有些事發生了，這人發現他已然處在另一種新存有方式的開端，聖十字若望提醒他的讀者們，現在，這人如何完全地被愛（Love，意即天主）迷住，也看見世上所有的奧妙和美麗，全是我們慈愛的天主（Loving God）所創造的。這人（靈歌6．3）如此地著迷於天主，致使她/他敢請求天主，把天主自己委順於她/他。甚至連現在看見的，這個如此奧妙和美麗的世界，比起這人對天主懷有——願意與天主完全合一——的思慕、渴望，世上的一切都不算什麼了。然而，一個人必須離開所有一切（甚至這個渴望），為能進入與天主的大合一。「然而，除非他們起身出去尋找天主，他們必定找不到祂，即使對祂多次高聲呼喊。」（靈歌3．2）天主召叫聖十字若望。就如祂召叫我們每個人一樣，要徹底地專注於天主，要紮根於祂。（靈歌8．3）這意指我們要委順於天主，把整個的自我完全交在天主的雙臂，在此自我的委順中，與天主一起休息，在信德內知道，天主會照顧每一件事和每一個人。（靈歌9．1）

基督帶領祂的愛人達到結合之境，有那裡，「天主把祂自己的幸福也分享給靈魂新娘，祂慈惠又豐盛地親自通傳它們。祂自身對於靈魂來言，就是這令人『舒暢又深情的晚宴』。」（靈歌14－15．29）新娘，就是我們每一個人，找到了完全的平安，她歡愉於萬有，因為新娘現在所經驗和看見的，就如天主所看見和經驗的。（靈歌21．15）現在，天主與這人之間有了相互的委順。（靈歌22．3）在此結合中，天主顯示祂生命的祕密、奧祕，透露天主的存有，邀請這人以體驗的方式，認識在天主內的這些祕密和奧祕；現在天主和新娘一起活同一的生命。天主給出祂所有的一切，什麼也不保留（靈歌24．3）新娘在寧靜與平安中享有這些（靈歌24．5），生活在愛（Love）的動力中：愛天主、愛受造界和愛所有的真實。

在《靈歌》中，我們發現，有一段聖十字若望的神祕祈禱，總結整個的過程，他說：

「這就是，在祢的美麗中，我如此地被神化，致使我們的美麗彼此相似，我們一起在祢的美麗中看我們，現在我已經擁有祢的美麗；就是這樣，彼此互相對看時，會在對方看到自己的美麗，因為二者的美麗只是祢的美麗，在祢的美麗中，我已經被同化；所以，我將在祢的美麗中看祢，祢也將在祢的美麗中看我，在祢的美麗中，我將在我內看祢，祢也要在祢的美麗中，在我內看到祢自己；所以，在祢的美麗中，我會相似祢，在祢的美麗，祢也會相似我，我的美麗就是祢的美麗，祢的美麗也是我的美麗；所以，在祢的美麗中，我將成為祢，在祢的美麗中，祢也將成為我，因為祢的美麗將是我的美麗；因此，在祢的美麗中，我們將觀看我和祢。」（靈歌36．5）

所以，正是在渴望、委順和不斷在愛內被創造之中，我們真的活於天主，即使是在今生的當下。這總結整部的《靈歌》，乃是若望在信德內的個人經驗，完全是天主給予的，在信德內，祂願意給每一個人相同的「合而為一」（Oneness）的禮物。

何瑞臣教授（Professor Richard P Hardy）

於美國加州舊金山

推薦序三

新譯《靈歌》，揭露隱藏的愛和奧祕

劉錦昌牧師

很高興接到隱修院修女的電話，告知《靈歌》修訂新譯本，是以西班牙文本為底重新校譯。看到加爾默羅會的修女如此用心在會母大德蘭及對十字若望靈修作品的譯介，內心十分感動，雖然正處工作異動、搬家將即的情境中，深感有義務提筆寫序。修女請專人送譯文到聖經學院來，也令筆者感觸良多。

《靈歌》最新譯本，較之十四年前的譯文，雖然都是同一位譯者，一方面顯出英譯本和西班牙文本中的不同；同時可以發現最新譯本文字更為精練。《靈歌》中譯本，早有業師趙雅博神父從西班牙文的翻譯；上智出版社出了《靈歌》的新譯本，二版譯本譯文呈現二代之間不同的文字感受和表達。現在，此一最新譯本，再度從西班牙文直接翻譯，不假借英譯中介，除了看到加爾默羅會修女的用心外，讓讀者對《靈歌》的內文更多體味。

《靈歌》將聖經《雅歌》——歌中之歌的屬靈意境逐一展現，使得原是希伯來古典愛情文學的靈意層面浮現出來。我們知道聖女大德蘭曾對《雅歌》經文加以註釋，她的《雅歌》

默想是動人心弦的靈修經典之一，聖女的神師十字若望神父，以《雅歌》經文為基調，就基督徒對他的主耶穌基督的體會、內在屬靈的領受，自心底唱出一首首的詩歌，將新娘對新郎深幽的愛情，由暗至明地逐層啟顯而識。靈修旅途中的煉、明、合三路畢現於尋道者眼前，猶如前往厄瑪忤斯（厄瑪烏）路上，基督的兩位門徒，被復活的基督親自教誨，心靈點燃熾熱、眼目突然發亮，終於看見復活的救主，明白啟示聖言的奧妙，靈性受到提升引導，更能轉向世人傳講基督信仰的奇異。

《靈歌》敘述隱藏的愛和奧祕，要向上主所愛的人彰顯，祂呼叫所愛的人起來，奔向祂那隱密的居所。十字若望神父以自己靈程所走過的腳蹤，譜成四十詩節，一段段帶領我們步入，享受其中屬靈的甜美；雖然也有生病、痛苦、欲絕，所有的莫不是一股渴慕之情，在恩寵中，我們經歷上主深愛的洗滌、擁抱、親吻，最後終歸無有拂輕，純全而為淨配與主共融。

願《靈歌》新修訂譯本，精練的譯文，再度讓讀者與十字若望神遊，同饗屬靈喜宴，聖師的靈修體驗，幫助渴望上主生命的心靈，被永恆至愛所環繞充滿。

劉錦昌 於 聖經學院

二〇一五年七月二日

推薦序四

再讀《靈歌》有感：密契靈修的祕笈

莊慶信（輔仁大學宗教學系教授）

這次會答應聖衣會（加爾默羅修會）為重譯的《靈歌》寫序，一是因為自己近幾年來，就對天主教會隱修院的密契傳統一直有濃厚的興趣；二是感覺好像天主要自己再次地仔細閱讀這本靈修經典，從這本天書開始探索默觀的祕密；三是很想知道：自從二〇〇〇年以來，聖衣會為什麼要一系列地重譯聖十字若望和聖女大德蘭的靈修名著？

看完聖十字若望在獄中完成大部分的《靈歌》，感受到他在顛沛困頓的環境下，還能模仿《雅歌》採用類比、隱喻手法，寫出新娘（靈魂、人、她）與新郎（基督、天主、祂）對唱的情詩，可見其愛基督之情至為強烈。聖十字若望根據靈修的傳承，將靈修的歷程分為煉路、明路、合路三個階段，說明人（新娘）與天主（新郎）結合的經驗；此三部分粗略的內容如下：

在「煉路」階段的默觀初學者（靈歌1至12），雖然用心尋找、追求天主，但因天主的隱藏（1・1），而感受不到天主的臨在。為了找到祂，人先該超越、放下一切受造物

（1・9），同時也超越、遺忘自己。就算做到了這些，人依舊找不到心愛的主（1・21），以致被基督的愛打傷，而產生「愛的傷口」（1・17），想見天主的痛苦與期望愈發強勁（1・19）。人生活在大自然繽紛的變化和富麗的雄偉中，「由於深思受造物，細察它們是天主親手所造成，強烈地喚醒人去愛她的愛人——天主。」（4・3）因為基督降生成人時，在天主的美麗中舉揚了人性，也舉揚所有在祂內的受造物。此時，聖父不僅局部美化受造物，而且也替萬物穿上尊貴又美麗的衣裳。（5・4）這也印證了今日顯題化的生態靈修（eco–spirituality）的重要性。乍看之下，這好像與道家講「外物、忘己（喪我）」，佛教講「無我」工夫有點類似，但與佛道最大的差異是《靈歌》強調在愛中淨化自我。

在「明路」階段的默觀進階者（靈歌13至21），已經過上述外物、忘己的操練之後，天主看到人因愛而受傷，祂也因人的愛而受傷（13・9）；人被天主安排進入神魂超拔（13・11），與基督「靈性訂婚」的幸福默觀境界（13・2）；但人仍會遭遇心愛主的隱退及感官欲望的干擾（16・2－6）。在靈性訂婚境界的人會看到天主的奧祕（14至15・4），察覺並了悟天主是人的萬有，宇宙中所有的一切，全都以無限的方式存在天主內；此時只要人和天主結合，便會覺得萬有是天主（14至15・5）。再者，此階段的人在她心愛主的懷裡享有平安、寧靜（14－15・22），她的理智充滿超過本性的理解（自然的理智），達到神性之光，她看見天主在所有各式各樣的受造物中美妙的安排，各以不同程度反映出天主（14－15・25）。在這寧靜的智慧中，人聽見所有的受造物，按其天賦，發出各種不同的聲音，以各自的方式讚頌天主，所有的聲音匯聚成交響的天籟，齊聲頌揚天主的奧秘。（14－15・27）可見，獨居的人在靈修中默觀大自然，這種生態靈修亦可以體驗到天主。

當然她了悟的大自然萬物本身只是媒介，只是達至終極目標—天主—的中繼站，難怪聖十字若望在各著作中常用「空虛」（Nada，nothing，又譯空無）來形容宇宙中所有的一切。

在「合路」階段的默觀者（靈歌22－40），完成了與心愛主「神婚」時，雙方的本性成為一個神與愛，並引證了聖保祿的話：「那與主結合的，便是與他成為一神。」（格前六17）神婚是在心愛的主內完全的神化，人因而成為神性的，在今生可能的範圍內，藉分享而成為天主。（22．3）至此才明白聖保祿說的：「我生活，不是我生活，而是基督在我內生活。」（迦二20）兩者的不同在於聖子因本性而擁有幸福，但人則是藉分享而擁有。透過分享，此階段的人「真的是神，和天主平等，成為天主的伙伴」。（39．6）當代新儒家和佛學學者喜歡質疑基督徒說：「儒家講人人皆可成聖（為堯舜），佛教講人人皆可成佛。基督宗教也講人人皆可成神嗎？」在這階段的默觀者親自驗證、並答覆了他們的質問；但《靈歌》點醒了我們：講「成神」是就「愛」的向度講的，天主是本性本質的擁有，而人則須分享才有。

《靈歌》在最後三個詩節，略述通過「合路」階段的默觀者，初嘗了共度天主的生命，證悟天主的智慧之後，她在今世卻仍渴望來世及末世，能在榮福中直接面見天主，分享天主的恩寵滿盈的生命。簡言之，進入最後默觀階段的人，今世「已經」達到了天人合一之境，但「尚未」圓滿實現。

讀完這本新譯的《靈歌》，終於恍然大悟聖衣會為什麼要再三地重譯它了，蓋因此書真是靈修經典中的經典，擔心翻譯時有絲毫的走味而導致讀者無法意會其真髓吧！此外，自己也一窺了默觀生活的堂奧。這次的重譯期能造福華人修煉默觀的同道。

推薦序五

邁向與天主結合

許桂美

聖十字若望是教會的聖師，加爾默羅會偉大的神祕學家，天主帶領他與所愛的天主結合，清楚洞見達到與主結合的道路，他透過生命的經驗，寫下不朽的靈修著作，指導人靈邁向與天主結合。

聖十字若望也是十六世紀西班牙的名詩人，他的四部靈修著作都是詩的註解，詩作優美、浪漫，好像是精心雕琢的藝術品。最初閱讀聖十字若望的《攀登加爾默羅山》，覺得他非常理性、嚴肅、一絲不苟，但在《靈歌》中，所呈現的他，是這麼柔情、浪漫，對愛的描繪這麼細膩。

聖十字若望寫《靈歌》的背景，讓人非常訝異，他寫出這麼甜蜜的愛情詩歌時，正是被關在托利多修道院的牢房，受盡肉體的折磨，處在暗無天日的心靈黑夜中。這弔詭性是聖人一生的寫照，也是他對人靈的教導：痛苦導引出復活、黑暗導引出光明、自我棄絕導引出與天主的結合。福音中主耶穌說：「誰若願意跟隨我，該棄絕自己，背著自己的十字架，跟隨我」（谷八34）聖人的一生即是最好的註解。

《靈歌》是聖十字若望心靈的頌歌，透過優美的詩作，很有系統的講述靈修道路，即所謂的傳統的靈修三路：煉路、明路和合路。第一詩節的第一詩句：「祢隱藏在哪裡？心愛的，留下我獨自嘆息。」流露聖人內心對天主的渴望，這呼喊也引導我們去看、去覺察自己的渴望是什麼？基督信仰告訴我們，人心中最深的渴望，就是渴望天主，聖師奧斯定說：「祢創造我們是為了祢自己，我們的心永遠得不到安息，直到安息在祢內。」生命的終極目標就是找到天主，因為我們是天主所創造的。這渴望來自天主對每個人的召喚與恩賜，意識到對天主的渴望時，也是祈禱靈修生活的開始。

「祢隱藏在哪裡？」若望在小牢房暗無天日的悲慘時刻，多少次發出這句呼喊；我們在祈禱生活中，尤其遭逢逆境痛苦時，同樣會質疑：「天主，祢在哪裡？」雖然，信仰告訴我們，天主無所不在，祂在整個宇宙、大自然中，在我們人當中。然而，在現實的生活裡，我們看不見、聽不到祂，聖十字若望清楚告訴我們，天主隱藏在我們的心中，祂不是我們的感官可以直接接觸的，任何的感受都不能與天主劃等號。「一個靈魂，在今生，無論擁有對天主多麼崇高的通傳和親臨，對天主的認識多麼高超和卓絕，本質上，這些都不是天主，也和天主無關，因為，真實地，對靈魂而言，天主仍是隱藏的。」（1．3）

所以，聖十字若望強調，惟有以信德和愛德尋找隱藏的天主，才是最穩妥的方法。福音中，耶穌教導我們：「當你祈禱時，要進入你的內室，關上門，向你在暗中之父祈禱。」門是指我們的感官，換句話說，找不到隱藏的天主，是因為我們沒關上門，把自己隱藏起來，也沒有以信德和愛德尋找。

俗化世界講求的是行動與績效，難免有人會漠視或質疑度默觀祈禱生活者的寶貴，及其對教會的卓絕奉獻，聖十字若望在《靈歌》中，為度默觀生活者辯護：「…少許這樣純潔的愛，在天主和靈魂面前，都是更寶貴，也更有益於聖教會，雖然看起來好像無所事事，實則遠勝於其他所有工作的總和。」（靈歌29．2）

《靈歌》第二十八詩節的引言：「除了愛，天主不做別的事，…我們的所有工作，我們的所有辛勞，雖然是可能有的至極工作和辛勞，在天主面前都是虛無……祂的惟一渴望是舉揚靈魂……因為愛的特性，正是使愛人和所愛的對象平等。」這正如主耶穌對祂的門徒們說的：「我稱你們為朋友，因為凡由我父聽來的一切，我都顯示給你們了。」（若十五15），

加爾默羅靈修引領人直入祈禱的真正核心，以靜默、獨居、捨棄自我的生活方式走向與主相遇，達到與天主圓滿的結合。梵蒂岡第二屆大公會議文獻《論教會在現代世界》牧職憲章19節：「人性所以尊嚴，其最大理由，是因為人的使命是同天主結合，自出世之初，人便受到同天主交談的邀請…。」所有的人都蒙召邁向與天主結合之路，然而，聖十字若望說，認識這珍寶的人很少，在路上停滯不前的人很多。為此，聖十字若望迫切地呼喊：「靈魂哪！你們受造是為了這些卓絕尊貴，也是為此而蒙召！你們在做什麼呢？你們為何拖延不前呢？」（39．7），他的呼聲是對人靈覺醒的呼喚，以及持續皈化的提醒。

《靈歌》這本書正是人靈邁向與天主結合之路珍貴的教導，也是提供渴望認識默觀靈修之路的最佳閱讀經典，中譯本的再修訂，更是天主恩賜使用華語的我們一項寶貴的禮物。

JHS. ✝ MAR.

本詩篇註解論及靈魂和基督新郎間愛的交往；談及並解釋某些有關祈禱的論點與效果。本書因革拉納達聖若瑟赤足加爾默羅會隱修院院長——耶穌•安納姆姆的請求而著述。寫於一五八四年。

序言

(1) 院長姆姆①，由於這些詩節，顯然是以某種愛天主的熱情而寫的，天主的智慧和愛，這麼的浩瀚無垠，如《智慧書》所說，「從地極直達地極」（智八1），而被其充滿和引導的靈魂②，在她的言談中，多少會帶有這樣的豐盈和衝動，現在我不想解釋其全面和豐盈的涵意，即在這些詩節中蘊含的愛的靈性豐饒；若以為神祕領悟中的愛情話語，如這些詩節，人能用什麼語詞善加解說，這是愚昧無知的想法；如聖保祿說的，**上主的聖神，扶助我們的軟弱**，居住在我們內，**親自以無可言喻的嘆息代我們轉求**（羅八26），為顯示，這是我們不能清楚理解，也不能領悟的。

因為，誰能描寫，那些傾心迷戀的靈魂，天主居住其內，她們所領悟的呢？誰又能用話語來說明，天主傳達給她們的體驗呢？最後，誰能解釋，天主給她們的渴望呢？

的確，無人能夠；確實，連領受的人也不能。為此之故，使用象徵、比喻和類比，表達從他們感覺的經驗流溢的，與心靈的豐盈傾流的，與其說是理性的解釋，不如稱之為祕密和奧祕。

這些類比，如果我們不以單純的心靈，閱讀包含於詩節中的知識和愛，它們會顯得荒唐可笑，而非合理的言辭，如撒羅滿的神聖《雅歌》，和聖經其他的篇章中所看到的，聖

1. 十字若望所說的院長姆姆是指耶穌．安納姆姆（M. Ana de Jesús）。她於 1545 年 11 月 25 日生於梅地納，1570 年 8 月 1 日進入德蘭加爾默羅會隱修院。1575 年她到貝雅斯（Beas）擔任院長，後來成為聖十字若望的親密好友。1582 年，她擔任革拉納達隱院的院長，之後也擔任馬德里的院長。1604 年，她前往法國和比利時，創建了許多座隱修院。1621 年 3 月 4 日，逝世於比利時首都布魯塞爾（Brussels）。
2. 靈魂 alma：本書中，靈魂都稱以陰性的代名詞「她」，因為對聖十字若望而言，所有的靈魂都是新娘，而新郎是基督。

神不能以普通和舊有的言語，表達其圓滿的意義，而以奇妙的象徵和類比說出其奧祕。無論聖師們已說了多少，或將說多少，他們絕不能以言語詳盡解釋，同樣，也不能以話語訴說。因此，這些詩詞的解釋，往往沒有涵蓋全部的內容。

⑵那麼，由於這些詩節是在洋溢著神祕領悟的愛內完成的，無法充分地予以解釋，這也非我的意願，我只求能稍稍闡明大意，因為可敬的您如此地切盼於我。我也認為這樣是比較好的，因為這些愛的話語，最好以概括的意思來解釋，可使每人能各按其心靈的模式和能力，從中獲益，而不使之局限在某一狹窄的意義內，使每個人的喜愛無所適從。所以，雖然稍稍解釋了這些詩節，沒有必要為此而局限在這解釋的範圍內；因為神祕的上智，即經由愛而來，也是這些詩節談論的，無須被人清楚地瞭解，方能在靈魂內導致愛和感情的效果，因為這是按照信德的模式，我們藉著信德愛天主，卻不理解天主。

⑶為此，我將力求簡短；雖然在有需要的某些部分，以及談論祈禱的一些論點與效果時，我難免會特意詳加解釋，由於詩節中談及許多這些事，我不能不加以論述。

不過，賴天主的助祐，我將扼要地談論更特殊的效果，即發生在已越過初學階段之人的特殊效果，略而不提比較普遍的效果。我這樣做，有兩個理由：其一，因為已有許多寫給初學者的著作；其二，因為我對您的講述是出於您的請求，而我們的主已賜給您恩惠，帶領您超越初學者的境界，深入祂神性之愛的胸懷。

所以，雖然關於靈魂與天主的內在交往，在此寫的是一些士林神學的觀點，我希望，以此方式對心靈純潔的人講論，不會是徒然的；然而，雖然您在理解天主真理的士林神學方面，並非訓練有素，可是，對於經由愛而領悟的神祕神學，您並不缺乏，而藉此，人不僅有所領悟，同時也有愉悅的享受。

⑷因為我所說之事——我願順服具有更好見解的人，並且完全遵從慈母聖教會——值得令人信服，我無意斷言屬我個人的事，也不信賴我自己的任何經驗，或其他我所認識或聽說的神修人士的經驗，雖然我打算使用這些資料，不過，我信賴的是得到聖經的權威所確認和解釋的，至少在比較難於理解的事上。引用這些章句時，我將以拉丁文引述③，然後註解所要談論的題旨。

首先我將列舉全部的詩節，然後，解釋之前，再依次分別列舉每一詩節；我將在解釋每一詩行時，先列舉詩行，等等。

序言結束

靈魂與新郎的對詠詩歌

新娘

1. 祢隱藏在哪裏？
心愛的，留下我獨自嘆息，
祢宛如雄鹿飛逝，
於創傷我之後；

3. 十字若望在《靈歌》第一版本以拉丁文引述聖經章句，但是在第二版本時，增加的、或修正的章句，只引用他的本國語。這個改變和《攀登加爾默羅山》第二卷第二十七章第六節一樣，十字若望從這個章節之後，所引述的聖經章句不是拉丁文，而是他的本國語。

2.
我追隨呼喚，卻杳無蹤跡。
牧羊人，你們去，
越過羊棧登高崗，
如蒙寵遇，看見
我最心愛的，
請對祂說，我生病、痛苦、欲絕。

3.
尋找我的愛，
我要奔向高山和海岸，
花兒不摘取，
野獸不怕懼，
我要越過勇士和邊際。

4.
啊！森林和草叢，
我的愛人親手栽種！
啊！翠綠的牧草地，
披戴著明媚的花衣，
請告訴我，祂曾否走過去？

5.
傾下千般恩寵，
祂匆匆路過樹叢；
且對之垂視凝望，

獨以其形像，
替萬物穿上美麗的衣裳。

6.
唉！誰能治癒我？
現在，就真的將祢給予我！
不要再送給我
任何使者，
我想聽的，他們不能告訴我。

7.
所有自由逍遙的，
向我傳述萬千寵惠；
更創傷我，
致死我
於不知他們咕噥著什麼。

8.
生命哪！妳生非所在，
又怎堪忍耐？
妳身負箭傷，
瀕臨死亡，
因而徹悟妳的心愛。

9.
為何祢創傷此心，
卻不醫治？

偷取了我的心，
又怎的留它如此？
為何不帶走這顆祢偷去的心？

10.
請熄滅我的惆悵，
不然無人能消除心傷；
願我的雙眼看見祢，
因祢是我眼的明光，
我只向祢張眼凝望。

11.
請顯示祢的親臨，
願看見祢及祢的美麗
致我於死地；
若非祢的真像和親臨，
不能治好相思病情。

12.
啊！宛如水晶的清泉！
若在你的銀輝水面，
突然凝現
我渴望的雙眼，
將速描於我深深心田！

13.
撤回它們，心愛的，

新郎

我已飛出！

歸來，鴿子，
受傷的雄鹿
開始出現在高崗上，
因妳飛翔的微風，取得舒暢。

新娘

14.
我的愛人是綿綿的崇山峻嶺，
孤寂的森林幽谷，
奇異奧妙的海島，
淙淙迴響的江河，
撩情的微風呼嘯。

15.
寧靜的深夜
於黎明初現之際，
默默無聲的音樂，
萬籟交響的獨居，
舒暢深情的晚宴。

16\. 幫我們捉狐狸，
因為葡萄園正花開繁密，
玫瑰花兒繽紛滿地，
我們來編織一個花球，
切莫讓人出現在山丘。

17\. 靜息，蕭條枯瑟的北風；
吹來，喚醒愛情的南風，
吹拂我的花園，
好使滿園流溢芬芳，
愛人將在花叢中間牧放。

18\. 猶太女郎啊！
在群花和玫瑰樹叢間，
正當琥珀吐露清幽芳香，
去外邊，留在城郊外面，
切勿碰觸我們的門限。

19\. 親愛的，隱藏祢自己；
把祢的臉兒轉向崇山峻嶺，
不要輕吐言語；
但要注視那些伴侶

陪她經過奇妙島嶼。

新郎

20.
輕巧的飛鳥，
獅子，雄鹿，跳躍的小鹿，
高山，深谷，河堤，
流水，風兒，熱度，
不眠的黑夜恐怖：

21.
我以悅耳的琴韻，
沙林的歌音，驅逐你們，
停止你們的氣忿，
切勿碰觸這道牆，
好使新娘睡入平安的夢鄉。

22.
新娘已進入
殷切渴慕的怡心花園，
她愉悅地憩息，
頸項斜倚
在愛人的甜蜜手臂裏。

23.
在蘋果樹下，

我在那裏聘娶妳，
將我的手給妳，
在妳母親毀壞的那裏，
重新恢復妳。

新娘

24. 我倆錦床花開濃，
連鎖獅穴環繞中，
張懸紫紅帳，
建基祥和平安，
榮戴千盾金冠。

25. 追隨祢的行蹤，
眾少女沿途飛奔；
火星的觸動，
香醇的美酒，
流溢神性的香油。

26. 酒室深深處，
暢飲我心愛的主，
出來時，經過遍地山谷，

不復知曉任何事，
昔日追隨的羊群也消逝。

27.
在那裏，祂給我祂的胸懷，
在那裏，祂教我非常愉悅的知識，
我將自己獻給祂，
完全沒有保留地；
在那裏，我許諾作祂的新娘。

28.
我的靈魂已專心致志，
用盡豐盈秉賦為祂服務；
羊群已不看守，
雜務也沒有，
現在，惟獨愛是我的專務。

29.
若於群眾聚所，
從此不再看見或發現我，
你們會說我已失落，
我因愛情催迫，
失去我，而找到了我。

30.
花兒朵朵，翡翠片片，
清涼早晨細挑選，

31.

我倆同來編花圈，
祢的愛內群花開遍，
再用我柔髮一絲穿連。

細思量
一絲秀髮頸上飛揚，
凝視髮絲飄頸項，
著迷神往，
因我一眼祢受創。

32.

當祢注視我，
祢的眼睛刻印恩寵於我；
所以祢追求我，
在其中，我的雙眼堪當仰望祢，
朝拜所看見的祢。

33.

請不要輕視我，
若從前祢見我黝黑，
現在祢能細細端詳我，
因為祢已注視了我，
賦予我美麗和寵惠。

新郎

34.
潔白的小鴿子，
口啣樹枝飛回方舟；
小小的斑鳩，
已在翠綠的河堤旁，
找到了傾心渴慕的良伴。

35.
她孤居獨處，
孤寂盈繞已築窩巢；
孤寂中惟有愛人獨自引導，
且在孤寂中，
因她的愛而創傷。

新娘

36.
心愛的，我們來欣享歡愉，
在祢的美麗中，觀看我和祢，
上高山，下丘陵，
行到清水湧流處，
深深探入叢林裡。

37.
然後，我們邁向

磐石上，高峻洞穴叢，
岩穴洞，好隱處，
我們進入其中，
品嘗新鮮石榴汁。

38.
祢在那裏將顯示給我，
那些我的靈魂所追求的，
然後，在那裏，
我的生命！祢！會給我，
那些在另一天祢已給我的。

39.
風的噓氣，
甜蜜夜鶯的歌唱，
樹林與其靈巧秀麗，
在寧靜的夜裡，
燃燒著焚化而無痛苦的火焰。

40.
悄無所見，
亞米納達亦無出現；
城垣平靜安寧，
觀望諸水，
騎兵降臨。

主題

(1)這些詩節的順序，是從一個靈魂服事天主開始，直到抵達成全的最後境界，亦即神婚。所以，詩節中論及靈性修持的三個階段或道路，靈魂經過三階段，達到所說的神婚的境界，這三個階段就是煉路、明路、合路，詩中也描述這些道路的一些特性和效果④。

(2)第一部分的詩節，談論初學者的階段，即煉路。隨之論及進修者的階段，在那裡完成靈性的訂婚，這就是明路。談完這些，接著論及合路，這是成全的階段，神婚即發生在這裡。這成全的合路緊隨在進修者的明路之後。

最後的詩節，講論榮福的境界，這是靈魂在那成全之境的惟一熱望。

開始註解新娘和基督新郎之間的愛情雅歌

4. 參閱《靈歌》22・3，作者會重新回顧，再談詩節的進程順序。

第一詩節

引言

1. 靈魂逐漸曉悟什麼是應盡的責任，了悟生命的短暫（約十四1－2），導入永生之路的狹窄（瑪七14），義人難於得救（伯前四18），世物虛幻不實（訓一2），萬物都有終結，如同潑在地上的水，不能收回（撒下十四14），時限無法確定，審判非常嚴厲，墮入地獄非常容易，獲得救恩卻困難無比；另一方面，她也覺悟，欠了天主很大的債，因為天主造生她，只是為祂自己，為此，她得以整個生命的服事來償還天主，又因為天主只為祂自己而救贖了她，所以，她完全負債於天主，該以她的意志答覆愛的召喚，她也了悟，在她尚未出生之前，她早已欠天主千萬個恩惠債務；然而，她生命的大好時光已經如風飄逝；對這一切，她都必須交出帳目和理由，從生命的開始到終結，直到還清最後一文錢（瑪五26），當天主提著燈，搜索耶路撒冷時（索一12），為時已晚，天已垂暮了（路廿四29）；為補救這麼大的惡事和損失，尤其是，她覺得天主非常的遠離和隱藏，因為她曾經這麼樂意在受造物中忘記天主。由於這麼多的喪亡和危險，她的內心深感怕懼和痛苦，她捨棄一切的事物，停止所有的事情，連一天或一個小時也不遲延，懷著渴望和嘆息，現在她的心因愛天主而受傷，開始呼喚她的心愛主，說：

祢隱藏在哪裏？
心愛的，留下我獨自嘆息，
祢宛如雄鹿飛逝，
於創傷我之後；
我追隨呼喚，卻杳無蹤跡。

註解

2.首詩節中，靈魂傾心迷戀天主聖子、聖言，即她的新郎，希望藉著清楚和本質的面見和祂結合，提出她愛的渴慕，對天主的無影無蹤幽怨滿懷，尤其是，天主的愛創傷她，為此之故，靈魂離開一切受造之物，也離開她自己，卻仍然必須忍受她心愛主杳無蹤跡的痛苦，因為有死的肉身尚在，使她無法享有永恆的光榮；因此，她說：

祢隱藏在哪裡？

3.彷彿是說：我的淨配、聖言，請顯示給我，祢隱藏的地方；在此，她祈求天主顯現祂的神性本質，因為天主聖子隱藏的地方，如聖若望說的（若一18），是聖父的胸懷，這就是本質的神性，異於人的肉眼所能見的⑤，對人類的理智是隱藏的；為此，依撒意亞對天主說：「**祢真是隱藏的天主。**」（依四五15）

在此值得注意，一個靈魂，在今生，無論擁有對天主多麼崇高的通傳和親臨，對天主

5. 意思是說，這個面見不是用肉眼，這不是人的眼睛看得到的。

的認識多麼高超和卓絕，本質上，這些都不是天主，也和天主無關，因為，真實地，對靈魂而言，天主仍是隱藏的；為此，對所有這些崇高的經驗，靈魂該視天主為隱藏的天主，且要尋找祂，一如尋找隱藏者，說：「祢隱藏在哪裏？」

因為，不是崇高的通傳，也不是有感覺的親臨，確實地證明天主的仁慈親臨，也不是乾枯，及在靈魂裡缺少這一切，就是天主不在她內。為此，約伯先知說：「如果祂向我走來，我看不見祂，如果祂離我而去，我也不知道。」（約九11）⑥

4. 關於這事，必須明白，如果一個靈魂感受到崇高的靈性通傳、情感或認識，不要為此就確信，所感受的那些是清楚和本質地擁有或看見天主，那些感受，無論多麼的不凡，也不表示她更擁有天主，或更在天主內；而如果缺少這一切感受與心靈的通傳——她處於乾枯、黑暗和被棄中——，也不必因此認為，天主比另一境況更不親臨。實際上，並非此一情景，確知是在天主的恩寵內，而另一境況，即非如此⑦，智者說：「在天主面前，沒有人知道，他是否堪得愛或恨。」（訓九1）

所以，本詩句中，靈魂的主要意向，不是只要求有感受和情感的虔敬，因為，今生今世，這樣的虔敬之情，既不準確，也不是清楚地擁有新郎（基督），而且，最主要的，她要求的是天主本質的明顯親臨和面見，她所渴望的是，來世能確實獲得而滿足。

5. 在神聖的《雅歌》中，新娘說同樣的話，她希望結合於聖言——新郎——的神性，她向天主聖父祈求：「請顯示給我，祢在哪裡放羊？中午又在哪裡安臥？」（歌一7）因為，求祂顯示放牧的地方，就是求祂顯示祂的聖子、神性聖言的本質；因為聖父不在別處牧放，而只在祂的惟一聖子內，由於聖子是聖父的光榮。請求聖父顯示祂安臥的地方，就是要求

6. 讀者請注意：聖十字若望引述的聖經句子，是根據當時的拉丁譯本，和中文的思高譯本不一定完全相同，本譯文根據聖人的引句而翻譯，如果發現和思高譯本有出入，這是免不了的。

7. 這話的意思是說，人是否處於恩寵之中，並不是憑所得的感受、通傳、認識……來辨識的，乾枯、被棄的經驗也不證明天主不臨在。

相同的事，因為惟有聖子是聖父的喜悅，父除了在祂的愛子內，不在其他任何的地方安臥，也不靠近別的什麼，祂全然安臥在祂的聖子內，中午時，把祂的神性本質完全通傳給聖子，中午即是永恆，聖父在永恆內生聖子，且恆常不斷地生祂。

那麼，這個聖言新郎的牧草地，即天父在無限的光榮中牧放的地方，還有這個繁花盛開的臥床，聖父懷著無限的愛之欣喜，在那裡安臥，深深隱藏起來，避開所有的肉眼和受造物，靈魂新娘在此祈求說：「**祢隱藏在哪裏？**」

6. 為了使這渴慕的靈魂達到尋獲她的新郎[8]，藉著愛的結合，在今世和祂結合，盡可能地，使她以能在今世嘗到祂的這一滴水[9]來解渴。由於靈魂向祂的新郎祈求這事，我們最好代替新郎牽著她的手[10]，回答她，並指出新郎最確實隱藏的地方，為此，靈魂必會懷著今世可能有的成全和歡愉，確實在那裏找到祂，這樣，不致於在她的伴侶中間徒然獨自徘徊。（歌一7）

為此，要注意這事：天主聖子，即聖言，以及聖父和聖神，以本質及親臨，隱藏在靈魂的最深存有內；所以，凡希望找到祂的靈魂，都該離開所有涉及其情感和意志的事物，在最深的收斂中進入自己內，視萬物彷彿虛無不存。為此，聖奧思定在《獨白》（*Soliloquios*）中向天主說：「**主啊！我在外面尋找祢，沒有找到祢，我錯了，因為祢在我內，我卻在我外尋找祢**[11]。」所以，天主是在靈魂內隱藏著，好默觀者必須懷著愛在那裏尋找祂，說：「**祢隱藏在哪裏？**」

7. 那麼，靈魂啊！所有受造物中最美麗的！妳這麼渴望知道妳的心愛主在什麼地方，為了尋找祂，並和祂結合！現在，我們告訴妳，妳自己就是祂居住的房間，祂的隱密內

8. 新郎 *Esposo*，全書中提到的新郎都是大寫的 *Esposo*，意指基督新郎。
9. 這一滴水 *gota*：意即一點點。
10 就是說，我們代替新郎，以新郎的名義來回答。
11. 摘自 Pseudo—Augustine： *Soliloquiorum animae ad Deum liber unus*, c.31： PL 40. 888。在《攀登加爾默羅山》1・5・1，也引用了出自《獨白》的一段引言。

室⑫和隱身處；這是令妳極感滿足和欣喜的事，看到妳的所有幸福和希望這麼接近妳，彷彿就在妳內，或更好說，妳不能在祂之外。新郎說：「**看呀！天主的國就在你們中間。**」（路十七21）還有祂的僕人，聖保祿宗徒說：「**你們是天主的宮殿。**」（格後六16）

8.對靈魂而言，極欣喜的是，明白天主從不離開靈魂，即使她處於大罪中，更何況是處於恩寵中的靈魂！啊！靈魂！妳還多想望些什麼呢？妳還要在外面尋找些什麼呢？因為在妳內，妳已擁有妳的富裕、妳的歡愉、妳的滿足、妳的飽滿和妳的王國，這就是妳的心愛主，妳的靈魂所渴望和尋找的！在妳與祂相偕的內心收斂中，享受和歡欣喜樂吧！因為妳擁有的祂這樣親近妳；要在那裏渴慕祂，在那裏朝拜祂，不要在妳的外邊追求尋覓祂，因為妳會心神分散，困苦疲乏，也找不到祂，也不會比在妳內尋找祂更確實，更快速，更親近地享有祂！只有一件事，必須知道：雖然祂在妳內，祂是隱藏的。不過，知道祂隱藏的地方，為妳是一件很要緊的事，為能確實地在那裏尋找祂；靈魂，這也是妳在這裡的祈求，當妳滿懷愛情時說：「**祢隱藏在那裏？**」

9.然而，妳仍會說：如果我的靈魂所愛的祂在我內，為什麼我找不到祂，也感受不到祂呢？理由是因為祂是隱藏的，妳卻沒有也隱藏起來，為能尋獲祂和感受祂；因為想要尋獲隱藏之物的人，必須這麼地隱密，進入那東西的隱藏之處，一旦找到了，他也要像隱藏之物那樣隱藏起來。那麼，既然妳心愛的新郎，就是那隱藏在妳靈魂田地裡的寶貝，聰明的商人為它而賣掉他所有的一切（瑪十三44），所以，為了找到祂，妳該忘記妳的所有一切，且遠離所有的受造物，隱藏在妳心靈裡的隱密內室，在那裏，妳要關上那門，就是說，妳的意志通向一切事物的門，在隱密中向妳的父祈禱。（瑪六6）這樣，和祂一起隱藏著，妳會在隱藏中感受祂，並在隱藏中愛祂、享受祂，妳也會欣喜於在隱藏中和祂相偕，就是說，

12. 隱密內室（*retretes*）：是指隱藏在家中最隱祕之處的狹窄房間。在《攀登加爾默羅山》1．1．4，聖人用同一個字表示人內心的欲望小室。

超越所有的言語和感受所能把握的。

10.那麼，來吧！美麗的靈魂哪！因為妳已經知道，在妳的胸懷⑬內，妳渴慕的愛人隱密地居住其中，妳要努力好好地和祂隱藏在一起，在妳的胸懷，妳會以愛的深情擁抱祂，感受祂。請看，就是這個隱藏處，祂藉依撒意亞召叫妳，說：「**要進入妳的隱密內室**⑭，**關上妳內室的這些門**（就是，妳的所有官能通向一切受造物的門），**片刻時間隱藏一下**（這就是，隱藏妳塵世的片刻生命）。」（依廿六20）因為，如果在此短暫生命裏，啊！靈魂哪！妳全神看守妳的心，如同智者說的（箴四23）⑮，無疑地，天主將會賜給妳，天主祂後來說的，也是經由依撒意亞，說：「**我要賜給你隱藏的財寶，顯示給你祕密的實體和奧祕。**」（依四五3）這祕密的實體就是天主本身，因為天主是信德的實體，也是信德的概念（*concepto*）⑯，而信德是祕密和奧祕。所以，當那對我們是蒙蔽和隱藏的信德被顯示和顯現時，即天主的圓滿一來到，如聖保祿說的（格前十三10），那時，這祕密的實體和奧祕對於靈魂將是揭開的。

不過，在此短暫的塵世，無論靈魂如何地深藏自己，雖然她不會達到圓滿的認識，如同來世所擁有的一般，然而，如果她像梅瑟說的，把自己藏在岩石縫中，這就是真實地效法她的新郎，天主聖子的完善生活，天主以祂的右手保護她，她將堪當天主把祂的肩膀顯示給她（出卅三22－23），這就是，在今世達到這麼成全的境界，亦即經由愛，在所說的天主聖子，她的新郎內，達到結合與神化；因此，靈魂感到在祂的奧祕中，這麼地與祂連結，這麼地蒙受啟迪和有智慧，彷彿在今生，對於尋求認識天主的事，已經不必說：「**祢隱藏在哪裏？**」

13. 胸懷（*seno*）：*seno* 意指胸懷，但也可引申其義，指內心深處。
14. 這裡的「隱密內室」是複數名詞。
15. 思高：「在一切以上，你要謹守你的心，因為生命是由此而生。」
16. 信德指向天主，沒有天主，沒有信德的實體和概念。

11.啊！靈魂哪！為了在妳隱藏的地方找到新郎，妳已被告知該如何是好；不過，如果妳仍想再聽聽這事，聽一句充滿實質，卻難於達到的真理：這就是，妳要在信德和愛德內尋找祂，不渴望滿足、品嘗或理解任何不是妳應該知道的事；這兩者（譯按，即信德和愛德）有如瞎子的服務員，它們會引導妳，經由妳不認識的地方，達到天主的隱藏處所。因為信德，就是我們說的祕密[17]，是靈魂邁向天主旅途的雙足，愛德則是指路的嚮導；又靈魂持續地探尋和反覆深思信德的這些奧祕和祕密，她堪當經由愛德顯示給她，其內的信德內涵，亦即新郎，這是她在今生所渴望的，藉著和天主的神性結合的特殊恩寵而擁有的，正如我們說過的[18]，並在來世，藉著本質的榮福，面對面（格前十三12）地享有祂，而不再是以隱藏的方式。不過，此時，雖然靈魂已達到所說的這個結合，這是在今生能達到的最高境界，對靈魂來說，祂仍然隱藏在聖父的懷裏，如我們說的[19]，這就如同她渴望在來世享有祂，經常說：「祢隱藏在哪裏？」

12.啊！靈魂哪！妳做得很好！妳經常在尋找祂，有如尋找一位隱藏者，因為，當妳認為，天主比任何妳能達到的事物更崇偉，更深奧時，妳極其讚揚天主，也極親近天主。因此，不要局部或全部地，留意妳的官能能理解的一切。我想說的是，總不要在妳理解天主的事上渴望滿足，而要在妳不理解祂的事上；總不要因愛和喜悅於妳對天主的理解和感受，而止步不前，卻要愛和喜悅於妳對祂的無法理解和感受；這就是，如我們說過的，以信德尋找祂。由於天主是不可接近和隱藏的（依四五15），如我們同樣也說過的，雖然妳似乎很確實地找到祂、感受祂和理解祂，妳還是必須經常視之為隱藏者，以隱藏的方式，事奉隱藏者天主；千萬不要像許多愚蠢的人，按照他們對天主的膚淺想法，認為當他們不理解祂，也沒有品

17.　見第 10 節。
18.　見第 10 節。
19.　見第 3 節。

嘗[20]或感受祂時，天主就是在遙遠之處，和非常隱藏的，其實，適得其反：她們愈不清楚分明地理解天主，則愈親近天主，因為，如先知達味所說的，「**祂以黑暗作為隱藏的處所。**」（詠十七12）所以，當妳被吸引靠近天主時，由於妳眼睛的虛弱，妳勢必感受到黑暗。那麼，妳做得真好，無論什麼時候，處於逆境或順境，是屬靈的或現世的，妳始終認為天主是隱藏的，這樣地呼喚祂，說：「**祢隱藏在哪裏？**」

心愛的，留下我獨自嘆息，

13.稱祂為「**心愛的**」，是為了要更感動祂，也更俯允她的祈禱，因為，當天主被愛時，祂會極容易應允其愛人的祈求。為此，祂藉聖若望說了這話，祂說：「**你們如果住在我內，你們願意什麼，求吧！必給你們成就。**」（若十五7）那麼，靈魂那時真的能稱祂為心愛主，因為她完全和天主在一起，不使她的心執著於天主以外的任何事物；這樣，她平常總是專注於天主。由於缺少這個（專注），德里拉問三松說，**他怎麼說他愛她呢？因為他的靈魂沒有和她在一起。**（民十六15）這裏說的靈魂，包括思想和感情。有些人稱新郎為心愛的，可是祂卻不是她們真心所愛的，因為她們的心沒有完全放在祂的身上。結果，她們的祈求在天主眼中沒有多大的價值。為此，有的靈魂稱新郎為「**心愛的**」，其實並非「**心愛的**」，因為她們沒有全心和祂在一起；所以，她們的祈禱在天主前不是這麼有效力；為此之故，她們的祈禱不會立即獲得應允，直到她們持續不斷地祈禱，使她們的靈魂更持續地和天主在一起，使她們的心以愛的熱情，更全心地與祂同在，因為，除非經由愛，人無法從天主得到什麼。

20. 品嘗：原文是 *gustar*，這個字很難用一個譯詞完全表達出來，因為這是西文極常用的字，包含品嘗、享受的意思，而且是很愉悅地享有。

14.靈魂接著說：「**留下我獨自嘆息**」，這話值得留意，**心愛主**不在了，引起愛人不停的嘆息，因為，正如祂以外的事物，靈魂什麼也不愛，不安息於什麼，也不接受什麼舒解。因此，對真愛天主者的辨識是這樣的，是否除了天主以外，他什麼都不滿足。可是，他若有所滿足，我要說什麼呢？即使他擁有一切，他也不會滿足的，反之，他擁有愈多，他的滿足愈少；因為，尋獲心靈的滿足，不在於佔有事物，而在於剝掉所有的事物，在於心靈的貧窮。由於成全即在於此，在此，靈魂以一種非常緊密和特殊的恩寵擁有天主，生活於今世的靈魂，當她達到此地步時，雖然不是飽足，可是已有些滿足，所以，達味雖有一切的成全，仍然希望在天上擁有此圓滿，他說：「**當祢的光榮顯現時，我將會飽足。**」（詠十六15）

因此，在今世，靈魂能達到的內心平安、寧靜和滿足，都不足以阻止靈魂不在其內嘆息，期待她所尚未擁有的，雖然是寧靜和沒有痛苦的嘆息[21]；嘆息和期望常是相連的，所以，聖宗徒說：「**就是連我們這些已蒙聖神初果的人，也在心中嘆息，等待著義子期望的實現。**」（羅八23）所以，這靈魂在她內，在傾心迷戀的心內，忍受這個嘆息；因為，凡愛創傷之處，嘆息即由此創傷中發出，在感受祂不在時，常會發出嘆息；尤其是，她已品嘗新郎通傳的一些甜蜜和愉悅，祂卻杳無蹤跡，靈魂突然被留在孤獨和乾枯中。因此，她接著說：

祢宛如雄鹿飛逝，

15.在此要留意，《雅歌》中，新娘把新郎比作幼鹿和羚羊，說：「**我的愛人彷彿羚羊和幼鹿。**」（歌二9）新娘做此比喻，不僅因為祂是退隱、獨居和避開友伴的，像鹿一樣，而且也因為祂迅速地隱藏和出現，祂時常探望虔誠的靈魂，為取悅和鼓舞她們，在那些探

21. 參閱《愛的活焰》1．27：「雖然在今生，靈魂與天主密切結合，直到天主的光榮顯現（詠十六15）之前，她的欲望絕不會有滿足與安息……。」

訪之後，她們感到疏離和杳無蹤跡，是為了考驗、貶抑和教導她們；為此，這些探訪使得對此杳無蹤跡感到劇烈的痛苦，如靈魂現在於下一詩句說明的：

於創傷我之後；

16. 這彷彿是說：平常我因祢的不在而忍受痛苦和疼痛，這為我還不夠，祢又以祢的矢箭，以愛擊傷我，造成一個很深的傷口，增強我面見祢的熱情和欲望，祢宛如雄鹿，急速飛逝，甚至連剎那時間，也不容人捉住祢。

17. 為了更詳細說明本詩句，須知，除了天主賜予靈魂其他多種的探訪，在愛內創傷和提拔靈魂之外，祂常會賜予一些隱藏的愛的觸動，就像燃燒的箭矢，創傷並刺透靈魂，使她完全被愛火燒灼，這些特稱為愛的傷口，即靈魂在此說的傷口。這些（傷口）這麼地在熱愛中燃燒意志，致使靈魂在此愛火的火焰中，熱烈地燃燒；燒得這麼猛烈，彷彿就要在那火焰中焚盡，使靈魂離開自身，全然更新，轉化成新的存有狀態，有如鳳凰，自焚又重生[22]。

關於這事，達味說：「**我的心靈灼燃焚燒，我的五內已經改變，我被化為烏有，而我卻一無所知。**」（詠七二21－22）

18. 欲望和感情——即先知在這裏所說的五內——在內心的燃燒中，全被震動和改變為神性的，靈魂經由愛，被化為烏有，除了愛，一無所知。此時，這些五內的改變，伴隨著渴望面見天主的極大折磨和懸念；這麼劇烈，致使這愛對於靈魂彷彿是忍無可忍的劇苦；不是因為她受創傷，靈魂確實認為，那些傷口為她是健康的，而是因為留下她，這麼地為

22. 此係埃及的神話，相傳每五百年或六百年，此鳥自行燒死於火中，然後再從灰燼中復活。

愛而受苦，沒有更猛烈地創傷她，在她以今世生命的成全之愛看見祂，和祂結合時，致死她。因此，為了強調或說明她的痛苦，她說：「於創傷我之後」

19.這就是說，留下我如此地受傷，帶著愛祢的創傷，這樣地瀕臨死亡，祢宛如雄鹿，已這麼飛快地隱藏。這個感受這麼劇烈地產生，因為在那愛的傷口中，即天主對靈魂的創傷，意志的感情突然急速激起，切望擁有心愛的主，祂的觸動已被感受了。靈魂又以同樣的快速，察覺天主的不在，及不能在今世擁有天主，如靈魂所渴望的；所以，立即在那裡同時覺察天主不在的「嘆息」，因為這些不像其他的探訪，天主使靈魂舒暢和滿足，因為天主賜予這些拜訪，更是為了擊傷，不是為治療，是為憂苦，不是為滿足，因為它們的作用是為獲得鮮活的認識，增強欲望，因而也增強面見天主的痛苦和期望。

這些被稱為愛的靈傷，對靈魂是極歡愉和令人嚮往的；為此，靈魂常渴望因這些槍矛的刺傷而死千萬次，因為它們使靈魂離開自己，進入天主內。下一詩句中，她解釋了這事：

我追隨呼喚，卻杳無蹤跡。

20.這些愛的傷口得不到救藥，除非從擊傷她者那裡獲得；為此，這受傷的靈魂，憑著造成傷口之火的力量，出去追隨創傷她的心愛主，呼喚祂，為得到祂的醫治。

須知，此心靈上的出去，在此指明兩種追隨天主的方式：其一，離開萬物，這是經由憎惡和輕視萬物而達到的；另一，經由忘記自己而走出自己，這是經由天主的愛而達到的。因為，當這個對靈魂的接觸是真的，即這裡所說的，像這樣地高舉她，不只使她因忘我而走出自己，甚至吸引她離開本性的支持、態度和傾向，呼喊尋求天主。所以，本詩句彷彿是說：我的新郎，在祢的觸動和愛的創傷中，祢吸引我的靈魂，不僅離開萬物，也使她脫離和走出自我；因為，確實如此，她甚至覺得，祢彷彿抽出她的肉體，當她追隨呼喚祢時，祢已高舉她上達於祢，她已脫離一切，為了依戀祢。

21.「**卻杳無蹤跡**」，彷彿是說：正當我渴望把握祢的臨在時，我找不到祢，當我已超脫了一方，卻又抓不住另一方時，痛苦萬分，彷彿飄在風中，沒有來自祢或我的愛的支持。在此所說的，靈魂出去，為了去尋找心愛主，《雅歌》中的新娘稱之為「**起來**」：「**我遂起來，環城巡行，在街上，在廣場，尋覓我心愛的……可是，**」她又繼續說：「**我卻沒有找著他，他們打傷了我。**」（歌三2，五6、7）新娘靈魂的起來，以靈性的觀點來說，亦即從卑微起來到崇高的境界。和這裡說的靈魂出去追隨，是一樣的；這就是，從她卑微的愛之模式，達到天主的崇高之愛。

不過，新娘在這裡說，她被「**打傷了**」，因為她沒有找到祂；靈魂在此也說，她因愛而被創傷，並且就這樣留下了她。為此，這傾心迷戀者，由於祂不在了，經常生活在痛苦中，因為他[23]已經把自己交給天主，希望能得到這交出自己的酬報，就是心愛主把自己給他，卻仍然還沒有給；他已經為心愛主失去萬物和自己，在他的失落中，依然毫無所獲，因為尚未擁有他靈魂所愛的。

22.對於快要達到成全境界的靈魂，這個天主不在的痛苦和感受，常是這麼的劇烈，在這些神性創傷的期間，如果上主不扶持，她們會死去；由於她們意志的口味健康，心靈潔淨，也為天主預備妥當，按我們所說的，她們已品嘗些微神性之愛的甜蜜，這使她們遠超一切地渴望，也遠超一切地受苦；因為，無限的幸福透過縫隙顯露給她們，卻沒有給予她們，所以是無可言喻的痛苦和折磨。

23. 原文在此出現陽性代名詞「他」，雖然按上下文，好像用「她」比較一致，還是按原文譯出。

第二詩節

牧羊人，你們去，
越過羊棧登高崗，
如蒙寵遇，看見
我最心愛的，
請對祂說，我生病、痛苦、欲絕。

註解

1.本詩節中，靈魂渴望使用中介與媒介，和她的心愛主接洽，請求他們轉達她的痛苦和傷心；因為，這是愛人的特性：當她不能親自和愛人交往時，她會使用能有的最好方法。所以，現在靈魂願意在此使用她的渴望、感情和嘆息，如同使者，它們這麼懂得向她的愛人表明內心的祕密，因此，她請求它們前去，說：

牧羊人，你們去，

2.稱她的渴望、情感和嘆息為「牧羊人」，係因它們以靈性的美物牧養靈魂；因為牧羊人意指牧養的人，而經由它們，天主通傳自己給靈魂，給予她神性的牧場；因為沒有它們，天主很少通傳。而且她說：「你們去」，這彷彿是說，你們要以純愛前去。只有那出於真愛的才去，不是所有的感情和渴望都到祂那裏。

越過羊棧登高崗，

3.她稱天神的品級和歌席為「羊棧」，我們的嘆息和祈禱，越過級級歌席，高升上達天主；在此她說「高崗」，因為祂是至高的，也因為在祂內，如同在高崗上，可以鳥瞰與觀看一切的事物，及高處與低處的羊棧。我們的祈禱上達於天主，天使們將之呈獻給天主，如我們說過的，天使告訴多俾亞說：「當你含淚祈禱，埋葬死人時，我便把你的祈禱呈獻到天主前。」（多十二12）

同樣，也能解釋這些靈魂的牧羊人是天使們，因為他們不只把我們的訊息帶給天主，也將天主的訊息傳給我們，他們以天主的甜蜜通傳和默感，有如好牧人，餵養我們的靈魂，天主也經由他們賜予這些恩惠；他們也保護並防衛我們脫免豺狼，亦即魔鬼。

那麼，這些牧羊人或指感情，或指天使，靈魂希望他們都幫助她，代她向心愛主轉達。所以，她對他們全體說：

如蒙寵遇，看見

4.本句彷彿是說：如果由於我的幸福和好運，你們上達天主面前，使祂能看見你們，聆聽你們。這事值得留意，雖然這是真的，天主完全知道也了解，甚至看見和明察靈魂的思想，如同梅瑟說的（申卅一21），那時經上說，當祂救助和應允時，祂看見我們的窮困和祈禱，或說祂聽見它們。因為，不是任何的窮困和祈求，都達到滿全的程度，使得天主聽見它們，前去執行救助，而是要在天主眼中，等到適當的時候、時節和數目；那時經上說，天主看見並俯聽了它們，按照在《出谷記》中所見的，以色列子民遭受埃及人奴役的折磨，過了四百年後，天主對梅瑟說：「我已經看到我的百姓所受的痛苦，我要下去拯救他們。」（出三7－8）雖然天主一直都看到他們的痛苦。

還有，聖佳播也對匝加利亞說，不要害怕（路一13），因為天主已經聽見他的祈禱，要賜給他祈求多年的兒子，雖然天主一直都聽到那祈禱。所以，任何一個靈魂都必須知道，雖然天主沒有立刻垂允她的急需和祈求，並非因此就不在適當的時候垂允他，只要她不灰心喪志，停止祈禱，如同達味說的，祂是「困厄中的及時避難所。」（詠九10）那麼，當靈魂說「如蒙寵遇，看見」，這話的意思是，如果蒙受寵遇的時候到了，我的祈求得蒙垂聽於

我最心愛的，

5.亦即，愛之超越萬有。這是真的，若沒有什麼在靈魂面前的事，會使她氣餒，而不為祂做或忍受任何服事祂的事，即是靈魂愛祂遠超萬有，當靈魂也能真的說出下一詩句說的，這是個記號，表示靈魂愛祂超越萬有。那麼，詩句如下：

請對祂說，我生病、痛苦、欲絕。

6.本詩句中，靈魂表明三個困境，就是：**生病、痛苦和欲絕**；因為懷著某種成全的愛，真的愛天主的靈魂，通常以三種方式，按照靈魂的三官能，即理智、意志和記憶，忍受天主不在的痛苦。

關於理智，她說生病，因為她看不到天主，而天主是她理智的健康，根據天主藉達味所說的：「**我是你的健康。**」（詠卅四3）

關於意志，她說痛苦，因為她尚未擁有天主，而天主是她意志的舒暢和歡愉，也是根據達味說的話：「**祢以祢歡愉的洪流飽飫我們。**」（詠卅五9）

關於記憶，她說欲絕，因為，她想起缺少理智的所有美善，即看見天主，和意志的歡愉，即擁有天主，而且也非常可能永遠失去天主，處在今生危險又有危機中，這個記憶，使她忍受著相似死亡的憂苦，因為她看到，她沒有確實又成全地擁有天主，而天主是靈魂的生命，按照梅瑟所說的：「**祂確實是你的生命。**」（申三十20）

7.這三種困乏的方式，耶肋米亞也在《哀歌》中向天主訴說：「**回憶起我的貧窮、苦艾和膽汁。**」（哀三19）

「貧窮」指的是理智，因為天主聖子智慧的富裕，是屬於理智的，如聖保祿言說的，「**在祂內隱藏著天主的一切寶藏。**」（哥二3）

「苦艾」，是最苦的一種草，指的是意志，因為擁有天主的甜蜜屬於這個官能；缺少這個，意志會留在痛苦中。就靈性而言，那痛苦是屬於意志的，《默示錄》中說明這事，那時天使對聖若望說，「**吞下的那卷小書會使他的肚子發苦**」（默十9），肚子就是指意志。

「膽汁」，指的不只記憶，也指靈魂的所有官能和力量，因為膽汁象徵靈魂的死亡，按照梅瑟的指示，他在《申命記》中譴責地說，：「他們的酒是蛇的膽汁，是毒蛇的毒液，無可救藥。」（申卅二33）那是表示缺少天主，亦即靈魂的死亡。

這三種困乏和痛苦建基於三超德，亦即信德、愛德和望德；這些指的是前面說的三官能，在此按其順序如下：理智、意志和記憶。

8. 還有要注意的是，在本詩句中，靈魂無非是向心愛主述說她的困乏和痛苦，因為審慎的愛人，不會憂慮地索求所缺少和渴望的，而是陳述困境，使心愛主能隨意行祂喜悅的事，如同當時，榮福童貞㉔在加里肋亞的加納婚宴，沒有直接要求酒，而是對祂說：「他們沒有酒了。」（若二3）還有拉匝祿的姊妹派人去請祂，沒有說要祂治好她們的兄弟，只對祂說，看，祂所愛的人病了。（若十一3）

這是由於三個理由：第一，上主比我們更知道什麼適合我們；第二，因為看到愛祂者的困乏，及她的順服，心愛主更加同情；第三，因為在自愛和自我保留方面，陳述其缺乏，會比索求她認為的缺乏，靈魂會更安全。現在，靈魂陳述的正是她的三個困乏，她彷彿是說：請對我心愛的說，由於我生病，而惟獨祂是我的健康，請給我健康；又因為我痛苦，而惟獨祂是我的喜樂，請給我喜樂；還有，因為我快要死，惟獨祂是我的生命，請給我生命

24. 榮福童貞，就是聖母瑪利亞。

第三詩節

尋找我的愛，
我要奔向高山和海岸，
花兒不摘取，
野獸不怕懼，
我要越過勇士和邊際。

註解

1. 靈魂知道，不是她的嘆息和祈禱，也不是好中介的幫忙，足以幫助她找到她心愛的——如同她已在第一和第二詩節所說的，由於她尋找天主的渴望是純真的，她的愛是強烈的——，她絕不會放過任何可能的努力，因為真愛天主的靈魂，不會懶於盡其所能地尋找天主聖子，即她心愛的；甚至，當她已做完一切之後，還是不滿意，也不認為她做了什麼。所以，在此第三詩節說，她渴望以工作親自尋找祂，又說為了找到天主必須採用的方法㉕，就是說：她必須修練德行，及活動和默觀生活中的靈性修行，為此，必須不接納愉悅或什麼享受，別再讓靈魂的三仇——即世俗、肉身和魔鬼——的勢力和陷阱耽誤和阻礙她。

25. 這是《靈歌》中論及主動克修的詩節。

她說：

尋找我的愛，

這就是，我的愛人，等等。

2.靈魂在此清楚地說明，為了真實尋得天主，只憑內心和話語的祈禱，及別人的施恩幫助，仍是不夠的，也還要這樣：必須有自己方面的工作；因為，天主通常看重個人親自完成的一個工作，超過別人為她做的許多事。為此，靈魂在此想起心愛主說的話，祂說：「你們找，必要找著。」（路十一9）靈魂決定出去，以我們上面提及的方式，以工作尋找祂，才不會找不到祂，不要像許多人，他們希望天主向他們要的只是話語，即使這樣，那些話語說得並不好，他們幾乎不願為天主做任何能稍有付出的事；有的人，甚至不願為了祂，在歡樂與滿足的地方起身，除非在他們的口或心裏，從天主那裏得到一點歡愉，他們也不要跨出一步，克制自己，捨棄些微無用的歡樂、滿足和渴望。

然而，除非他們起身出去尋找天主，他們必定找不到祂，即使對祂多次高聲呼喊，為此之故，《雅歌》中的新娘尋找祂，卻沒有找到祂，直到她起來出去尋找，才找到了祂；她用以下的話說：「夜間我在床上，尋覓我心愛的；我尋覓，卻沒有找著。我遂起來，環城巡行，在街上，在廣場，尋覓我心愛的；我尋覓，卻沒有找著。」（歌三1－2）經過了一些考驗後，那裡說，她找到了祂。

3.因此，凡尋找天主，又盼望留守於歡愉和安息中的人，即是在夜間尋找祂，這樣是找不到祂的。然而，以修行和實踐德行尋找祂，離開其歡愉和滿足的臥床，這是白天尋找天主的人，所以會找得到祂；因為夜間找不到的，在白天會出現。在《智慧書》中，新郎清楚說明這事：「智慧是光明的，從不暗淡；愛慕她的，很容易看見她；尋覓她的，就可以找到她；一有追求她的志願，她必預先顯現給他們。早起尋求她的，不必費勞，因為必會發現，她坐在門前。」（智六13－15）這段經文說明，當靈魂離開自我意志的房屋，及自我歡愉的臥床，一起身離開，立刻在外邊找到神性的智慧，即天主聖子，她的淨配。因此，靈魂在這裏說：尋找我的愛，

我要奔向高山和海岸，

4.由於這些「高山」，是巍峨崇高的，在此意指德行：其一，因為它們的崇高；其二，因為登上高山所經歷的困難和艱辛，她說，經由它們，她要修行默觀生活。

至於「海岸」，是低下的，意指克苦、補贖和神業[26]，她也說，經由它們，要用它們來修行活動的生活，還有她所說的默觀生活。因為，要確實地尋找天主及修成德行，二者都需要[27]。所以，這些話彷彿是說：尋找我心愛的，我要以工作實行崇高的德行，且以卑微的苦行和修行謙德，謙卑自下。

她這麼說，因為尋求天主的道路是在天主內行善工，及在自己內克制惡行，以下一詩句所說的方式，這就是：

花兒不摘取，

5.既然為了尋求天主，需要一顆赤裸而強壯的心，一顆從一切不純是天主的善與惡中

26. 神業（*ejercicios espirituales* / spiritual exercises），指的是靈修上的修練，如口禱、心禱、默想等等。
27. 二者指的是默觀和活動的生活，但按上下文，也可解釋為高山和海岸。

得到解放的心，所以，在本句和下一詩句中，靈魂所說的自由與剛毅，是尋找天主應該具備的。因此她說，不摘取沿途看見的花兒；這些花兒，意指在今生能提供給她的所有享受、滿足和愉悅，如果她渴望摘取和接受它們，必會阻礙道路；這些阻礙有三種方式：現世、感官、心靈。

因為，如果她留意或貪戀它們，這三者都會佔據人心，阻礙心靈的赤裸——這是行走基督窄路必須具備的，所以她說，為了尋找天主，她不要摘取所有的這些東西。這樣，她彷彿是說：不要把我的心放在世俗給予的財富和美物上，不要接受我肉身的滿足和歡樂，也不要留意我心靈的享受和安慰，因而阻礙我，不能在德行和艱辛的高山上尋找我的愛。

她這麼說，因為採納達味先知的勸告，他對行走此路的人說的：「*Divitiae si affluant, nolite cor apponere.*」，亦即：「如果財富日增，你也不要掛念在心。」（詠六一11）所以，這些財富是指感官的享樂及現世的美物，還有心靈的安慰。

這裡要注意，不只現世的美物與身體的愉快，阻礙和相反天主的道路，那些心靈的安慰和愉悅亦然，如果是去佔有和尋找它們，也是走向基督新郎十字架之路的障礙。為此，必須向前邁進的人，絕不要摘取這些花朵。不只如此，她還要有勇氣和剛毅說：

野獸不怕懼，我要越過勇士和邊際。

6.這些詩句中，列舉靈魂的三仇，就是：世俗、魔鬼和肉身；在路途中，它們引發戰爭和困境。「野獸」是指世俗，「勇士」指魔鬼，而「邊際」則是肉身。

7.她稱世俗為野獸，因為開始踏上天主之路的靈魂認為，在她的想像中所呈現的世俗，如同野獸一般，使她感到恐怖和受威脅。主要有三種方式：第一，使她認為，她必須度著沒有世俗利益的生活，會失去她的朋友、聲望、價值，甚至財產。第二，另一猛獸也不遜色，使她懷疑，她怎能長久忍受缺乏世俗的滿足和快樂，及其所有的享受。第三，甚至更嚴重，亦即：使她認為她必會成為眾矢之的，必會被人反對和嘲弄，必有許多的批評和譏笑，必會被輕視[28]。像這樣的種種情況，常常呈現在某些靈魂面前，給她們造成極大的困難，不只無法堅持地對抗這些野獸，甚至很難開始上路。

8.不過，有些較慷慨的靈魂，往往會面臨其他更內在和靈性的野獸：種種的困難與誘惑、苦難與考驗，她們都必須越過，天主把這些遣送給祂希望提拔到成全高境的人，檢驗和試煉她們有如火中的黃金，按達味說的，他說：「*Multae tribulationes iustorum.*」。這就是：「**義人的災難雖多，上主卻救他免禍。**」（詠卅三20）可是，真愛天主的靈魂，珍視她心愛的，遠超萬有，信賴祂的愛和幫助，不會感到難於說出：野獸不怕懼，及

我要越過勇士和邊際

9.至於魔鬼，就是第二個仇敵，稱之為「**勇士**」，因為牠們以猛力阻止此路的通行；也因為牠們的誘惑和狡猾更猛烈，更不易克勝，更難理解，甚於世俗和肉身，也因為牠們聯合其他二仇，世俗和肉身，增強牠們的勢力，招惹靈魂劇烈的戰爭。為此，達味說及牠們，稱之為勇士說：「*Fortes quaesierunt animam meam.*」亦即：「**勇士想謀害我的生命。**」（詠五三5）先知約伯也提及這勢力說：「**世上沒有可與牠相比的勢力，牠一無所懼。**」（約四一25）就是說，沒有人的力量可以和牠相比。只有天主的大能足以制勝牠，也只有

28. 關於第三種情況，好像是在暗示聖女大德蘭的個案，請參閱《靈心城堡》6・1・3；《自傳》28。但也可能指安納姆姆的聖召故事，及其他許多人的聖召歷程。

神性之光能透徹牠的陰謀。為此，要克勝魔鬼勢力的靈魂，不能沒有祈禱，而沒有克苦和謙遜，也不能識破牠的詐騙。為此，聖保祿勸告信友們，說：「*Induite vos armaturam Dei, ut possitis stare adversus insidias diaboli, quoniam non est nobis colluctatio adversus carnem et sanguinem.*」這就是：「要穿上天主的全副武裝，為能抵抗魔鬼的陰謀，因為我們所戰鬥的，不是對抗血和肉。」（弗六11－12）血意指世俗，天主的全副武裝意指祈禱和基督的十字架，其中包含我們所說的謙虛和克苦。

10.靈魂又說她要越過邊際；這話的意思是，如我們說過的，肉身本性的對立和反抗，相反聖神。這樣，如聖保祿說的：「*Caro enim concupiscit adversus spiritum.*」這就是：「本性的私慾相反聖神。」（迦五17）私慾有如站立邊際，反抗心靈的道路。靈魂必須越過這些邊際，破除這些困難，以心靈的力量和決心，瓦解所有感官的欲望和本性的情感；因為，只要它們抓住靈魂，致使心靈因受制於它們而被阻擋，不能繼續走向真生命和靈性的愉悅。聖保祿清楚地說明這事：「*Si spiritu facta carnis mortificaveritis, vivetis.*」這就是：「如果以聖神克制肉身和欲望的傾向，你們必能生活。」（羅八13）

那麼，這就是在本詩節中，靈魂所說的，為了在此路上尋求她心愛的，她必須追隨的方法。總之，這些是：恆心和膽量：不留步摘取花朵；及勇敢：不怕野獸；還有剛毅：越過勇士和邊際，只專心致志於奔向德行的高山和海岸，以我們已說過的方式。

第四詩節

啊！森林和草叢，
我的愛人親手栽種！
啊！翠綠的牧草地，
披戴著明媚的花衣，
請告訴我，祂曾否走過去？

註解

1. 靈魂說明了她開始走上此路的方法，為的是不再追求歡愉和享受，且要以剛毅克勝誘惑和困難，這在於修練自我認識，此乃達到認識天主的第一個重要工作，本詩節中，她現在開始上路，以認識和細察受造物，達到認識她心愛的，萬物的造主[29]。因為，經過自我認識的修練之後，在此靈修路途上，依次而來的首先是細察受造物，經由它們細察祂的偉大和卓絕，按照宗徒所說的，他說：「*Invisibilia enim ipsius a creatura mundi, per ea quae facta sunt, intellecta, conspiciuntur.*」這彷佛是說：「天主祂那看不見的美善，靈魂都可憑可見和不可見的受造物辨認出來。」（羅一20）

29. 經過修行認識自我之後，靈魂尋求認識天主。這些詩節分成三組：（4—6 詩節）求問沒有理性的受造物，不覺滿足；（7—8 詩節）求問理性的受造物，更不滿足；（9—12 詩節）直接求問心愛主，只有祂的親臨和通傳能滿足人心，而非只是得到訊息。

所以，靈魂在本詩節中對受造物講話，向它們打聽她的愛人。要注意的是，如聖奧思定說的，靈魂向受造物提出問題，就是默想其造物主對它們所做的[30]。因此，本詩節中的默想，包括元素和低級的受造物，及天空和天主在其中所造的其餘受造物和物質體，還有天上的神體，她說：

啊！森林和草叢，

2.她稱這些元素為「森林」，亦即：大地、水、空氣與火；因為它們有如秀麗怡人的森林，充滿繁密的受造物，她在此稱呼受造物為「草叢」，因為其數量浩大，以及每個元素，彼此之間的明顯差異。在大地上，有數不盡的各種動物和植物；在水中，各種數不清的魚類；在空中，有多種的鳥類；而火元素，聚集所有的元素，使受造物充滿活力，並得以保存；所以，各類動物都生活在其元素內，安置並栽種於其間，有如在其森林和地域內，使之出生和受養育。真實的，當天主創造這些元素時，祂命令這事。祂命令大地生長植物，繁殖動物；在海和水中孳生魚類；又使天空充滿鳥類。（創一11－12；20－21；24－25；26－29）因此，當靈魂看到祂所命令和所做的，說出以下的詩句：

我的愛人親手栽種！

3.本詩句所默想的是：這些繽紛的變化和富麗的雄偉，只有她的愛人——天主——的手能完成和創造。這裡要注意，她提醒說：「我的愛人親手」，雖然天主時常藉其他的手行動，例如藉天使和人的手，可是，祂卻親手創造，絕不藉用其他的手。這樣，由於深思受

30. 參閱 Pseudo-Augustine： *Soliloquiorum animae ad Deum liber unus*, c.31： PL 40．888。

造物，細察它們是天主親手所造成的，強烈地喚醒靈魂去愛她的愛人——天主。她繼續說：

啊！翠綠的牧草地，

4.這是對天堂的沉思，她稱之為「**翠綠的牧草地**」，因為天堂裏的受造物，永遠是不凋謝的翠綠，既不隨時光而死亡，也不會凋謝；又在天堂內，有如處在涼爽的翠綠中，使義人們歡暢和愉悅。在此默想中，也包含變化萬千的美麗繁星，及天空中運行的恆星。

5.教會也用「**翠綠**」這個名詞指示天堂的事物，在為已亡的信友祈求天主時，對他們說：「*Constituat vos Dominus inter amoena virentia.*」；所要說的是：「**願天主使祢們安居在愉悅的翠綠之地。**」[31]還有，她說這個翠綠的牧草地也是

披戴著明媚的花衣，

6.這些「**花**」，指的是天使和聖善的靈魂，他們點綴和美化牧草地，宛如精緻金瓶上的優美又亮麗的琺瑯。

請告訴我，祂曾否走過去？

7.這個問題是上述所說之事的沉思，彷彿是說：請告訴我，祂在你們內創造的是何等的卓然麗質。

31. 取自 *Ordo commendationis animae*，見 *Rituale Romanum* 6・7。

第五詩節

傾下千般恩寵，
祂匆匆路過樹叢；
且對之垂視凝望，
獨以其形像，
替萬物穿上美麗的衣裳。

註解

1. 本詩節中，受造物回答靈魂的提問；如聖奧思定在同一地方所說的[32]，其回答即是證據，受造物向靈魂顯示天主的崇偉和卓絕，這是靈魂在默想中的提問。所以，本詩節的主要內容是：天主造化萬物，極其從容和迅速，並留下一些天主的蹤跡，不僅使之無中生有，甚至賜予無數恩惠和德能，更以美妙的秩序，及不絕的相互依賴美化之；完成這一切係經由祂的上智，因祂而創造萬有，祂就是聖言，祂的惟一聖子。

所以，她這樣說：

32. 即上一詩節第 1 節提及的同一地方，參閱 Pseudo-Augustine： *Soliloquiorum animae ad Deum* 1．31 in Migne, PL 40．888。

傾下千般恩寵，

2. 她所說的「傾下千般恩寵」，意指無限無量的眾多受造物；為此，她在這裡提出很大的數目，「一千」，是為說明受造物的繁多；她稱之為恩寵，因為天主賦予受造物許多的恩寵；「傾下」這些恩寵，亦即，充滿全世界，

祂匆匆路過樹叢；

3.「路過樹叢」就是創造元素，這裏稱之為「樹叢」；為此，靈魂說「祂路過，傾下千般恩寵」，因為祂以之裝飾[33]所有的受造物，也就是充滿恩寵。此外，祂傾下千般恩寵，賦予繁殖和續存的能力，使之互相協助。

她說天主「路過」，因為受造物好似天主路過的蹤跡，透過受造物，我們能追蹤天主的崇偉、大能、智慧和其他神性的德能。

她說，這個「路過」是匆匆的。由於受造物是天主化工中較低級的，造化她們好像路過一般；因為對於較高級的，天主會極清楚地顯示自己，祂會極其留意，這就是聖言降生成人，及基督信仰的奧跡，相形之下，其餘的一切有如「匆匆路過」。

且對之垂視凝望，
獨以其形像，
替萬物穿上美麗的衣裳。

33. 裝飾（*adornaba*）：原文的這個字含有「裝飾」和「使之具有美德」的意思，就是說，天主創造所有的元素來裝飾受造物，充滿一切德能。

4.根據聖保祿說的，天主聖子是「天主光榮的反映，是天主本體的真像。」（希一3）那麼，該知道，天主注視萬物，只以其聖子的這個真像，亦即賦予他們本性的存有，通傳給他們許多本性的恩寵和恩賜，且使之成全完美。按照《創世紀》說的這些話：「天主看了祂所造的一切，認為樣樣都很好。」（創一31）看樣樣都很好，就是使萬物在聖言——祂的聖子——內都很好。天主注視萬物時，不只通傳本性的存有與恩寵，如我們說過的，也以其聖子的這個惟一真像，賜予超性的存有，替萬物穿上美麗的衣裳；這事完成於祂降生成人時，在天主的美麗中舉揚人性，因此也舉揚所有在祂內的受造物，因為祂在人性內與萬有的本性結合。因此聖子說：「*Si ego exaltatus a terra fuero, omnia traham ad me ipsum.*」這就是：「當我從地上被舉起來時，我要吸引一切來歸向我。」（若十二32）所以，因祂聖子的降生，及肉身的光榮復活，在這個舉揚中，聖父不僅局部美化受造物，而且我們能說，替萬物穿上尊貴又美麗的衣裳。

第六詩節

引言

1.不過，除了這一切之外，現在按照默觀的感受與情感來說，要知道，在對受造物活生生的默觀和認識中，靈魂看得出來，天主賦予萬物這麼滿盈的恩寵、德能和美麗，致使萬物彷彿盛裝著奧妙的美麗，及本性的德能，這美麗和德能是從上而來的，由天主肖像的無限超性之美所通傳；祂的凝望替大地和諸天穿上美麗和喜悅的衣裳，如達味所說的：「祂伸出雙手，以祝福充滿眾生靈魂。」（詠一四四16）為此，靈魂因愛而受創傷，由於這個追蹤，她經由受造物，認識了她心愛主的美，使她焦急切望，想要看到造成有形之美的無形之美，於是在下列詩節中說：

唉！誰能治癒我！
現在，就真的將祢給我！
今後，不要再送給我
任何的使者，
我想聽的，他們不能告訴我。

註解

2.由於受造物給予靈魂她心愛主的標記，顯示給她天主的美麗和卓絕的蹤跡，增強她的愛，因此，也增加她對天主不在的痛苦；因為靈魂愈認識天主，盼望看見祂的欲望和痛苦也愈增加。因為她已經明白，除非心愛主親臨，並親眼看見祂，什麼也治不好她的病㉞，她不要信靠任何其他的藥方，在本詩節中她請求天主，給她擁有祂的親臨說，從今以後，不要再用其他任何的認識、祂的通傳和祂的卓越行蹤來拖延她，因為這些更增強她的懸念和痛苦，而非滿足她的意志和渴望；除非祂的臨在和親眼看見祂，意志是不會滿足的；因此，她懇求，但願祂樂於在圓滿和成全的愛內，真的將祂自己給靈魂。所以，她說：

唉！誰能治癒我！

3.這彷彿是說：在世上所有的歡愉、感官的滿足和心靈的享受與溫柔中，確實，沒有能治癒我的，也沒有能滿足我的。由於這樣，

現在，就真的將祢給我！

4.這裡要注意，任何懷有真愛的靈魂，除非真實地擁有天主，她既不能滿意，也無法滿足；因為其餘所有的事物，不僅不能滿足她，反而，如我們說的，更增加想面見天主真相的飢餓和欲望。所以，每次看見心愛主，所得到的認識、感受或其他任何的通傳，它們如同使者，帶給靈魂一些認識，獲知天主是誰，更增強和喚醒她的欲望，這樣彷彿碎屑引起

34. 病（*dolencia*）：原文有兩個意思，一是小病，另一是痛苦。

極大的飢餓，被這樣微小的東西耽擱，使她覺得很難過，她說：「現在，就真的將祢給我！」

5.因為，所有關於天主的事，在今生人所能認識的，無論如何淵博高深，都不是真實的認識，因為是局部的，也是非常遙遠的認識；然而，本質地認識祂，才是真實的認識，這是靈魂在此的請求，她不滿足於其他的那些通傳。為此，她隨即說：

今後，不要再送給我任何的使者，

6.這彷彿是說：請不要以這麼不完美的方式，讓我認識祢，經由這些使者，通傳我對祢的認識和感受，這麼遙遠，與我靈魂對祢的渴望毫不相干；因為對那傷心地尋求祢臨在的人，我的淨配！祢多麼知道，這些使者使人倍加受苦：其一，使者給予的認識，再次創傷傷口；其二，因為它們好似在延誤祢的來臨。那麼，從今以後，再不要遣送給我這些遙遠的認識，因為如果到如今，我能容忍它們，因為我對祢的認識和愛都不夠，現在我懷有的深情熱愛，已不能滿足於這些傳達了；為此，立即把祢給我；彷彿是更清楚地說：我的上主，淨配！祢已局部地把祢自己給我的靈魂，現在，願祢全部給我；祢顯示給我，彷彿透過隙縫，現在，願祢更清楚地顯示給我；祢經由中介與我交往，好似嘲弄地通傳祢給我，現在，願祢真的做到，把祢自己通傳給我；有時，在祢探望時，彷彿快要給我那顆據有祢的寶石；可是，當我的靈魂清楚地注意到它時，卻發現找不到它，因為祢把這寶石隱藏起來，彷彿嘲弄我般地給了我。那麼，「現在，真的把祢給我」，把祢完全給我整個的靈魂，使她完全擁有全部的祢，「請不要再送給我任何的使者」，

我想聽的，他們不能告訴我。

7. 彷彿是說：我完全渴望祢，而他們不會也不能完整地講述祢；因為無論天上或人間，毫無一物能給靈魂知識，滿足她想認識祢的渴望，所以，「我想聽的，他們不能告訴我」。那麼，不要其他的使者，願祢是使者和訊息。

第七詩節

所有自由逍遙的，
向我傳述萬千寵惠；
更創傷我，
致死我
於不知他們咕噥著什麼。

註解

1.上一詩節中靈魂已說明，她因愛她的新郎而生病和受傷，理由是無理性的受造物向她述說對天主的認識；在本詩節中，她解釋，她因愛受傷的理由，是對心愛主的另一更崇高的認識，得自比其他受造物高貴的理性受造物，亦即天使和人。她也說不只這樣，而且還因愛而「致死」，理由是受造物向她揭示一個美妙的無限，卻沒有完全揭露，在此稱之為「不知是什麼」，因為她不會述說，而就像這樣，使得靈魂因愛而欲絕。

2.因此我們能推斷，在這個愛的事情上，有三種為心愛主受苦的方式，相稱於三種對祂能有的認識。

第一種稱為傷口，這是最輕微的，也是最快治好的，這非常像一個傷口，因為傷口的造成，係由於靈魂從受造物得到的認識，它們是天主的最低級化工。關於這個傷口，我們在此也說是生病，《雅歌》中新娘說：「*Adiuro vos, filiae Ierusalem, si inveneritis dilectum meum ut nuntietis ei quia amore langueo.*」這就是說：「耶路撒冷女郎！妳們若遇見了我的愛人，我懇求妳們告訴祂：我因愛成疾。」（歌五8）耶路撒女郎是指受造物。

3.第二種稱為潰瘍，比普通的傷口更深入靈魂內，為此，延長更久，因為就像已經潰爛的傷口，靈魂真的感到愛的潰瘍。在靈魂內導致潰瘍，係因認識了聖言降生的化工，及信德的奧跡；這些是天主的更大化工，其中包含更大的愛，超過受造物，在靈魂內導致愛的更大效果；這樣，如果第一種好像傷口，第二種就像造成潰瘍，拖延更長的時間，關於這事，新郎在《雅歌》中對靈魂說：「我的妹妹！妳以妳的眼睛和妳頸上的一絲細髮，創傷了我的心。」（歌四9）因為「眼睛」在此指對新郎降生的信德，「細髮」象徵對此降生奧跡的愛。

4.第三種愛的痛苦有如死亡，相當於一個化膿的潰瘍，因為靈魂已整個地潰爛化膿，她生活在面臨死亡中，直到愛情致死她，使她生活在愛的生命中，在愛內轉化她。這個愛的死亡，是經由對天主神性至高認識的一個接觸，在靈魂內造成的，這是本詩節所說的，「不知是什麼」，不知他們咕噥著什麼。這樣的接觸不會繼續，也不會太久，因為會使靈魂和肉身分離，這接觸瞬間即逝；因此，她留在愛的瀕死中，當她不能因愛而死時，她更是瀕臨死亡[35]。此愛被稱為焦急無耐的愛，《創世紀》中敘述這個愛，聖經上說，焦急的辣黑耳極願懷孕生子，對她的丈夫雅各伯說：「*Da mihi liberos, alioquin moriar.*」；這就是：「你要給我孩子，不然，我會死。」（創三十1）

35. 這接觸是得自天主的恩寵或通傳，是在默觀中賜予的，能夠是煉淨的、光明的或結合的。此處所說的效果，是靈性訂婚階段的特徵：焦急無耐的愛、愛的創傷。

約伯先知也說：「*Quis mihi det ut qui coepit ipse me conterat ?*」就是說：「願天主擊殺我，鬆手使我消滅。」（約六9）

5.這兩種愛的痛苦，亦即潰瘍和死亡，本詩節中說，是這些理性的受造物造成的。這個潰瘍，靈魂說，他們對她述說心愛主的萬千寵惠，藉著信德教導她天主的奧跡和智慧；死亡，在詩中靈魂說，「他們咕噥著什麼」，這是神性的感受和認識，亦即有時當靈魂聽到有關天主的事時，揭示給她的。因此，她說：

所有自由逍遙的，

6.理性的受造物，如我們說過的，在這裏是指那些自由逍遙的，就是天使和人，因為所有受造物中，惟獨他們擁有認識天主的自由；因為這正是「自由逍遙」一詞的意義，用拉丁文說是「*vacant*」。所以，本詩句彷彿是說：所有自由逍遙的都尋求天主；有的在天堂上，默觀祂，也歡享祂，天使就是這樣；有的則在世上愛慕祂，渴望祂，世人就是這樣。

因為藉著這些理性的受造物，靈魂得以更靈活地認識天主，有時因深思他們的卓絕，遠超其他一切的受造物，有時則藉著他們給我們有關天主的教導：有的經由祕密的默啟，在我們內教導我們，如天使們所做的；其他外在方面，藉聖經的真理教導我們，她說：

向我傳述萬千寵惠；

7.這就是：他們使我明白祢恩寵與仁慈的美妙事理，在祢降生的奧跡和信德的真理上，他們向我宣揚，而且一直訴說著更多；因為他們愈渴望訴說，愈能顯露祢的恩寵。

以愛更創傷我。

8.因為，只要天使啟迪我，人們教導我關於祢的事，他們愈激起我愛祢；所以，全都以愛更創傷我。

更創傷我，

於不知他們咕噥著什麼。

致死我

9.彷彿是說：除了這些受造物以萬千的寵惠，使我領悟祢，而創傷我之外，人感受到有個「我不知是什麼」的，仍有待吐訴，某種未知之事，尚待講述，以及顯示給靈魂的某種天主的卓然蹤跡，仍有待窮究，對天主的某種至高理解，無法訴諸言詞，因此，她稱這些為「我不知是什麼」。如果那些我瞭解的事物，以愛創傷我，這些我不完全明瞭，卻已有崇高感受的，是「致死我」。

有時，天主經由所聽見、看見或理解的事，施惠在進步中的靈魂，有時並不經由聽、看或理解，以一種高超的認識，使她理解或感受天主的崇高和雄偉。在那個感覺中，她感受天主是如此崇高，使她清楚明白一切有待被理解的事；那個對天主的領悟和感覺，是這麼的浩瀚無垠，不能完全理解，是非常高超的領悟。因此，今生中，天主快速地賜給某靈魂的大恩惠之一，是使她清楚地領悟和感覺這麼崇高的天主，以致她清楚知道，她不能全部理解和感受；因為，這靈魂多少有些相似天堂上看見祂的那些人：凡是愈認識天主的人，愈能清晰領悟那些有待被領悟的無限實體；因為，那些看見天主較少的人，不能這麼明晰地看見那些有待被看見的，如同那些看得多的人。

10. 關於這事，我認為，沒有經驗的人是不會完全理解的；不過，經驗此事的靈魂，如她曉悟的，她所感受的崇高經驗，仍有待被理解，她稱之為「我不知是什麼」；因為，像這樣既無法理解，也不可訴說，雖然，如我說過的，人會有感覺。為此，她說，受造物在向她咕噥著，因為沒有完全說清楚；這意指咕咕噥噥地說，是小孩子的說話模樣，就是沒有完美地述說和解釋他們要說的。

第八詩節

引言

1.還有，對於其他的受造物，以我們說過的方式，當天主施惠靈魂，揭示給她，包含在受造物內的靈性認識和感受時，會給予靈魂些微的光照，雖然不總是那樣的崇高；他們彷彿述說著不能言盡的天主的崇偉，好似要加以說明，卻仍有待訴說；所以，這就是「不知他們咕噥著什麼」。因此，靈魂繼續她的怨訴，在下一詩節中對她靈魂的生命講話，說：

生命哪！妳生非所在，
又怎堪忍耐？
妳身負箭傷，
瀕臨死亡，
因而徹悟妳的心愛。

註解

2.由於靈魂知曉她快要因愛而死，按照她剛剛說的，可是，她卻沒有完全死去，就此自由地享受愛情，她抱怨肉身生命的延續，為此而使靈性的生命被耽擱。所以，本詩節中，她對著她靈魂的生命說話，強調所引起的憂傷。本詩節的意義如下：我靈魂的生命，妳怎能忍受這個肉身的生命？因為那是妳的死亡，是真屬天主靈性生命的剝除，在這靈性生命內，藉本質、愛和渴望，妳活得比在身體內真實。而現在，這（靈性的生命[37]）沒有使妳出離死亡的肉身，得到自由（羅七24），為能生活和享受妳天主的生命，妳怎能忍受在如此脆弱的身體內呢？那麼，除此之外，從心愛主通傳給妳的崇偉之愛，所導致的傷口，單就其本身而言，已足以了結妳的生命，這一切猛烈地把妳留在愛的受傷中，所以，妳感受和領悟天主多少，從那致命的愛中，妳得到的接觸和創傷也會有多少。繼續這詩句：

生命哪！妳生非所在，
又怎堪忍耐？

3.為了解這些詩行，應該知道，靈魂更是活在她愛的地方，甚於她活著的身體內，因為在身體內，她沒有她的生命，而是她把生命給予身體，她藉著愛，活在她所愛的對象內。

不過，除了這個愛的生命之外，愛主的靈魂藉此活在天主內，靈魂擁有她根本與本性的生命，如同所有的受造物一樣，按照聖保祿說的：「我們在祂內生活、行動和存在。」（宗十七28）就是說，在天主內，有我們的生命，我們的行動和我們的存有。還有，聖若望說：

37. 譯者加上括號內的字，為幫助讀者理解。

「凡受造的，在天主內有生命。」（若一3－4）由於靈魂明白，藉著她在天主內的存有，她才有天主內的本性生命，也藉著她對天主的愛，才有靈性的生命，她抱怨又哀嘆，在可朽肉身內這麼脆弱的生命，竟能這麼地阻止她，不得享有如此強壯、真實和歡愉的生命，這是她藉著本性和愛，活在天主內的生命。

靈魂極其強調這個觀點，因為她在這裏解釋說，她忍受兩個對立，亦即：肉身內的本性生命，和天主內的靈性生命，兩者互相對立，彼此交戰（羅七23）；她生活在兩者之中，勢必感到極大的折磨，因為這一個痛苦的生命，阻礙另一個歡愉的生命，竟至使本性的生命為她有如死亡，由於本性的生命剝除了她的靈性生命；藉著本性，及她所有的官能與感情藉著愛，在靈性的生命內，她擁有自己全部的存有和生命。

為了詳細說明這個脆弱生命的艱苦，她接著說：

妳身負箭傷，
瀕臨死亡，

4.彷彿是說：而且，除了我所說的，妳又怎能忍受活在身體內呢？因為心愛主在妳心內導致的愛之接觸，這就是箭矢，僅此就足以奪取妳的生命。

這些觸動，使靈魂和內心，對於天主的認識和愛的如此豐盈，她真的能說，她「徹悟」了天主，如她在下一詩句說的：

因而徹悟妳的心愛。

5.亦即，由崇偉、美麗、智慧、恩寵和諸德，妳徹悟祂。

第九詩節

引言

1.就像鹿，被毒箭射傷時，既不休息，也不安寧，牠到處尋找醫治，一下子跳進這水，一下子那水，無論牠尋求什麼治療，箭矢的毒性不斷擴張，直到最後，侵襲心臟，導致死亡，靈魂也像這樣，被愛情毒箭觸及，即我們在此談論的這個靈魂，從不停止尋求醫治她的痛苦，她不僅無法尋獲，凡她所想、所說和做的一切，反而帶給她更大的痛苦。她同樣明白這事，亦即，除了把自己交在創傷她的那位手中，她沒有其他的救治，為的是，祂可以解救她，用愛的強力立即致死她，她轉向她的新郎，即這一切的起因者，在下一詩節中對祂說：

為何祢創傷此心，
卻不醫治？
偷取了我的心，
又怎的留它如此？
為何不帶走這顆祢偷去的心？

註解

2.於是，靈魂在本詩節中，再度轉向心愛主，對祂說話，仍然抱怨她的痛苦；因為這無耐的愛，就是靈魂在這裡所表現的，對她的痛苦，她不能忍受偷閑，也不容許安息，她用所有的方法表達她的懸念，直到獲得醫治。

而且，她曉得自己受傷又孤單，不會有別人，也不會有別的良藥，除了她的心愛主，就是祂創傷了她，她對祂說，既然祂用認識祂的愛創傷她的心，為什麼不用面見祂的直觀來治好她？還有，既然祂藉著使她迷戀的愛，偷去了她的心，又奪去她本身的能力，又怎的留它如此？就是說，拿走她的能力——因為愛人已不把持自己的心，而是把心給所愛的——，卻沒有真的把她的心放在祂的心內，以榮福境界的整全和圓滿的愛之神化，為祂自己奪取這顆心。於是，她說：

為何祢創傷此心，
卻不醫治？

3.她抱怨，不是因為祂創傷了她，——因為一個愛人愈被創傷，得到愈多的回報——，而是因為，已經創傷她的心，卻沒有以了結她的生命治好她。因為這些愛的創傷這麼甜蜜，又這麼愉悅，如果沒有達到死亡，是不會滿足的；然而，它們是這麼的愉悅，靈魂希望受其創傷，直到了結生命。

因此她說：「為何祢創傷此心，卻不醫治？」彷彿是說：為什麼，既然祢已創傷這顆心，傷到成為潰瘍，怎不治好她？以愛的致命了結她？既然在愛的心病中，祢是創傷的起因，願在愛的死亡中，祢是健康的起因：因為，是這樣的，這顆心因祢的不在而痛苦地受傷，因祢甜蜜親臨的歡愉和光榮，會得到痊癒。更進一步，她說：

偷取了我的心，又怎的留它如此？

4.「偷取」無非是奪取物主的所有物，據之為己有。那麼，這個抱怨，靈魂擺在心愛主面前說，既然祂藉著愛偷去了她的心，又取走她的能力和所有，為什麼這樣地留下它，沒有真的把它據為己有，如同小偷的做為，真的帶走所偷取的贓物。

5.為此，戀愛中的人說心被偷了，或被所愛的人迷住了，這是因為他離開自我，專注於所愛的對象；因此，他的心不屬於自己，而是屬於他所愛的對象。

由此，靈魂能清楚明白，她是否純然愛天主；因為，如果靈魂愛祂，她的心不會放在自己的身上，也不顧念她的喜好和利益，而只為尋求榮耀和光榮天主，及悅樂祂，因為，她的心給自己愈多，給天主就愈少。

6.心是否真的被天主偷取，可從二件事看出來：是否帶有對天主的懸念，除了天主，不喜愛其他的事物，如同靈魂在這裏的表現。理由是，因為當人心無所佔有時，不能處在平安和靜息中，如果真的處在愛內，既不會把持自我，也不會佔據其他的事物，如我們說的；如果沒有完全佔有所愛的，不能不深感疲累，其疲累之大，一如其失落，除非佔有所愛的對象，且得到滿足；因為除非等到那時，靈魂有如空的器皿，等待被裝滿，或相似渴望食物的飢民，或像呻吟期待健康的病人，或像懸掛在空中、無依無靠的人。像這樣，這心是真的在戀愛[38]。

38. 這個經驗指出心靈被動之夜的痛苦空虛，是很典型的說法：參閱《黑夜》2・6・5。這裡強調的不是黑暗，而是彷彿被忽視而造成的焦急無耐的愛。

這樣的感受是靈魂在此的經驗，她說：「又怎的留它如此？」亦即：空虛、飢餓、孤獨，疼痛地受創傷，且因愛成疾，浮懸半空。

為何不帶走這顆祢偷去的心？

7.就是說：為什麼不帶走這顆祢以愛偷取的心，好能裝滿它、餵飽它、陪伴它和治好它，賜給它在祢內完全的定居和憩息呢？

這迷戀的靈魂，無論多麼順從心愛主，都不能使她不渴望她愛的酬報和薪資，為服事心愛主的薪資。否則就不是真愛，因為愛的薪資和回報不是別的什麼——靈魂也不能希望別的——，而是更多的愛，直至達到愛的圓滿；因為愛只能以愛的本身償還，按照約伯先知的說明，當時他懷著和靈魂在此相同的懸念和渴望，說：「如同奴僕切望蔭涼，傭工期待工資，我只有承受失意的歲月，為我註定的痛苦長夜，我臥下時說：幾時天亮？我起來時又說：黑夜何時到？我整夜輾轉反側直到天亮。」（約七2-4）

那麼，像這樣，在天主的愛內燃燒的靈魂，渴望愛的圓滿和成全，為了在那裡擁有完全的涼爽；如同炎夏疲累的僕人渴望陰涼，又像傭工期待工作結束，她也期待她的工作結束。這裡要注意，約伯先知沒有說，傭工等待勞苦結束，而說工作結束，為說明我們所解釋的，亦即，愛的靈魂期待的不是勞苦的結束，而是工作的結束；因為她的工作是愛，而她期待這愛的工作結束和終結，就是愛天主的圓滿和完成。直到工作完成以前，靈魂經常處於前述經文約伯所描繪的光景裏，她覺得歲月時日空虛，長夜漫漫多憂煩。

我們已經解釋了，愛天主的靈魂，怎樣除了愛天主達到成全圓滿，絕不追求或期望其他的酬勞，作為她的服事代價。

第十詩節

引言

1.那麼，靈魂處在這個愛的階段中，好像一個非常疲倦的病人，失去她的味覺和食欲，對所有的食物感到厭煩，覺得事事令他厭惡和不悅。所有浮現在思想中，或出現在眼前的事物，她只存有一個欲望和渴望，那就是她的健康，凡不是導向於此的事，全是她的麻煩和負擔。為此，已經達到愛主成疾的這個靈魂，她具有三個特性，亦即：所有呈現於她和她涉及的事物，她總是對自己的健康發出那個「哎喲！」[39]，她的健康就是她的心愛主；所以，雖然她不能不處於事物中，她常是全心專注於祂；由此導致第二個特性，就是對所有的事物興味索然。也因此而導致第三個特性，所有的一切都使她厭煩，與任何人交往都是負擔和不悅。

2.這一切的理由，取自所說過的，亦即靈魂意志的味覺，已經品嘗且回味天主之愛的這道食物，無論所呈現的是什麼事，或做什麼交涉，意志即刻傾向尋求和享受她的心愛主，不看其他的喜好或關心，如同瑪麗德蓮所做的，當她在山園以熱烈的愛尋找祂時，認為祂就是園丁，毫無其他的推理或看法，對祂說：「如果是你把祂取走，請告訴我，讓我去把祂取回。」（若二十15）靈魂有同樣的渴望，願意在一切事中尋獲祂，卻沒有如她所願的，

39. 「哎喲 ！」，意即痛苦的感嘆聲。

立刻找到祂，恰恰相反，不僅在這些事上找不到滿足，而且是她的折磨，有時是很猛烈的折磨。因為像這樣的靈魂，與人交往，及交涉其他的事務時，忍受許多的痛苦，因為這些不是幫助，而是阻礙她們達到目的。

3.在《雅歌》中，新娘清楚地說明，在尋找她的新郎時。她有這三個特點，說：「我尋找祂，卻沒有找著。巡行城市的守衛遇見了我，打傷了我；看守城牆的人，奪去我身上的外衣。」（歌五6–7）因為那些巡行城市的守衛就是指世俗的交往；當他們發現在尋找天主的靈魂時，他們打傷她，造成許多的傷口、痛苦、疼痛和乏味，她不僅沒有從中得到她所渴望的，反而受到阻擋。那些看守默觀圍牆的人，阻止靈魂進入其中，是指魔鬼及世俗的經營，他們奪去愛之默觀中平安與寧靜的外衣。傾心迷戀天主的靈魂，從這一切中得到成千的不悅和惆悵。她看出來，只要仍活在今世，沒有看見她的天主，她都不能從中得到或多或少的解救。她繼續向心愛主懇求，說出下一詩節：

請熄滅我的惆悵，
不然無人能消除心傷；
願我的雙眼看見祢，
因祢是我眼的明光，
我只向祢張眼凝望。

註解

4.那麼，在本詩節中，她繼續請求心愛主結束她的懸念和痛苦，因為只有祂能做這事，不是其他的人；也請求祂完成這事，好使靈魂的雙眼能看見祂，因為只有祂才是眼睛的明光，靈魂不願做別的，只願向祂張眼凝望，說：

請熄滅我的惆悵，

5.那麼，愛的欲求有這個特性，如已說過的，凡所說和所做的，與意志所愛的不一致，都使她厭煩、疲累、惆悵，也使她覺得乏味，看不見她的渴望得以實現。關於這事，為了看見天主而有的疲累，在此稱為「惆悵」，除非擁有心愛主，什麼也不足以熄滅它們。為此她說，天主以祂的親臨熄滅它們，使之全然涼爽，有如涼水消解暑熱的倦怠，為此，她在此使用「熄滅」這個字詞，以表明她因愛火而受苦。

不然無人能消除心傷；

6.靈魂為了更打動和說服心愛主成全她的祈求，她說，既然除了祂，沒有別的足以滿足她的需求，那麼，消除她惆悵的人就是祂。這裡要注意，當她除了天主之外，既沒有，也不追求其他的滿足和安慰時，天主會急速地來安慰靈魂，滿足她的需求和消除痛苦。所以，沒有任何事物能使她遠離天主的靈魂，無法長久地處在沒有心愛主的探訪。

願我的雙眼看見祢，

7. 亦即，願我以靈魂的眼睛，「面對面地」（格前十三12）看見祢。

因祢是我眼的明光，

8. 除此之外，天主是靈魂眼中的超性明光，沒有這光，她會被籠罩在黑暗中，她在這裏深情地稱祂為「她眼的明光」，就像情人稱所愛的人為他眼的明光，以表露他的愛情。因此，這就好像前二行詩句中說的：既然除了祢，我的眼睛沒有其他的光（既非來自本性，也非來自愛），但「願我的雙眼看見祢」，因為時時處處，「祢是我眼的明光」。當達味覺察這個光不在時，他哀嘆說：「我眼的明光，沒有與我同在。」（詠卅七11）還有多俾亞，當時他說：「我還能有什麼快樂呢？因我坐在黑暗中，看不見天上的光[40]。」（多五10）他在此渴望清楚地面見天主，因為天上的光就是天主聖子，根據聖若望說的：「這座天上的城，不需要太陽和月亮光照，因為有天主的光榮照耀她，羔羊就是她的明燈。」（默廿一23）

我只向祢張眼凝望。

9. 在此靈魂切望懇求新郎，讓她看見這個「她眼中的明光」，不只因為，沒有其他的光，會處在黑暗中，也因為除了祂，她不想要有其他別的什麼。因為，若靈魂渴望將她意志的眼睛，專注在天主之外的光，只要接受天主明光的視力被佔據時，這樣就是剝除這個神性的明光，同樣，若靈魂張開眼睛，只為了凝望天主，對上述的所有一切閉上她的眼，實在堪得此神性的明光。

40. 思高：「我這個眼睛失明，看不見天日的人，常躺在黑暗之中，像永遠看不見光明的死人一樣，還有什麼快樂呢？」

第十一詩節

引言

1.不過，要知道，靈魂的深情新郎，不能長久地看著她們孤獨受苦，如同我們談論的這個靈魂；因為，如祂藉匝加利亞說：他們痛苦和呻吟，「觸動了祂的眼珠。」（匝二12）尤其像這樣，當靈魂的痛苦是愛祂的結果，如這個靈魂的痛苦[41]。為此，祂也藉依撒意亞說：「他們還未呼求，我已聽到；話語還在他們的口中，我已聽見它們[42]。」（依六五24）智者提及天主說：「如果靈魂尋找祂，如同尋找金錢，她必會找到[43]。」（箴二4－5）

為此，這個傾心迷戀的靈魂，貪求天主，勝於追求金銀，因為她已為天主離棄了她所有的事物，及她自己，彷彿是，這些如此熱情的祈禱，促使天主賜予某種祂的靈性親臨，藉此親臨，天主顯示一些深奧的閃現，使靈魂瞥見祂的神性和美麗，天主強烈地增加靈魂面見祂的渴望和熱情。

因為，就像把水投入熔爐中，攪動而增強火勢，同樣，天主經常對待某些像這樣的靈魂，她們處於愛情的熱烈渴望中，天主賜予祂的某種卓絕記號，使她們更加熱心；所以，更進一步預備她們，以領受後來祂要賜給的恩惠。

這樣，藉著那黑暗的親臨，靈魂看見也感受到隱藏其中的至高美善和美麗，她因渴望

41. 這是《靈歌》第二版本增加的詩節，使原來39詩節成為40詩節。這個詩節加得非常恰當，其註解在全書的架構上，顯得特別有價值，彷彿是連結上下文的橋樑。
42. 思高：「他們還未呼求我，我已答應了；他們還在祈禱，我已俯允了。」
43. 思高：「你若尋求她如尋求銀子。」

看見而瀕臨死亡，說出以下的詩節：

請揭示祢的親臨，
願看見祢及祢的美麗
致我於死地；
若非祢的形像和親臨，
不能治好相思病情。

註解

2.那麼，這個靈魂，渴望見到自己已被這位偉大的天主佔有，由於祂的愛，她感到心被偷取和創傷，已經忍無可忍了，她在本詩節中堅決地請求天主，把祂的美麗，亦即祂的神性本質，揭示和顯現給她，以這個面見致死她，因而解除她身體的羈絆，因為她不能如所渴望的，面見和享有天主，她把內心的病情和懸念擺在天主面前，於此，為了天主的愛，她忍受痛苦，不屈不撓，除了對祂神性本質的這個榮福面見，她不能獲得醫治。詩行如下：

請揭示祢的親臨，

3.為了解釋這行詩句，要知道，天主在靈魂內能有三種親臨的方式：第一是本質的，按此方式，祂不只親臨在最好和聖善的靈魂內，也在壞人、罪人和其他所有的受造物內。因為以這個親臨，祂賜給他們生命和存有，如果缺少這個本質性的親臨，他們全都會毀滅，也不復生存。靈魂從不缺少這個親臨。

第二種親臨是經由祂的恩寵，天主藉此居住在靈魂內，對她感到愉悅和滿足。不是所有人都有這個親臨，因為陷於大罪的靈魂就沒有。靈魂不能本性地㊹知道，她是不是有此親臨。

第三是經由靈性的愛，因為在許多虔誠的靈魂內，天主常以多種的方式，施予祂的一些靈性親臨，以此來使她們舒暢、愉悅和喜樂。

不過，這些靈性的親臨，就像其餘的親臨，全都是隱蔽的，因為天主沒有在其中顯示祂的自身，因為今世生命的境況無法承受；所以，無論是哪一種親臨，都能說明上述的詩句，亦即：「**請揭示祢的親臨**」。

4.既然天主確實一直親臨在靈魂內，至少按照第一種方式是如此，靈魂不說要天主親臨她內，而是要天主揭示給她這個親臨，無論是以本性、靈性或愛情的方式，揭示和顯現給靈魂，使她能看見天主的本性存有和美麗。因為，就像天主以祂存有的親臨㊺，賜給靈魂本性的存有，以恩寵的親臨使她成全，同樣也要以祂顯示的光榮，來光榮她。

不過，既然這靈魂處於愛天主的熱心和深情中，我們必須了解，她在這裡向心愛主請求的這個親臨，是揭示祂的親臨，最主要的，是指心愛主給靈魂某種愛情的親臨。這個親臨如此崇高，致使靈魂認為，也覺察其中有個隱藏的無限存有，天主從中通傳給她某些不完全黑暗的瞥見，窺見祂的神性美麗；而且帶給靈魂這樣的效果，使她對感覺隱藏在那個親臨內的什麼，強烈地渴望，又因熱望而昏厥，這和達味的感受一致，當時他說：「**我的**

44. 本性地 *naturalmente*：意思是我們不能自然而然地知道，或不能清楚地知道。
45. 祂存有的親臨（*su presente ser*）：意即祂本質的親臨。

靈魂對上主的宮庭渴慕和昏厥㊻。」（詠八三3）

因為這時，靈魂渴望投入她感覺存在，卻又隱藏的至高美善中。因為，雖然是隱藏的，卻又非常明顯地覺察其中蘊含的美善和愉悅。為此，靈魂受這個美善的吸引，也為之著迷，其強烈勝過任何自然物體被吸引朝向地心。懷此強烈的渴望，及真摯的欲望，靈魂再也不能抑制自己，說：「**請揭示祢的親臨**」。

5.同樣的事發生於西奈山上的梅瑟，在那裡，他在天主的親臨中，如此崇高與深奧地瞥見，天主那隱藏神性的崇高和美麗，他忍不住地，兩次祈求天主揭示祂的光榮，對天主說：「**祢說，祢提名選了我，並且我在祢眼中得寵。如果我真的在祢眼中得寵，求祢顯示給我祢的面容；使我認識祢，且在祢眼中得到我渴望滿全的恩寵。**」（出卅三12-13）這就是，達到來自天主光榮的成全之愛。可是上主回答他說：「**我的面容，你絕不能看見，因為人看見了我，就不能再活了。**」（出卅三20）這彷佛是說：梅瑟，你向我求了一件難事，因為我面容的美，及看見我存有的歡愉，在今世這般脆弱的生命中，你的靈魂無法承受。

所以，靈魂知道這個事實（她知曉此事，有時透過天主在此回答梅瑟的話，有時也經由我們說的，覺察天主的親臨中所隱藏的），她不能以今世的這種生命，看見天主的美麗，因為甚至只隱約地顯現給她，也會使她昏厥，如我們說過的，她期盼也能給她那個回答，如同給梅瑟那樣，於是她說：

願看見祢及祢的美麗
致我於死地；

46. 思高聖經：「我的靈魂對上主的宮庭渴慕及緬懷。」

6.這彷彿是說：由於看見祢的存有和美麗是這麼的愉悅，我的靈魂無法承受，而且看見時，我必須死，「願看見祢及祢的美麗致我於死地」。

7.我們知道，有兩種能致人於死的面見，係由於無法忍受面見的強力和效力：一是面見巴濟力斯克㊼，人們說，一看見牠就會立刻喪命；另一個是面見天主。然而，其死因卻大不相同，一個的面見之死是由於劇毒，天主的面見之死，卻由於無限的健康和光榮的福分。

為此，靈魂在此渴望看見天主的美麗而死去，為了永遠享見天主，並非做什麼過分的事；因為，如果靈魂曾經單單一次瞥見天主的崇高和美麗，為了永遠享見祂，她會不只渴望死一次，如同這裏的渴望，而且非常樂意忍受一千個最嚴酷的死亡，只求能一次剎那看見祂，而且，看了之後，她會請求更多的死亡，為了更多地看見祂。

8.為了詳解這行詩句，要知道，當靈魂說，「願看見祢和祢的美麗致我於死地」，是有條件的，是在一個假定之下，即她不能看見天主而不死；因為，如果她能夠看見天主而不死，她不會要求天主致死她。因為渴望死亡是一個本性的不成全。然而，按此假定，人今生可朽的生命，不能與來世天主的不朽生命共存，她說：「……致我於死地。」

9.聖保祿向格林多人解說這個道理，說：「我們不願脫去衣服，而就套上另一層，為使這有死的為生命所吸收。」（格後五4）這彷彿是說：我們不願脫去肉身，卻願穿上光榮。可是，當他看到，不能同時生活在光榮中，又在可朽的肉身內，如我們說的，他對斐理伯人說，他「渴望尋求解脫，而與基督同在一起。」（斐一23）

不過這裡有個疑問，就是：為什麼從前以色列子民逃避又害怕看見天主，以免他們會死，如同瑪諾亞對他的妻子說的（民十三22），而這個靈魂，卻渴望在看見天主時死去？

47. 巴濟力斯克（basilisk）：傳說中非洲沙漠的似龍、蛇等，人觸其目光或氣息則致命。

回答這問題，有兩個理由。第一，因為在那時，雖然他們死於天主的恩寵中，非等到基督來臨後，他們不會看見祂，他們留在肉身內生活，可以增加功勞，並享受本性的生命，比在靈薄獄中好得多，在那裏，不能立功勞，又得忍受黑暗，及沒有天主靈性臨在的痛苦。為此，他們那時認為，長壽是天主的大恩惠，也是他們的福分。

10. 第二個理由是愛的方面，因為，那時的人在愛上不是這麼的剛毅，沒有達到這麼的以愛親近天主，他們害怕面見祂時會死去。但是，現在已經處於恩寵的法律之下，肉身死亡時，靈魂能看見天主，所以，渴望生命短暫而死為能看見天主，是更健康的。即使不是這樣，愛天主的靈魂，如同這個靈魂那樣摯愛祂，不會害怕因面見天主而死；真正的愛，是接受所有來自心愛主的一切，無論順境、逆境，甚至懲罰，如同是祂要做的事，她以相同的心境，和同一的態度接受，而且賦予她歡喜和愉悅，因為，如聖若望說的：「**圓滿的愛把恐懼驅逐於外。**」（若壹四18）

對那愛的靈魂來說，死亡不能是痛苦的，因為在其中，她尋獲所有愛的甜蜜和歡愉。想到死亡，不能是悲傷，因為在其中，她同時尋獲喜樂；也不能是憂愁和痛苦，因為是結束她的所有憂傷和痛苦，開始她的所有福祐。她視死亡為朋友和新郎，念及死亡，她歡樂有如她的訂婚和結婚之日，她切望死亡來臨的那天和那時刻，甚於世上的君王渴望王國和領地。

因為對於這種死亡，智者說：「**死亡啊！你的定案對感到需要的人是美好的。**」（德四一3–4）對於感到需要世物的人，死亡並不供給他的需求，反而奪取他所擁有的產業，如果死亡是美好的，那麼，對於需求愛的靈魂，就如這呼求更多愛的靈魂，死亡的定案更是多麼的美好！因為死亡非但不奪走她所擁有的，而且是愛情圓滿的原因，這是她所渴望的愛，也是她所有需求的滿足。靈魂不害怕，敢這樣說：「願看見祢及祢的美麗致我於死地」，是有道理的，因為她知道，在她看見這個美的同時，必會出神，且被吞沒於此「美麗」之中，並在這同一的「美麗」中被神化，使之「美化」有如這個「美麗」的本身，又被致富和備妥如同這個「美麗」。

為此，達味說：「聖者們的死亡，在上主眼中十分珍貴。」（詠一一五15）如果沒有分享天主的崇偉，這不會是真的，因為在天主面前，除非天主本身在其中，是沒有什麼珍貴的。所以，當靈魂愛的時候，她不怕死，反而渴望死亡；然而罪人往往怕死，因為他預見死亡必會拿走所有的財產，帶給他所有的不幸；因為，如同達味說的：「罪人的死亡是極壞的[48]。」（詠卅三22）為此，如智者說的：「念及死亡，對他們是痛苦的」（德四一1–2）；因為，他們深愛塵世的生命，不太愛另一個來世的生命，他們非常害怕亡。

然而愛天主的靈魂，生活於來世甚於今世；因為靈魂生活在她所愛的地方，甚於她生存之處，所以，不看重今世短暫的生命。於是她說：「願看見祢……致我於死地」。

若非祢的形像和親臨，
不能治好相思病情。

11. 除了愛人的「親臨和形像」，愛情的「相思病」毫無治療的良方，其理由在於，如這裡說的，這個病和其他的病不同，所以藥方也不同。因為，依據良好的哲學，其他的病，能以毒攻毒而得痊癒，可是，相思病，除了和愛相符的藥方之外，不得醫治。

48. 思高：「邪惡為惡人招來死亡。」

理由是因為，靈魂的健康是天主的愛，所以，若非愛情圓滿，靈魂也不會完全健康，為此，她生病。因為疾病無非是缺乏健康，像這樣，當靈魂連一個等級的愛也沒有時，她是死的；可是，當她擁有天主之愛的某個等級時，無論多麼微小，她已是活的，不過，由於她的愛微小，她非常虛弱，而且有病；然而，愛情愈增加時，她也會愈健康，而且，當她擁有成全的愛時，她的健康也是完全的。

12.這裡要知道，非等到相愛雙方彼此配對，使其中之一，在另一位內變化形像，愛絕不會達到完美的地步，那時，這愛是完全健康的。因為在這裡，靈魂覺察某個愛的速描，這就是她在這裡說的相思病，速描就是她渴望以祂的形像完成這畫像，亦即她的新郎，天主聖子，這如同聖保祿說的：「**祂是天主光榮的反映，是天主本體的真像。**」（希一3）因為這真像就是靈魂在此所指出的，靈魂渴望經由愛變化形像，她說：

若非祢的形像和親臨，
不能治好相思病情。

13.她說得很恰當，稱不成全的愛為「**相思病**」，因為，正如虛弱的病人不能工作，同樣，在愛情上軟弱的靈魂，也不能實踐英豪的德行。

14.同樣，這裡能理解的是，在自己內體會「**相思病情**」的人，這就是，感到缺少愛，是他還有一些愛的記號，因為他從自己的所有中，看出所缺乏的。然而，凡沒有這個覺察的人，表示他沒有愛，不然就是他的愛很成全。

第十二詩節

引言

1.在這個時期，靈魂感到這麼猛烈地奔向天主，有如一塊石頭，快要到達其中心㊾，她也覺得自己的處境好像蠟，已開始蓋上印，卻還沒有形成印的形像，而且，除此之外，她也知道，她好像一張草圖或速描的畫，呼叫畫者完成畫作和製作，她的信德在此深受光照，使她隱約看見㊿某些神性的模樣，非常清楚地顯示天主的崇偉，除了轉向信德(51)，她不知要做什麼，由於信德內包含且隱藏她心愛主的形像和美麗，她也從中得到所說的愛的速描和信物，她對信德說話，說出下一詩節：

啊！宛如水晶的清泉！
若在你的銀輝水面，
突然凝現
我渴望的雙眼，
將速描於我深深心田！

49. 參閱《愛的活焰》1・11。到達中心：意思是指物體受地心引力的影響，一定會往下掉落，如果沒有阻礙，會一直朝向地心。
50. 隱約看見：這個術語指出隱蔽中的實體，請參閱《愛的活焰》4・7。也請參閱《靈歌》11・1、5；14—15・23，註解「於黎明初現之際」的部分。
51. 「轉向信德」：靈魂經過這麼多的來來去去，找不到更好的良方，終於轉向信德，也就是開始時，第一詩節說的：要在信德和愛德內尋找祂。（1・11）焦急尋找的部分在此結束，新娘重新轉向信德，此時的信德比從前更加蒙受光照。

註解

2.由於靈魂懷著熱烈的願望，渴望與新郎結合，也明白，在所有的受造物中，她找不到其他的方法和醫治，她轉過來對信德說話，有如對最能活潑闡明心愛主的對象，以信德作為達到結合的方法；因為，確實的，沒有其他的方法，能使人達到和天主真實的結合和神性的訂婚，按照天主藉歐瑟亞所解釋的，他說：「我要以信德聘娶妳。」（歐二22）懷此熱烈燃燒的渴望，她說出以下的話，這是本詩節的含意：啊！我淨配基督的信德！如果在我靈魂裡已灌注的關於心愛主的真理，覆蓋著隱晦和黑暗（因為信德，如神學家說的，是隱晦的習性[52]），願你現在清楚地顯示這些真理，這樣，你以含糊和隱晦的認識通傳給我的，你將剎那間顯示和揭示出來，你從這些真理中隱退，——因為信德是這些天主真理的遮蓋和薄紗——，清楚又完美地，使之成為光榮的顯示！那麼，詩句如下：

啊！宛如水晶的清泉！

3.稱信德「宛若水晶」有兩個理由：第一，因為信德來自基督[53]，她的淨配；第二，因為信德具有水晶的特性，信德的真理是純淨，也是有力和明晰的，淨除本性的錯誤和形式。

她又稱之為「清泉」，因為從信德中，一切靈性美善的泉水湧入靈魂內。我們的主基督和撒瑪黎雅婦女談話時，稱信德為「水泉」[54]，說：「凡信祂的人，祂將在他內成為湧到永生的水泉。」（若四14）這水是指聖神，「凡相信的人，將藉信德而領受。」（若七39）

52. 參閱《攀登加爾默羅山》2．3．1。意思是，信德具有黑暗的特性。
53. 「宛若水晶」（*cristalina*），如果以字源學來看，*cristalina*就是*de Cristo*，思就是「來自基督」，是一種雙關語。
54. 參閱《愛的活焰》3．8：「靈魂充滿洋溢神性的水，好似豐沛的水泉……」

若在你的銀輝水面，

4.信德擺在我們面前的命題（*proposiciones*）和條文（*articulos*），她稱為「**銀輝水面**」。為了明白這一句和其他的詩句，要知道，在教導我們的命題中，信德好比白銀，而信德內包含的真理和實體，則有如黃金；因為，現在我們相信的這個實體，正披戴且覆蓋著信德的白銀，在來世，我們將看見和享受此實體，毫無隱蔽，顯露出信德的黃金。為此，達味談及信德時，這麼說：「**正當你們在二邊中間沉睡，鴿子的羽毛是銀色，後背的翎毛是黃金色**[55]。」（詠六七14）意思是說，對上天和下地的事物，如果我們把理智的眼睛閉上，這就是所謂的「**沉睡其中**」，我們會存留在信德內，他稱信德為「**鴿子**」，牠的羽毛，就是信德告訴我們的真理，宛如鍍上白銀，因為在今世，信德提示給我們的真理是隱晦和隱藏的，所以，在此稱為「**銀輝水面**」。

然而，當這個信德到達終點時，必會由於清楚面見天主而終止，那時會留下信德的實體，除去這層鍍銀的薄紗，呈現黃金的色彩。這樣，信德給予並通傳天主本身給我們，但卻覆蓋著信德的白銀。然而，卻不會為此之故，信德不能真實地把天主給我們，就好像某人給我們一只鍍上白銀的黃金瓶，我們不會只因金瓶鍍銀，而認為他沒有黃金瓶。因此，當《雅歌》中的新娘切望對天主的這個佔有時，祂向她許諾，在今生可能的範圍內，「**要為她製造金耳環，但是要鍍上白銀**。」（歌一11）祂在此許諾，在隱藏的信德內，把自己給靈魂。

那麼，現在靈魂對信德說：「**啊！若在你的銀輝水面**」，就是所說的信條，你以此覆蓋著神性光芒的黃金，那是所「**渴望的雙眼**」，她接著立刻說：

55. 思高：「正當你們在羊棧中尋夢，鴿子的翅翼塗上了白銀，翎毛閃爍著火紅的黃金。」

突然凝現
我渴望的雙眼，

5.「雙眼」意指，如我們說的，神性的光輝和真理；如我們也說過的，信德以其隱藏而含糊的信條，提示我們這些[56]。所以，這彷彿是說：啊！如果這些真理，隱藏在你信德條文內的，你以含糊和黑暗的方式教導我的，現在，請除去它們的覆蓋物，清楚又明顯地完全給我，如我的渴望所請求的。

她在此稱這些真理為「雙眼」，由於她覺察心愛主的偉大親臨。彷彿祂現在經常注視著她；為此她說：

將速描於我深深心田！

6.她說這些真理，將被「速描於她的深深心田」，亦即，根據理智和意志，畫在她的靈魂裏；因為根據理智，藉信德傾注的這些真理在她的靈魂內。又，因為關於它們的知識並非完善的，她說是速描；正如速描不是一幅完美的圖畫，所以，信德的知識不是完美的認識。為此，藉信德傾注於靈魂內的這些真理，如同速描的圖畫，當它們清楚呈現時，它們將在靈魂內如同完美和完成的圖畫，因此，宗徒說：「及至那圓滿的一來到，局部的就必要消逝。」（格前十三10）意思是說，及至那圓滿的，即清楚的面見，一來到，局部的，即信德的知識，必要消逝。

7.不過，除了信德的速描之外，還有另一幅愛的速描，畫在愛者的靈魂內，這是根據

56. 這些，意即「神性的光輝和真理」。

意志，如此地速描心愛主的形像，當有愛的結合時，畫得這樣整全和生動，真的可以說，心愛主居住在愛人內，愛人住在心愛主內。在雙方相愛的轉化中，愛產生如此的相似，可以說，此方化為彼方，二者合而為一。理由是因為，在此愛的結合和神化中，一方把自我的擁有權交給對方，各自為對方捨棄和交換自我；所以，各自生活在對方內，也成為對方，在愛的轉化中，雙方合而為一。這正是聖保祿想要說明的，那時候他說：「**現在我生活，不是我生活，而是基督在我內生活。**」（迦二20）因為說到，「**現在我生活，不是我生活**」，他的意思是，雖然他活著，那不是他的生命，因為已經在基督內轉化；他的生命是神性的，甚於人性；為此，他說不是他生活，而是基督在他內生活。

8. 這樣，按照這個相似和轉化，我們能說，他的生命與基督的生命，藉愛的結合，已經成為一個生命。所有堪當享見天主的人，在天堂上，將成全地轉化為神性的生命；因為，在天主內轉化，他們將生活天主的生命，而不是自己的生命。雖然，那是他們的生命，因為天主的生命將是他們的生命。因此，他們真的能說：我們生活，不是我們生活，因為基督在我們內生活。在今世的生命中，雖然神化能達到如聖保祿一般，然而，卻不是成全和圓滿的，即使靈魂達到像那樣愛的轉化，有如處在神婚之境[57]，這是在今生能達到的至高境界；和在榮福內轉化的完美形像相比，一切只能稱為「**愛的速描**」。

然而，一旦在今生獲得這個轉化的速描，是個很大的美好幸福，因為心愛主對此極其喜悅；為此，祂渴望新娘把祂有如速描放在她的靈魂裏，祂在《雅歌》中說：「**請把我有如印璽，放在妳的心上，有如印璽，放在妳的手臂上。**」（歌八6）這「**心**」在此象徵靈魂，在今世，天主在靈魂內，有如信德速描的「**印璽**」，按照前面說的；「**手臂**」象徵堅強的

57. 「神婚」：在此首次出現「神婚」這個語詞，等同於結合或神化之境。但此時的新娘尚未達到這個崇高的境界。

意志，祂在意志內，有如愛之速描的印璽，就是我們現在所說的。

9.像這樣，就是靈魂在這時的處境，雖然說得簡短扼要，我不希望稍有忽略，雖然言語不能加以解釋。因為靈魂覺得，她肉體與心靈的實體，由於渴望天主的活水泉而耗盡，因為她的渴望相似達味，那時他說：「**天主，我的心渴慕祢，就像小鹿渴望水泉，同樣，我的靈魂渴慕祢，天主。我的靈魂渴慕天主，活水之泉，我何時才能見到天主的慈顏？**」（詠四一2－3）這份乾渴這麼地讓她疲累，致使她認為衝破培肋舍特人的營幕，不是什麼了不得的事，如達味的勇士所做的，從白冷的井中裝滿水（編上十一18），亦即基督。世上所有的困難，魔鬼的狂怒，及地獄的憂苦，她完全不在意，只要穿過它們，她將躍入這個深淵般的愛泉裡。因為關於這一點，《雅歌》上說：「**愛情猛如死亡，妒愛頑如陰府。**」（歌八6）

因為當靈魂看到就快要享受那幸福，又不給她時，所感受的切望和痛苦，其猛烈令人難於置信，因為她所渴望看見的，愈靠近眼睛和門口，卻又不給她時，惹起更多的痛苦和折磨。因此，關於這個靈性的含義，約伯說：「**未進食之前，我嘆息；我靈魂的怒吼和咆哮，有如滿溢的流水**」（約三24），這就是，對食物的渴求；食物在此意指天主，因為切望食物和認識天主，就是為祂忍受痛苦。

第十三詩節

引言

1.在這時，靈魂為祂這麼受苦的理由，是由於更靠近與天主結合，在她內更感受天主的空如，及她靈魂的至極黑暗，還有使她乾枯及煉淨的靈性烈火，為的是淨化，使她能與天主結合。因為，只要天主沒有從祂自己內，放射一些超性的光明給靈魂，對她而言，天主是無法忍受的黑暗，由於她心靈的靠近，過量的超性之光使本性之光黑暗。當時達味說：「**雲彩和幽暗圍繞在祂身旁，烈火在祂前面引導**」（詠九六2–3），他意指這一切。在另一篇聖詠中，他也說：「**祂以黑暗為隱蔽和隱藏的處所，環繞祂的帳幕，是滿天雲朵的黑水；由於祂的輝煌燦爛，在祂親臨時，充滿雲朵、雹雨和炭火。**」（詠十七12–13）意即，對那靠近的靈魂是如此；當靈魂愈靠近天主，靈魂會在自己內感受這一切，直至天主藉著愛的神化，把她放在祂的神性光輝中。同時，靈魂往往好像約伯，說：「**誰能賜我認識天主，尋獲天主，且走近祂的寶座呢？**」（約廿三3）[58]然而，由於天主的無限憐憫，靈魂的黑暗和空虛怎樣，祂賜予靈魂的安慰和恩賜也怎樣，因為「*sicut tenebrae eius, ita et lumen eius.*」（黑暗無異光明）（詠一三九12），因為在舉揚和光榮她們時，也同時使她們受貶抑和受苦，這樣，處在這些痛苦當中，天主送來一些祂的神性之光，帶著如此的光榮和愛的力量，

58. 上述這一段，會讓人想起《黑夜》中的教導和描述。接下來的詩節中，新郎的探訪是訂婚時期的特色。與這些神性通傳有關的痛苦，來自靈魂的尚未煉淨。

徹底地攪動靈魂，且使本性⑲完全被抽離；所以，她懷著極大的本性畏懼和戰慄，對心愛的主說下一詩節的開端，心愛主接著說出其餘的部分：

撤去它們，心愛的，
我已飛出！

新郎

歸來，鴿子，
受傷的雄鹿
出現在高崗上，
因妳飛翔的微風，取得舒暢⑳。

註解

2. 處在強烈的愛情渴望和熱情期間，即靈魂在前述的詩節所表明的，心愛主常常探訪祂的新娘，純潔、體貼、深情，又具有愛的強力；因為，一般說來，按照靈魂已先有的強烈愛情的熱心和渴慕，通常也相稱於天主賜予的極大恩惠和探訪。正如現在靈魂懷著這麼樣的切盼，渴望這些神性的眼睛——即前一詩節所說的——希望心愛主揭示給她些許崇偉和神性的光芒，滿足她的心願。這些光芒的通傳是這麼的崇高，又帶著這麼大的強力，把

59. 本性：原文是「*el natural*」，KK 英譯為「senses」（感官），可能是為幫助讀者比較容易了解。此一詩節多處提到「本性」，英譯本都譯為「感官」。
60. 前兩行詩句：「撤去它們……我已飛出！」幾乎逐字取自《雅歌》六 5：「*Averte oculos tuos a me, quia ipsi me avolare fecerunt*。」（轉過妳的眼去，不要看我，因為妳的眼使我飛出。）思高譯為：「轉過妳的眼去，不要看我，因為妳的眼使我迷亂。」至於「歸來！鴿子！」也是取自《雅歌》，參閱《雅歌》六 9；二 14；五 2。

靈魂帶出己外，使她心醉神迷和神魂超拔；開始發生這事時，在本性上會有很大的損傷和怕懼。就這樣，在她脆弱的主體，她無法承受超量的通傳，她在本詩節中說：

撤去它們，心愛的

亦即，撤去祢的這些神性的眼睛，因為它們使我飛出，離開自己，達到至高的默觀，這遠非本性能承受的。她這麼說，因為這靈魂彷彿正快要從身內飛出，而這是她所渴望的；為此，她懇求天主撤回去祂的眼睛，也就是，不要在肉身內通傳，因為她不能在其內如願地承受和享受它們，而要在她飛出身外時，通傳給她。新郎立即阻止這個渴望和飛出，說：「**歸來，鴿子**」，因為現在妳從我領受的通傳，尚未達到妳現在想望的榮福之境；向我歸來，因為我是妳所尋覓的，因愛而受傷的祂；我宛如雄鹿被妳的愛創傷，開始在妳的崇高默觀中，向妳啟示我自己，在妳默觀的愛中，愉悅舒暢，心曠神怡。那時，靈魂對新郎說：「**撤去它們，心愛的**。」

3. 根據我們說過的，相稱於她對擁有這些神性眼睛的強烈渴望，從她的內在，得到天主如此的通傳和認識，迫使她說：「**撤去它們，心愛的**。」

因為，像這樣就是在今生的可憐本性，這些（通傳和認識）給予靈魂更豐富的生命，也是她這麼熱切想望的，就是她心愛主的通傳和認識，當心愛主就快要給她時，要不是她幾乎付出生命的代價，她不能領受，而當她如此掛心、熱望且以許多方式尋覓的雙眼，顯示給她時，她卻說：「**撤去它們，心愛的**。」

4. 因為有時，在像這樣令人神迷的拜訪中所感受的折磨是這麼強烈，再沒有折磨會如此地支離骨頭，使本性陷於危境，如果天主不加以支持，她的生命必會告終。而的確，對經歷這事的靈魂，就有像這樣地感受，因為她覺得快要從肉體解脫，正在捨棄肉體。理由是因為，她還不能在肉體上完全領受如此的恩惠，因為心靈被提拔，達到與進入靈魂內的天主聖神（*el Espíritu divino*）交往，這樣，由於其強勢導致靈魂必須以某種方式捨棄肉體。也因此肉體必須受苦，而且，必然地，靈魂在肉體內受苦，因為它們結合於同一的基礎實體[61]。這樣，在這種拜訪的期間，靈魂感受到極大的痛苦，看到自己被待以超性的方式，導致她極大的恐懼，使得她吶喊：**「撤去它們，心愛的！」**

5.但是，千萬不要以為，因為靈魂說，撤去它們，她真的希望撤去；這是一句來自本性懼怕的話，如我們說的[62]；相反的，無論要付多少代價，她都不願失去這些心愛主的拜訪和恩惠；因為，雖然本性受苦，心靈卻飛入超性的收斂，享受心愛主的神靈（el espíritu Amado），這是她所渴望和懇求的。可是，她不願在肉體上領受，因為肉體不能圓滿地領受，那樣的領受是微量又痛苦的，然而，在肉體之外的心靈飛翔中，她可以自由地享受；因此，她說，**「撤去它們，心愛的」**，亦即，停止在肉體上通傳它們給我。

我已飛出！

6.這彷彿是說：我已從肉體飛出，為使祢能在身外通傳它們給我，因為它們是使我飛離身外的理由。

為使我們更了解這飛出是什麼，要注意，如我們說過的[63]，聖神的這個探訪，是靈魂與聖神交往的極強烈出神，肉身被剝除，並且停止身體的感覺，也停止其行動，因為它們[64]都

61. 基礎實體（*supuesto* / suppositum）人是靈魂和肉體的結合體，當感官和心靈無法協調時，造成這樣的痛苦。
62. 見第 2 節。
63. 見第 2、5 節。
64. 譯註，它們是指感覺與行動。

在天主內。為此，聖保祿說，在他神魂超拔時，不知道他的靈魂是在身內或身外領受的。（格後十二2）

但不要因此認為，靈魂除掉和捨棄本性生命的身體，而是，靈魂的行動已經不在身體內。正是這個原因，為什麼在這些神魂超拔和飛出時，身體沒有感覺，雖然對之施行極疼痛的事，卻毫無感覺；因為這不像其他本性的恍神和昏迷[65]，施加痛楚時必會回神。

凡尚未達到成全的境界，還走在進修之境的人[66]，在那些探訪中會有這些感覺；因為已經達到成全境界的人，在平安和溫柔的愛中擁有一切的通傳，那時，這些神迷停止[67]，因為神迷是領受圓滿通傳的預備通傳。

7.這裏是合宜之處，談論種種不同的出神（*raptos*）、神魂超拔（*éxtasis*）和其他的神迷（*arrobamientos*）、心靈的微妙飛翔，這些都是神修人士常發生的事；不過，因為我的意向無非是扼要解釋這些詩節，如我在序言的承諾[68]，像那樣的論述，必須留待比我更善於講論的人，又因為，我們的會母，榮福耶穌・德蘭，留下的有關這些靈修事理的極佳著作，我寄望於天主，會即將付梓，且公佈於世[69]。

所以，靈魂在此所說的飛出，該解釋為心靈向著天主的神迷和神魂超拔。

心愛主隨即說：

歸來，鴿子，

8.靈魂極其切願在這心靈的飛出中，離開身體，認為結束了生命，就能永遠享受她的新郎，一覽無餘地與祂相守；可是，新郎阻止她的飛越說：「歸來，鴿子」。

65. 恍神（*traspasos* / trances）和昏迷（*desmayos* / swoons）。
66. 本詩節提及的神性通傳，對應於進修或明路之境，與煉淨的磨難互相更替。參閱《攀登加爾默羅山》2・23・1；《黑夜》1・14・1；2・1・1—2。
67. 「這些神迷」是指各式各樣的「神魂超拔」（éxtasis），通常被視為「神祕現象」。現今的看法，認為「神魂超拔」是一種強烈情緒的經驗，導致失去感官作用。不過，以神祕家及神祕神學的角度來看，則具有更深奧的意義。這樣的經驗包含三個向度：1）天主的特殊恩寵，及其臨在的強烈感受；2）心靈和精神的能力專注於此強烈吸引的臨在；3）身體的感官、感覺能力……其作用降低或棄置。
68. 見序言・4。

這彷彿是說：「鴿子」，在妳達到默觀的崇高與輕巧的飛翔中，在妳愛的灼燃，及妳飛行的單純中——因為鴿子具有這三種特性——「歸來」，從妳執意達到真實地擁有我的崇高飛翔中，「歸來」，達到這麼崇高認識的時刻尚未來到，妳要適應這個較卑微的認識，即在這個妳的格外恩寵中，我現在通傳給妳的⑰。這就是：

受傷的雄鹿

9. 新郎自喻為「雄鹿」，因為這裡的雄鹿就是指祂自己。要知道，雄鹿的特性是攀登高處；當牠受傷時，會急速地奔向清涼的流水，尋找舒暢；又，如果聽到了母鹿伴侶的呻吟，覺察牠已受傷，就會立即飛奔到身旁，安慰牠，愛撫牠。現在，新郎也同樣這麼做，因為，看到新娘因祂的愛而受傷，由於她的嗚咽，祂也因她的愛而受傷；因為，愛人之間，一位受了傷，等於二位共同受傷，二者只有同一的感受。所以，這彷彿是說：「歸來」，我的新娘，歸向我；如果妳因愛我而受傷，我也是，宛如雄鹿，奔向妳，因妳的傷而受傷，我就像雄鹿一般。而且我也出現在高處。因此，祂說：

開始出現在高崗上，

10. 這就是，在妳默觀的高處，即在此飛翔中妳所擁有的；因為默觀是一崇高的處所，在今生，天主開始在那裏通傳給靈魂，且顯示自己給她，但卻不完全。因此，祂不說完全出現，而說，祂「開始出現」；今生中，無論天主給予靈魂的認識多麼崇高，全都像非常遙遠的顯露。我們所說的，雄鹿的第三個特性包含在下一詩句中：

69. 1586年9月1日，召開赤足加爾默羅會的總參議會，聖十字若望參與開會，公佈一道法令，論及出版聖女大德蘭的著作：《自傳》、《全德之路》、《靈心城堡》……。聖十字若望表達他的出版會母大德蘭的著作，早在公佈這道法令之前，因為在《靈歌A》12．6他就已寫下他的盼望，可見是早在1586年之前。此處聖十字若望所說，「有關這些靈修事理的極佳著作」，主要指的是《自傳》第20章，及《靈心城堡》第六重住所的4—5章。聖十字若望年輕時，稱大德蘭為「我的女兒」，現在上了年紀，反而稱她為「我們的會母」，因為大德蘭確實是赤足加爾默羅會的創會者，也是修會的靈修導師。

因妳飛翔的微風，取得舒暢。

11. 祂以「飛翔」指示默觀，即我們說的那個神魂超拔的默觀；「飛翔」指示心靈的愛，即在此默觀的飛翔中，在靈魂內導致的那個心靈之愛。祂在此稱因飛翔引起的這個愛為「微風」，極為適當，因為聖神就是愛，《聖經》中，聖神也被比喻為「飛翔」，因為是聖父和聖子的噓氣。而且，就像在那裡，祂是飛翔的「飛翔」，這就是，聖父和聖子遣發的默觀和智慧，也是噓氣，同樣，在這裡，稱靈魂的這個愛為新郎的「飛翔」，因為這愛來自此時她從天主得來的默觀和認識。

要注意，新郎在此不說，在飛翔的時候祂來了，而說在「飛翔的微風」中，因為，天主通傳自己給靈魂，其實不是藉她的飛翔——亦即，如我們說的，靈魂對天主的認識——，而是藉認識的愛。因為，就像這愛是聖父與聖子的結合，同樣，也是靈魂和天主的結合。因此，這正是，雖然一個靈魂懷有對天主的至高認識、默觀，又透徹一切的奧祕，然而，如果沒有愛，這個認識對於她和天主的結合毫無用處，一如聖保祿的教導（格前十三2）。聖保祿又說：「*Charitatem habete, quod est vinculum perfectionis.*」，這就是：「愛德是全德的連繫。」（哥三14）所以，這個愛德及靈魂的愛，使新郎奔來暢飲新娘的這個愛情水泉，如同涼爽的清水，招來受傷又乾渴的雄鹿，取得舒暢。所以，接著說：

取得舒暢。

12. 因為，正如微風使炎熱而疲累的人涼爽和舒暢，同樣，這愛的微風使燃燒愛火的靈

70. 顯然地，天主賜予的恩寵有不同的層次，這裡描述的是靈魂的第一次出神經驗，而這是天主的格外恩寵，讓靈魂深刻地經驗祂的真實臨在。然而，這樣的出神經驗，還不是最高層次的恩寵，而是開始神訂婚時，天主的探訪。

魂舒暢和振作。因為這個愛火具有這樣的特性：令人涼爽和舒暢的微風，是更猛烈的愛火；因為，對於愛人，愛是火焰，燃燒著更被燃燒的欲望，如同自然界的火一般。因此，為了在祂新娘的熱愛——亦即她飛翔的微風——中，滿全祂這個更被燃燒的欲望，祂在此稱為「取得舒暢」。所以，祂彷佛是說：這熱愛，來自妳更猛烈燃燒的飛翔，因為一個愛點燃起另一個愛。

這裡要注意，除非按照靈魂的意志和愛，天主不會把祂的恩惠和愛放進靈魂內。為此，熱愛者必須努力不要欠缺這個愛，那麼，藉此方法，如我們說的，她會更感動天主，如果可以這麼說的話，使天主更愛她，更在她的靈魂內歡欣。

還有，為了追隨這個愛德，必須修行宗徒說的，關於愛德的教導：「愛是含忍的，愛是慈祥的，愛不嫉妒，不誇張，不自大，不作無禮的事，不求己益，不動怒，不圖謀惡事，不以不義為樂，卻與真理同樂，凡事包容（包容所有要包容的），凡事相信（就是，相信所有必須相信的），凡事盼望，凡事忍耐（即忍耐所有和愛德相符的）。」（格前十三4-7）

第十四和十五詩節

1.那麼，這靈魂的小鴿子在愛的微風中，飛翔在洪水之上——即在她愛的疲累與切望之上，這是到此為止她所表明的——她找不到落腳歇息之處，在我們所說的最後一次飛翔中，慈愛的聖祖諾厄，伸出他憐憫的手，捉住她，把她安放在他愛德與愛的方舟內，（創八9）這發生在我們剛才說明的詩節：「歸來，鴿子。」

在此收斂中，靈魂找到她所渴望的一切，而且遠多於她所能表達的，她開始歌唱讚美她的心愛主，述說天主的崇偉富麗，這是她在結合中的體驗和享受，在接下來的兩個詩節中說：

我的愛人是綿綿的崇山峻嶺，
孤寂的森林幽谷，
奇異奧妙的海島，
淙淙迴響的江河，
撩情的微風呼嘯。

寧靜的深夜

於黎明初現之際，
默默無聲的音樂，
萬籟交響的獨居，
舒暢深情的晚宴。

引言

2. 尚未進入這些詩節的解說之前，為了更理解它們及其後的詩節，必須提醒，我們剛剛說的在此心靈的飛翔中，意指一崇高的境界和愛的結合，這是經過許多心靈的修練後，天主通常會安置靈魂於其中的境界，這境界稱為和聖言——即天主聖子——的靈性訂婚。當這個經驗開始被通傳，這是第一次，天主把自身的崇偉事物通傳給靈魂，以崇偉和尊貴美化她，以恩賜和德行裝飾她，給她穿上天主的知識和榮耀，裝扮成如同訂婚喜日的未婚妻一般。

在這個喜樂的日子，靈魂不只停止她先前的猛烈渴望和愛的怨訴，也被我說的那些美善所裝飾，在她內開始一個平安、歡愉和溫柔愛情的境界，如這二首詩節所闡明的；在這些詩節中，她不能不講述和歌頌[71]心愛主的崇偉，藉前述訂婚的結合，在祂內認識且享受心愛主的崇偉。

這樣，在接下來的其餘詩節中，她不再述說痛苦和切望的事，像之前那般，而是述說，和她心愛主的甜蜜與平安的愛之交往和修行，因為處於此境，那一切全都結束了[72]。

71. 「講述和歌頌」心愛主的崇偉。在整本《靈歌》中，這兩段詩節是極美的，反映出全書的內容和色調。兩段詩中，談到「神訂婚」，一個接一個美麗的畫面，點出和天主結合的動人場景。
72. 事實上，後來會更清楚，痛苦和渴望仍然持續，因為靈魂尚未完全受淨化。參閱《愛的活焰》3．24—26。

要注意，在這二首詩節中所講述的是，在此時期，天主通常會給靈魂的大部分通傳。然而，不要認定祂把這二首詩節中所說的一切，通傳給所有達此境界的人，或以為祂將認識和感覺，以同樣的模式和程度通傳給所有達此境界的人；因為，有些靈魂，祂給得多，有些則給得少，對這人以這方式，對那人則以那方式，雖然這人和那人都能處在這個靈性訂婚的境界；不過，大部分能有的通傳記載於此，因為其中涵蓋一切[73]。註解如下。

二首詩節的註解

3.要注意，這就像在諾厄的方舟中，根據聖經說的，有許多艙房，可供各種不同的動物居住，也有所有能吃的食物（創六14，19–21），同樣，靈魂在這個飛翔中，即飛翔在天主胸懷的神性方舟內，不但看到在那裏有許多住所，即至尊陛下藉聖若望說的，在祂父親的家裏，有許多的住所（若十四2），而且也看到和知道，在那裏什麼食糧都有，這就是，靈魂能享受的所有崇偉，全包含在上述的二首詩節內，以那些普通的語詞來象徵；這些的主要內容如下。

4.在這神性的結合中，靈魂看到也嘗到豐盈、無量的富裕，找到她渴望的所有休憩和娛樂，並且了悟天主奇異奧妙的祕密和知識，這是另一種她所品嘗的最好食物，也在天主內感受一種令人懍然生畏的能力和力量，超越其他所有的能力和力量，她在其中嘗到了美妙的靈性溫柔和愉悅，找到真正神性的靜息和光明，卓絕地品嘗天主的智慧，這智慧閃耀著受造物和天主之行動的和諧，她感到充滿福祐，且遠離和淨除惡事，還有，最重要的，她了悟並享受無量的愛之食品[74]，使她堅定於愛。這是上述兩首詩節包含的主要內容。

73. 這些是很重要的觀察，可以視為解釋聖十字若望描述這些神祕經驗的原則。
74. 食品：原文是 *refección*，意思是小吃、點心，提神的食物。

5.在上述詩節中新娘說，她的心愛主本身就是這一切，也是她的一切；因為在天主常常如此超量的通傳中，靈魂覺察也了解聖方濟說的那禱文的真諦：「我的天主，我的萬有[75]。」因此，由於天主是靈魂的萬有，也是萬有中的美善，對於這個超量通傳的說明，是藉所說的這些詩節中相似的美好事物，我們將逐行解釋每一詩句。關於這事，要了解，在這裏解釋的所有一切，全都以無限的方式，卓絕地存在天主內，或更好說，所說的這些崇偉中的每一個，都是天主，它們全都合在一起，也是天主。

因為，只要靈魂在此情況中和天主結合，她覺得萬有是天主，如聖若望的感受，他說：「*Quod factum est, in ipso vita erat.*」亦即，「凡受造的，在祂內有生命。」（若一4）可是，不該認為，這裏所說的靈魂的感受，是如同在光中看見事物，或在天主內看見受造物；而是在這種擁有中，感覺天主對她是萬有。也不該以為，因為靈魂對天主有這麼崇高的感受，我們就可以說，她實質又清楚地看見天主；這無非是對天主本體的一個強烈和豐盈的通傳與瞥見[76]，在其中，靈魂感受到這些事物的美好，現在我們要註解這些詩行，如下：

我的愛人是綿綿的崇山峻嶺，

6.「綿綿的崇山峻嶺」高高聳立，是豐富、廣闊、美麗、優雅、繁花盛開和馥郁芬芳的。對我而言，我的愛人就是這些「綿綿的崇山峻嶺」。

孤寂的森林幽谷，

7.「孤寂的幽谷」是寧靜、怡人、涼爽、濃蔭的，湧流甜美的清水，其樹林變化萬千，

75. 巴爾多祿茂·比撒（Bartholomew of Pisa）述說亞西西的聖方濟徹夜祈禱，反覆唸著：「我的天主，我的萬有。」
76. 按若望的見解，在今生直接面見天主是不可能的，所以，他說的這些經驗是「瞥見」。參閱《攀登加爾默羅山》2·24·2—4；《靈歌》7·9；12·7—8；13·10。

鳥兒甜蜜歌唱，使感官極其娛樂和歡愉，在孤寂和靜默中，給予舒暢和休憩。對我而言，我的愛人就是這些「幽谷」。

奇異奧妙的海島，

8.「奇異奧妙的海島」，四面環海，遠在海角，僻遠退隱，斷絕和人來往。為此，在其中，生產且繁殖許多生物，和我們這裏有的非常不同，有非常奇異奧妙的種類和能力，人未曾見過，凡看見的人都大為稱奇和讚嘆。所以，由於靈魂在天主內，看見這些崇偉又美妙的新奇事物，及奇異奧妙的知識——與普通的知識相差甚遠——，故稱祂為「奇異奧妙的海島[77]」。

稱一個人奇異奧妙，是因為二個理由之一：或是因為他離群索居，不然就是與人相形之下，他的行實與工作卓越又獨特。由於這二個理由，靈魂在此稱天主為「奇異奧妙」；祂不只是前所未見的，所有奇異奧妙的海島，而且祂的道路、勸諭和工程，對人來說，也是非常奇異奧妙、新奇和令人讚嘆的。

天主對未曾見過祂的人是奇異奧妙的，這不足為奇，然而，對看見祂的聖天使和靈魂，也同樣奇異奧妙；因為他們不能完全看見祂，也做不到，要等到最後審判之日，才會在祂內看見這麼多的新奇事，此乃遵照祂的深奧審判，關乎仁慈與公義的工程，他們會永遠感到新奇，永遠愈發驚奇。因此，不只人，連天使也能稱祂為「奇異奧妙的海島」。只有天主對天主本身，既不奇異奧妙，也不新奇。

77. 「奇異海島」的這個說法，有可能受聖經的影響，如耶肋米亞說：「遙遠的海島」（耶卅一10）；參閱《依撒意亞先知書》四十二4、10；五十一5；六十六9。不過，在若望的腦海裡很可能浮現美洲或菲律賓，呈現出許多聽來的奇聞。

淙淙迴響的江河，

9.「江河」有三個特性：第一，沖擊和淹沒所遇見的一切；第二，漲滿沿途碰到的淺灘和窟窿；第三，這麼喧嘩作響，蓋過並壓倒其他的聲響。因為在這個天主的通傳中，即我們正在說的，靈魂在祂內覺察這三個非常豐富的特性，說她的愛人是「淙淙迴響的江河」。

關於第一個特性，靈魂覺察，要知道靈魂看到天主之神的洪流，在此情況中，像這樣地襲擊她，這麼強勢地淹沒她，彷彿全世的江河在她內氾濫，襲擊她，她感到，在那裡淹沒了她所有的動作，及先前的激情。而且，這對她並不是痛苦的事，雖然是這麼強勢的事，因為這些江河是「平安的江河」，按照天主藉依撒意亞的指示，論及這靈魂的襲擊說：「*Ecce ego declinabo super eam quasi fluvium pacis, et quasi torrentem inundantem gloriam.*」就是說：「請注意和警覺！我要降臨於她——就是臨於靈魂——襲擊她，有如平安的江河，有如滿溢光榮的洪流。[78]」（依六六12）因此，天主在靈魂內造成的這個神性襲擊，有如淙淙迴響的江河，滿溢平安和光榮。

靈魂覺察的第二個特性是，此時這神性的江河漲滿她卑微的淺灘，也填滿她欲望的窟窿，如聖路加說的：「*Exaltavit humiles; esurientes implevit bonis.*」就是說：「祂提拔了弱小卑微，使飢餓者飽享美味。」（路一52–53）

第三個特性是，在心愛主的這些淙淙迴響的江河中，靈魂感覺是一種靈性的喧嘩和聲音，超過所有的聲響和聲音；這聲音蓋過其他所有的聲音，其聲響勝過世上所有的聲響。為解釋這是怎麼回事，我們必須稍事耽擱。

78. 這段引言是按照原文譯出的，和思高譯本略有不同。

10.靈魂在這裏說的，江河的這個聲音，或這個「**淙淙迴響**」，是一個這麼豐富的漲滿，使她滿溢幸福，也是這麼強勢的能力，使她被其佔有，靈魂不只覺得是江河的聲響，甚至也是能量最大的雷鳴。不過，這聲音是靈性的聲音，不帶有身體的其他聲響，也沒有來自它們的痛苦和擾亂，反而是崇偉、雄壯、大能和歡愉及光榮；這樣，就好像一個內在浩瀚的聲音和聲響，替靈魂穿上大能和剛毅。

當聖神以猛烈的洪流，如《宗徒大事錄》說的（宗二2），降臨於宗徒們時，在他們的心靈內，聽到這個靈性的聲音和聲響。為了使從內賜給他們的靈性聲音顯示出來，這聲響可以從外聽見，有如猛烈的暴風，所有住在耶路撒冷的人都聽得到（宗二5－6）。因此，如我們說的，這意指宗徒們內在所領受的，如我們說過的，是漲滿的能力和剛毅。

還有，當主耶穌向祂的父祈禱，處在受到敵人給祂的憂心和痛苦時，按照聖若望所說，內在有一「**來自天上的聲音**」，安慰祂的人性，猶太人從外在聽到這聲音，如此洪大和猛烈，「**有人說是打雷，也有人說是一位天使從天上說話**」（若十二27－29）；藉著從外面聽見的聲音，指明並顯示那從內賜予基督人性的剛毅和大能。所以，不要為此而認為，靈魂沒有在心靈內領受這靈性聲音的聲響。

這裡要注意，靈性的聲音是，聲音產生在心靈內的效果，就像身體的聲音使聽覺留下印象，理智則在心靈內留下印象。達味意指這事，那時他說：「*Ecce dabit voci suae vocem virtutis.*」就是說：「**看！天主發出祂的聲音，大能的聲音。**」（詠六七34）這大能的聲音，就是內在的聲音；因為說，發出祂的聲音，大能的聲音，就是說：外面聽見的外在的聲音，發出內在聽見的大能聲音。

因此要知道，天主是無限的聲音，且以所說的方式，自我通傳給靈魂，祂造成無限聲音的效果。

11.在《默示錄》中，聖若望聽見這聲音，並且說：他聽見來自天上的聲音，「*erat tanquam vocem aquarum multarum et tanquam vocem tonitrui magni.*」，就是說：「**好像大水的聲音，又好像巨雷的聲音。**」（默十四2）而不要有人認為，因為這聲音這麼巨大，是難聽和刺耳的，聖若望立刻補充說，這聲音是如此的溫柔，「*erat sicut citharoedorum citharizantium in citharis suis.*」就是說：「**好像許多彈琴者在自己的琴上所彈的聲音。**」（默十四2）還有，厄則克耳說，這個聲響彷彿許多水，「*quasi sonum sublimis Dei.*」；就是說：「**如同至高天主的聲響**」（則一24）；這就是，極崇高和極溫柔地，天主在其中通傳這個無限的聲音；因為，如我們所說的[79]，是天主的自我通傳，在靈魂內造成聲音；不過，祂限量地賜給每個靈魂大能的聲音，按照其有限的容量，在靈魂內導致很大的歡愉和崇偉。為此，祂在《雅歌》中對新娘說：「*Sonet vox tua in auribus meis, vox enim tua dulcis.*」就是說：「**讓我聽見妳的聲音，因為妳的聲音甜美可愛。**」（歌二14）

繼續下個詩句：

撩情的微風呼嘯。

12.靈魂在本詩句中說二件事，亦即，「**微風**」和「**呼嘯**」。「**撩情的微風**」，在此表示心愛主的德能和恩寵，藉著所說的與新郎的結合，它們襲擊靈魂，充滿愛情地通傳（心愛主的德能和恩寵）[80]，並接觸她的實體。

79. 見第10節。
80. 譯者加上括號內的文字，為使上下文容易看清楚。

至於這些微風的「呼嘯」，意指對天主及其德能的最崇高和最愉快的認識，接觸理智時，它們充滿洋溢，在靈魂的實體內，導致天主的這些德能；這是最崇高的愉悅，靈魂在此享受的所有一切，全包含在其中。

13. 為了更明白所說的，要注意，就像在「微風」中會感覺二件事，即觸動和「呼嘯」或聲響，同樣，在新郎的這個通傳中，也會覺察二件事：歡愉的感受，及認識。所以，這樣就像觸覺感受到「微風」的觸動，聽覺感受到「微風」的「呼嘯」，同樣，心愛主這些德能的觸動，也被這個靈魂的觸覺——就是在她的實體內——感受和享受，對天主這些德能的認識，也在靈魂的聽覺——就是理智——裡感受。

還有，也要知道，說這「撩情的微風」吹來，是指當「微風」愉悅地創傷，渴求深度舒暢的欲望得到滿足，因為在那時，觸覺得以享受和舒暢，由於這個觸覺的享受，聽覺在「微風」的聲響和呼嘯中，感到很大的享受和歡愉，遠甚於觸覺在微風觸動中的感覺，因為聽覺更具靈性，或更好說，比觸覺更接近靈性；這樣，所引起的歡愉，比觸覺的更有靈性。

14. 的確，因為天主的這個觸動，使靈魂的實體極其滿足和享受，溫柔地滿全她的欲望，就是在這樣的結合中，她稱所說的結合或這些接觸，為撩情的微風；因為，正如我們說過的，心愛主的德能，撩情又甜蜜地被通傳於其中，理智從中領受這認識的呼嘯。

稱它為「呼嘯」，因為，就像「微風」引來的呼嘯，深深地貫穿聽覺，同樣，這個最微妙和柔巧的認識，也以奧妙的風味和愉悅，穿透靈魂實體的最深處，這是非常大的歡愉，遠超其餘的一切[81]。

理由是因為，賜給她悟知的實體[82]（sustancia entendida），也剝除了附質和幻像；因為

81. 參閱《攀登加爾默羅山》2・32・3；2・26・5—10。
82. 悟知的實體 *sustancia entendida* / substantial knowledge （K.K.） / substance of understanding （A.P.）：神祕的悟知是天主賜予的，它不帶有附質和幻像，赤裸的真理直接顯示在理智內，這些是純心靈的啟示和神見。中國人所說的「頓悟成佛」，這個頓悟，類似此神祕的悟知，沒有經過感官的作用，深刻地直入人心，所以人無法言喻其經驗。

所賜給的，是哲學家所謂的被動或可能的理智，因為是被動地領受，沒有這一方的任何做為；這些是靈魂的主要歡愉，因為是在理智內，在其中就是福境，如神學家們說的、是看見天主[83]。由於這個「呼嘯」意指所說悟知的實體，有些神學家認為，我們的會父厄里亞看見天主，是他站在山上的洞穴口，聽見「輕柔的微風呼嘯」時（列上十九11－13）[84]。在那裡，聖經稱之為「輕柔的微風呼嘯[85]」，因為是在理智內，這微妙和柔巧的心靈通傳產生這認識；這裡，靈魂稱為「撩情的微風呼嘯」，因為她心愛主德能的撩情通傳，是在理智內滿溢出來的，為此，她稱之為「撩情的微風呼嘯」。

15. 藉靈魂的聽覺而進入的這個神性認識，不只是我們所說的悟知的實體，而且也是神性真理的揭示，和祂隱藏祕密的啟示[86]；因為，一般說來，聖經中遇有天主的某個通傳時，經上說經由聽覺進入，就是顯示在理智內這些赤裸的真理，或啟示天主的祕密；這些是純心靈的啟示或神見，只給予靈魂，沒有感官的服務和幫助；所以，是非常崇高和確實的。這是所說的天主經由聽覺的通傳。為此，聖保祿為了指出他的高超啟示，他不說：「*Vidit arcana verba*」（看到不可言傳的言語），更不說：「*gustavit arcana verba.*」（嘗到不可言傳的言語），卻說：「*audivit arcana verba, quae non licet homini loqui.*」，就是說：「**他聽到了不可言傳的話，是人不能說出的。**」（格後十二4）關於這事，人們認為他也看見天主，如同會父厄里亞在呼嘯聲中一樣。

因為，這就像信德，也如同聖保祿說的，是經由身體的聽覺（羅十17），同樣，信德所告訴我們的亦然，就是悟知的實體，是經由心靈的聽覺而來的。先知約伯對這事說得很清楚，他和天主說話，那時天主向他顯示自己，約伯說：「*Auditu auris audivi te, nunc autem*

83. 參閱聖多瑪斯《神學大全》1—2．3。在這段解釋中，若望採用士林神哲學的認識理論。
84. 參閱《攀登加爾默羅山》2．8．4；2．24．3。
85. 思高：「輕微細弱的風聲」。
86. 在《攀登加爾默羅山》 2．24—27，對這些神祕恩寵做了廣泛的分類和解釋。這些靈性的通傳發生在神訂婚的階段。

oculus meus videt te.」，意即：「**我用耳朵的聽覺聽到祢，現在，我用眼睛看見祢**[87]。」（約四二5）這章節清楚地指出，用靈魂的聽覺去聽，就是用我們說的被動理智的眼睛去看，所以，他不說用我雙耳的聽覺聽你，而說我的一個耳朵；他也不說，用我的雙眼看見你，而說用我的一個眼睛，亦即理智。因此，靈魂的這個聆聽，就是用理智去看。

16.也不該以為，靈魂的這個理解，因為是赤裸的實體，如我們說的，會是如同在天堂一般的完美和明晰的福境；因為，雖然是剝除了附質，並非為此就是明晰的，反而卻是黑暗的，因為是默觀；在今世中，如聖戴奧尼修說的，默觀是「**黑暗的光**」[88]。我們能說，那是福境形像（*imagen de fruición*）的一道光，由於是在理智內，在其中形成福境。這個徹悟的實體，靈魂在此稱為「**呼嘯**」，就是「**切願的雙眼**[89]」，當心愛主將它們顯露給靈魂時，由於感官忍受不了，她說，「**撤去它們！心愛的！**」

17.因為我認為此處很合乎一段《約伯傳》的章節，肯定了大部分我關於這個出神和訂婚所說的，即使我們可能稍事耽擱，我要在此談論這段經文，並說明和我們的主題相關的部分；（首先，我以拉丁文引述，然後譯為本國語，再扼要解釋合乎我們主題的部分）[90]此後，再繼續註解另一詩節的詩句。那麼，《約伯傳》中，特曼人厄里法次這樣說：「*Porro ad me dictum est verbum absconditum et quasi furtive suscepit auris mea venas susurri eius. In horrore visionis nocturnae, quando solet sopor occupare homines, pavor tenuit me et tremor, et omnia ossa mea perterrita sunt; et cum spiritus, me praesente, transiret, inhorruerunt pili carnis meae: stetit quidam, cujus non agnoscebam vultum, imago coram oculis meis, et vocem quasi aurae lenis audivi.*」西班牙文的意思是說：「**真實的，有句隱藏的話對我說，我的耳朵偷偷地聽見**

87. 這句子裡的耳朵和眼睛都是單數。
88. Pseudo—Dionysius Areopagita, *De Mystical Theologia, c*： PG3, 999。參閱《攀登加爾默羅山》2・8・6。原文在此稱為「聖戴奧尼修」（San Dionisio），不過，正確的說法是「託名戴奧尼修・阿略帕哥」（Pseudo—Dionysius Areopagita）。
89. 參閱12・6。雙眼就是神性的真理和光芒。
90. 有的抄本省略括號內的文字。

呼嘯的聲脈。在夜間神見的恐怖中，往往在人沉睡時，我充滿恐怖和戰慄，全身骨頭發抖；好似神靈掠過我面前，使我毛髮悚然，在我面前的這位，我辨認不出其面貌；我的眼前出現形像，我聽見一輕柔的微風聲。」（約四12–16）

這段章節幾乎涵蓋了到此為止我們所說的一切，即從十三詩節說的：「撤去它們！心愛的！」直到這裏的這個出神。因為特曼人厄里法次在這裡所說的，他說「有句隱藏的話」，表示對靈魂說了那隱密的話，靈魂承受不了其崇偉，她說：「撤去它們！心愛的！」

18. 還有，說到「他的耳朵聽見呼嘯的聲脈，彷彿偷偷地」，就是說，理智領受我們所說的赤裸實體。這裏的聲脈指內在的實體，「呼嘯」表示德能的通傳和觸動，所說的悟知的實體藉此而傳達給理智。在此稱這個通傳為「呼嘯」，因為這樣的通傳是非常溫柔的，就像在那裡靈魂說是「撩情的微風」，因為是以撩情的方式通傳的。又說，「彷彿偷偷地聽見」，因為，這就像偷來的物品是別人的，同樣，從本性的觀點而言，那個祕密不是屬於人的，因為所聽見的非屬其本性所有；因此，他不是合法地[91]聽到它，正如聖保祿也不是合法的，他不能說出所聽到的話[92]，所以，另一位先知二次說：「我的祕密，是給我的。[93]」（依廿四16）

當他[94]說：「夜間神見的恐怖中，往往在人沉睡時，我充滿恐怖和戰慄」，這恐怖和戰慄，意指在那個出神的通傳時，惹起靈魂的本性感到恐怖和戰慄，就是我們說的，在天主之神的通傳中，人的本性無法承受。因為這位先知在此指出，這就好像當人要入睡時，常常被一個幻象，即人們所謂的夢魘，壓迫與驚懼，這發生在半睡半醒之際，就是在開始要入睡的那個點上，像這樣，在這心靈恍神時，正處於本性無知覺的睡眠和超性認識的覺醒

91. 合法地（*lícito*）：表示不是以本性的方式，自然而然應該得到的，而是天主特別允許而得到的恩惠。
92. 參閱格後十二4：「他被提到樂園裏去，聽到了不可言傳的話，是人不能說出的。」
93. 讀者請注意：英譯和原文都標示同一的聖經出處，但是思高譯文卻沒有對應的相同語句。
94. 指特曼人厄里法次。

之間，這正是出神或神魂超拔的開始，在那時通傳的心靈神見，會導致害怕和戰慄。

19.他更進一步說，「**他的全身骨頭都驚嚇，或發抖。**」這等於說，它們被震撼或支離而脫位；這是指骨頭劇烈脫臼，就是我們說的[95]，在這時所忍受的。達尼爾清楚地指明這事，當他看見天使時，說：「*Domine, in visione tua dissolutae sunt compages meae.*」這就是：「**主！在看見祢時，我的骨頭的關節都鬆脫了。**」（參閱達十16–17）

關於這事，他接著說：「**好似神靈掠過我面前**」，就是說，由於我們所說的出神，祂使我的心靈越過限度和本性的方式，「**使我毛髮悚然**」，指明了我們對於身體所說的，就是在這個恍神時，身體冰冷和縮小，有如死亡。

20.隨後繼續說：「**在我面前的這位，我辨認不出其面貌；我的眼前出現形像。**」這是說，站立的是天主，祂以所說的方式[96]自我通傳。至於說，「**我辨認不出其面貌**」，是為了表示在像這樣的通傳和神見中，雖然是最崇高的，他既辨識不出，也看不見天主的面貌和本質。不過，他說，這時「**在他的眼前出現形像**」，因為，如我們說的，那個隱藏話語的認識是最崇高的，如同天主的形像和面貌；然而，不要認為這是本質地看見天主。

21.然後，他結論說：「**我聽見一輕柔的微風聲**」，這意指「**撩情的微風呼嘯**」，即靈魂在這裡說的，就是她的心愛主。切勿認為，這些探訪總伴隨著本性的害怕和損傷，如我們說過的[97]，發生這些事的人，是開始要進入光明和成全的境界，及進入這種的通傳，因為對於其他的人，這些事的發生反而是極柔和的。

繼續註解：

95. 見第十三詩節，第4—7節；參閱《黑夜》2・1・2。
96. 就是說以出神、神魂超拔等方式。
97. 見第十三詩節第6節。

寧靜的深夜

22.在這個心靈的沉睡裡，即靈魂在她心愛主的胸懷享有的，使她擁有和享受平安夜晚的所有寧靜、憩息和靜默，並且得到在天主內的一個深不可測和隱晦的神性認識；為此，她說，對她而言，她的愛人是「寧靜的深夜」。

於黎明初現之際，

23.不過，所說的這個寧靜的深夜，並不是像黑夜那樣，而是宛如已靠近「黎明初現」時的深夜；這就是，和日出一起出現，因為靈魂不覺得，天主內的寧靜和靜默是完全黑暗的，如同黑夜；而是寧靜和靜默，處在神性的光明內，在對天主的新認識中，在其中，心靈至極溫柔地靜默，被高舉達及神性之光。

她在此十分合宜地稱這個神性之光為「黎明初現」，這意指清晨。因為，這就好像「黎明初現」，驅散夜晚的黑暗，顯露白天的光明，同樣，在天主內的這個心靈的寧靜和靜默，從本性認識的黑暗中，被提拔達到對天主的超性認識的晨光中[98]，並不明亮，而是，如我們所說的，是黑暗的，如同「黎明初現之際」的深夜。因為，這就好像「黎明初現之際」的深夜，不完全是夜，也不完全是白天，而是，如人們說的，在兩種光之間，同樣，這個神性的獨居和寧靜，雖然沒有完全明亮地充滿神性之光，但也多少分享了那神光。

24.在此寧靜中，理智看到自己被高舉，充滿奧妙新奇，超乎一切本性的理解，達到神性之光，真的很像人經過長時睡眠後，張開眼睛，看到意想不到的光。這個認識，按我的理

98. 參閱《攀登加爾默羅山》1·2·5；2·2·1—2。

解，是達味想要指明的，當時他說：「*Vigilavi, et factus sum sicut passer solitarius in tecto.*」就是說：「我整夜不眠，變成好像屋頂上孤單的麻雀[99]。」（詠一〇一8）這彷彿是說：我張開理智的眼睛，發現自己超越一切本性的認識，孤孤單單地，沒有它們[100]，在屋頂上，就是在所有的卑微事物之上。[101]

他在這裡說「變成好像孤單的麻雀」，因為在這個默觀的方式中，心靈具有麻雀的特性，其特性有五：

第一，麻雀通常棲息在最高處。同樣，在這個情況中，心靈也置身於至高的默觀。

第二，牠經常把小嘴轉向有風的地方。同樣，心靈把愛情的小嘴轉向愛的聖神來臨之處，就是轉向天主。

第三是，牠通常是孤單的，而且不許其他什麼鳥靠近牠，反而是，其他的鳥靠近棲息時，立刻就飛走。同樣，在這個默觀中，心靈處於對萬物的感到孤單，徹底擺脫萬物，除了在天主內孤寂，她不許自己有其他的事物。

第四個特點是，牠唱歌非常溫柔。在這個時候，心靈同樣地向天主唱歌；因為她對天主的讚頌是最溫柔的愛，對靈魂來說是最愉悅的，對天主則是最珍貴的。

第五，是沒有什麼固定的顏色。同樣，成全的心靈，在此超量[102]中，不只沒有任何感性愛情或自愛的顏色，甚至對高級或低級的事物也沒什麼特別的思慮，她也不能說出其模式或方式，因為她所擁有的是認識天主的深淵，按照我們說的。

99. 思高：「整夜不眠，獨自哀號，像屋頂上的孤單麻雀。」
100. 就是沒有本性的認識。
101. 參閱《攀登加爾默羅山》 2・14・11；聖女大德蘭《自傳》 20・10。
102. 超量（*exceso*）：超量是指天主給予超量的恩惠。意思是說，在此默觀中。

默默無聲的音樂，

25.在所說的那個夜晚的寧靜和靜默中，及在那神性之光的認識中，靈魂看見，天主上智在其各式各樣所有的受造物與化工中，具有一種美妙的恰如其分與安排，它們全部和各別都被賦以某種天主的反映，各自以其方式發出聲音，顯示在其內的是天主，因此，宛如一首卓絕妙樂的和聲，凌駕世上所有的音樂會和旋律。她稱這個音樂「默默無聲」，因為，如我們說的，是寧靜和靜默的認識，沒有聲音的吵鬧；這樣，在其中享有柔美的音樂和寧靜的靜默。所以，說她的愛人是這個「默默無聲的音樂」，因為在祂內，她認識和享受這個心靈之樂的交響曲。

不只如此，而且祂也是

萬籟交響的獨居，

26.這幾乎和「默默無聲的音樂」完全相同；因為，雖然那音樂對本性的感官和官能是默默無聲的，對靈性的官能卻是非常「萬籟交響的獨居」。因為，當心靈的官能是孤單的，並且空虛本性的所有形式和領悟時，在天主自身的卓絕心靈內，也在其受造物內，它們能以一種最響亮的方式，好好地領受靈性的聲響，根據我們前面所說過的[103]，《默示錄》中，聖若望有個心靈的神見，亦即，「好像許多彈琴者在自己的琴上所彈的聲音。」（默十四2）這是在心靈內的，他說的不是物質的琴，而是對讚美的某種認識，每位真福各以自己的榮福程度，不停地讚美天主；這個讚美彷彿音樂，因為，正如每個人擁有的恩賜不同，同樣，

103. 見第 11 節。

每個人詠唱的讚美也不同，全部形成一首愛的交響曲，這樣真的好像音樂。

27.按照這個相同的模式，靈魂看見，在那個寧靜的智慧中，所有的受造物，無論是高級或低級的，全都按照各自從天主領受的，揚起聲音證實什麼是天主，也看到各自以其方式頌揚天主，各按其包容力，在自身內擁有天主。於是，所有這些聲音形成一個樂聲，頌揚天主的崇偉，及其奧妙的智慧和知識。

這是聖神在《智慧書》中想說的，那時祂說：「*Spiritus Domini replevit orbem terrarum, et hoc quod continet omnia, scientiam habet vocis.*」就是說：「**上主的神充滿整個大地，即這個包羅萬象的世界，祂知曉聲音**[104]。」（智一7）這就是我們說的，靈魂在這裡了解的「**萬籟交響的獨居**」，是證明天主在萬有內賜予祂自己。

還有：

只要領受這個響亮的音樂，就不會沒有獨居和遠離所有外在的事物，稱之為「**默默無聲的音樂**」和「**萬籟交響的獨居**」，她說的是她的心愛主。

舒暢深情的晚宴。

28.「**晚宴**」給予相愛的情侶舒暢、滿足和愛。因為，在這個溫柔的交往中，心愛的主在靈魂內導致這三件事，她在此稱之為「**舒暢深情的晚宴**」。

要知道，神性的聖經內，「**晚宴**」，意指神性的面見。因為，正如晚宴是在白天的工作結束，及夜晚的休息開始時，同樣，我們所說的這個寧靜的認識，使靈魂感覺到，惡事的確實結束，及幸福的擁有，因此，她對心愛主的深情，更甚於往昔。為此，天主對她而言，

104. 思高：「上主的神充滿了世界，包羅萬象，通曉一切語言。」

是「**舒暢的晚宴**」，結束了她內的惡事，也是「**深情的**」，使她擁有全部的幸福。

29.不過，為能更明白，對靈魂來說，這個「**晚宴**」是什麼，如我們說的，是她的心愛主，這裡宜於留意心愛主，即新郎在《默示錄》中說的，這就是：「**我站在門口敲門，誰若給我開門，我要進去同他坐席，他也要同我坐席。**」（默三20）這段經文表示，祂隨身帶來「**晚宴**」，那無非就是祂自己享有的同一美味和愉悅；當祂親自和靈魂結合時，把它們傳達給靈魂，也使她享有它們；而這話的意思是說，「**我要同他坐席，他也要同我坐席。**」這樣，在這些話中，指出靈魂和天主神性結合的效果，在此結合中，天主把祂自己的幸福也分享給靈魂新娘，如我們說過的，祂慈惠又豐盛地親自通傳它們。所以，祂自身對於靈魂來說，就是這令人「**舒暢深情的晚宴**」；因為，祂的豐盛，使靈魂「**舒暢**」，而祂的慈惠，使她「**深情**」。

30.我們進入註解其餘詩節之前，應該在這裏指出，雖然我們說過，在此訂婚時期，靈魂享有完全的寧靜，今生可能得到的一切，全都通傳給她，要知道，這個寧靜指的只是高級部分；因為，尚未達到神婚的境界之前，感官部分絕不會完全除掉惡習，也不會使其力量完全順服，如我們後來會說的；這裡說的通傳，是在訂婚期中能有的，因為在神婚中有極大的優惠。因為，雖然在訂婚期中，靈魂新娘在這些拜訪中，享有這麼多幸福，如我們說過的，她仍然要忍受心愛主的空缺，及來自她低級部分和魔鬼的騷擾與麻煩，在神婚的境界中，這一切都停止[105]。

105. 這一節顯然是下一詩節的引言，說明神訂婚與神婚之間的明顯不同之處。接下來的詩節和註解，所談論的是神訂婚或神婚。

第十六詩節

引言

1.新娘的德行已在她的靈魂裡達到成全的地步，因此在心愛主的探訪中，她享有恆常的平安，有時她無比卓越地享受它們的溫柔和芬芳，因為她的心愛主觸動了它們，這真的好像當花兒盛開時，享受著百合和繁花的溫柔和美麗，必會以手觸摸它們。因為在許多次的這些拜訪中，靈魂在其心靈內看到她的所有德行，此乃藉著祂賦予靈魂的這個光；然後，她以美妙的愛之愉悅和風味，全部收集起來，呈獻給天主，有如一束美麗的花朵，而且，在那時，當心愛主接納時，因為是真的接納，祂從中得到很大的服事。

所有一切全都發生在靈魂的內裡，她感覺心愛主彷彿在祂自己的床上，因為靈魂奉獻自己，連同她的德行，這是她能獻給天主的最大服事，而這樣，在與天主的內在交往中，她常常得到的最大愉悅之一，就是以此方式自獻給心愛主。

2.魔鬼洞悉靈魂的這個福境，——為此，由於牠的深懷惡意，嫉妒在她內看到的一切幸福——，這時牠使出渾身解數，用盡巧妙詭計，為能騷擾靈魂，即使是這幸福的一個微小部分，牠也不放過。因為牠更看重的是，對靈魂的這個富裕和榮福的歡愉，稍加阻礙，超過讓其他許多人陷入別的許多和重大的罪，因為其他那些人的損失很小，或者根本毫無損失，而這靈魂的損失就很大，因為她有許多的收獲，而且非常珍貴；這樣就像失去的些微黃金，比失去的許多劣質的金屬，更是大有價值。

在這裡，魔鬼從感官的欲望討取便宜，雖然對於處於此境的這些靈魂，大多半牠做不了什麼，或什麼也做不了，因為其欲望已經削弱了，而，當牠對此無能為力時，就呈現給想像許多的花樣。有時，牠在感官部分招惹很多的活動，如後來要說的，也在心靈和感官上，造成許多的騷擾，這些騷擾不是靈魂能憑己力解除的，要等到，如《聖詠》說的：「**在那敬畏上主的人四周，上主派來祂的天使，解救他們。**」（詠卅三8）在靈魂的感官和心靈的部分，帶來平安和寧靜。

這個靈魂，為了指明這一切，並祈求這個恩惠，擔憂所經驗到的，即此時魔鬼運用詭計，使她招致前述的損害，她向天使說，他們這時的職務是施恩助祐，使魔鬼落荒而逃，說出下一詩節：

請幫我們捉狐狸，
因為葡萄園正花開繁密，
玫瑰花兒繽紛滿地，
我們來編織一個花球，
切莫讓人出現在山丘。

註解

3.那麼，這靈魂渴望繼續這愛的內在愉悅，亦即她靈魂葡萄園裏的花朵，不被嫉妒和惡意的魔鬼、激烈的感官欲望、想像的各種飄忽遊蕩、其他任何的認識或事物的呈現所阻礙，新娘懇求天使說，要捕捉這一切事，加以阻礙，並且不許牠們干擾愛的內在修練，因為在這愛的愉悅和妙趣中，靈魂和天主聖子之間，正通傳並享受德行和恩寵。這樣，她說：

請幫我們捉狐狸，
因為葡萄園正花開繁密，

4.這裏說的葡萄園，是在這個聖善靈魂內全部德行的苗圃，這些德行供給她甜蜜風味的美酒。這靈魂的「**葡萄園正花開繁密**」，就是當意志與新郎結合，且在這新郎內，使祂因這些所有連結的德行而愉悅。有時候，如我們說的，常常有許多和各種想像的形狀，被帶到記憶和幻覺內，且在感官部分激起許多和各種的行動和欲望。這些事，有這麼多的方式，及這麼多的花樣，當達味對天主懷著強烈的渴望，願能暢飲這個心靈的美酒時，體驗到所造成的阻礙和麻煩，說：「**我的靈魂渴慕祢；我的肉身以如此多的方式切望祢**[106]**！**」（詠六二2）

5.靈魂稱來自感官欲望和行動的這個全部合一為「**狐狸**」，是由於在這時和牠們極其相似。因為，就像狐狸出去捉獵物時假裝睡覺，同樣，所有這些感官的欲望和能力是寧靜和沉睡的，直到在靈魂內，這些德行的花朵成長、開花且怒放；而那時，彷彿在靈魂的感

106. 思高本為：「我的靈魂渴慕祢，我的肉身切望祢。」

官部分，欲望和能力的感性花朵，覺醒和興起，用力相反心靈，且稱霸為王。貪慾達到如此的地步，聖保祿說：「本性的私慾相反聖神的引導」（迦五17）；由於強烈地傾向感官的事物，「嚐到了屬靈滋味，凡屬血肉之事即失其味，也覺不悅[107]。」所以，這些欲望是甜蜜心靈的很大騷擾。為此，她說：「請幫我們捉狐狸」。

6. 然而，在這些惡意的魔鬼方面，牠們在這裡以二種方式擾亂靈魂。因為，牠們兇猛地煽動和激起這些欲望，並藉用它們和其他的想像等等，在靈魂的這個平安與繁花的國土內，引發戰爭。第二種方式，更是惡劣，當這個方式不能得逞時，牠們用身體的折磨和喧鬧襲擊靈魂，讓她分心走意。更壞的是，牠們以心靈的害怕和恐怖，和靈魂交戰，有時是可怕的折磨。這時，萬一魔鬼取得許可，牠們能輕而易舉地做到；因為，正如這個靈魂，為了這個心靈的修行，置身於很深的心靈赤裸，同樣，魔鬼能輕易地顯現給靈魂，因為祂也是靈體[108]。

另有時，魔鬼加給靈魂恐怖的襲擊，就在她開始享受這些甜蜜的花朵以前，這時，天主開始吸引她離開她感官的家，為使她藉所說的內在修行，進入新郎的花園；因為魔鬼知道，一旦靈魂進入那個收心，她會這麼的備受保護，無論如何使勁，都不能損害她。往往當魔鬼要前去阻礙靈魂時，靈魂迅速地收斂自己於很深的內在隱藏處所，在那裏尋獲極大的愉悅和保護，於是，那些恐怖好似這麼的外在，又這麼的遙遠，不只無法使她害怕，反而帶來喜樂和歡愉。

7. 關於這些恐怖，新娘在《雅歌》中提及，說：「由於亞米納達的戰車，我的靈魂惶恐不安。」（歌六11）[109]在這裡，「亞米納達」意指魔鬼；稱牠的攻擊和襲擊為「戰車」，

107. 這句格言取自聖伯爾納多：「*gustato spiritu, desipit omnis caro*」*Epistola* 111, ML 182, 2588. 參閱《黑夜》1·9·4：「心靈所享受的美味，身體則感到索然乏味」；《攀登加爾默羅山》2·17·5。
108. 參閱聖女大德蘭《自傳》30·9—22；31·1—11。
109. 請讀者留意，這段聖經引言無法從思高譯本找到。

因為隨之帶來極大的暴力、混亂和喧鬧。

靈魂在這裏接著說：「請幫我們捉狐狸。」

這也是新娘在《雅歌》中的請求，為相同的目的，說：「幫我們捕捉毀壞葡萄園的小狐狸，因為我們的葡萄園裏花開繁密。」（歌二15）她不說「幫我」，而說「幫我們」捕捉，因為她說的是她和心愛主的葡萄園，因為他們已結合為一，共享葡萄園的花朵。

這裡說葡萄園花開繁密，不說結實纍纍，理由是，因為在今生的德行，雖然在靈魂內享有這樣的全德，如我們說的這個靈魂，也是如同享有花朵，因為只有在來世，才能如同享受果實一般。

她接著說：

玫瑰花兒繽紛滿地，
我們來編織一個花球[110]，

8. 因為處在這個時期，當靈魂享受著花園裏的花朵，在她心愛主的胸懷愉悅欣喜時，會發生像這樣的事，靈魂的所有德行，快速又清楚地，如我們說的，恰到好處地，完全顯示給靈魂，並且給她極大的柔情和愉悅。靈魂覺得這些德行在她內，也在天主內，好像是一座花兒盛開，清麗怡人的葡萄園，屬於他們倆，倆人在園中共享食物和歡愉。那時，她連結所有這些德行，並在每個，也在所有德行中，做出非常歡愉的愛之行動。這樣，她懷著極大的甜蜜之愛和溫柔，把所連結的獻給她的心愛主。心愛主親自來幫助，因為沒有天主的恩寵和幫助，她不能做這個連結，也不能呈獻德行給祂；為此，她說：「我們來編織

110. 花球：原文 *piña* 是松果、球果、鳳梨、波蘿、一團、一堆等意思，詩節中按上下文，指的是花球。但後來在第 9 節中，又以松果來解釋。

一個花球」，就是說，心愛主和我一起。

9.稱這個連結的德行為「花球」（或松果），因為，就好像松果是一個牢固的東西，在其內含有許多結實的核片，強有力地連接在一起，這就是松子。同樣，靈魂為心愛主編織的這個德行的花球，是靈魂成全德行的一個整合，結實又井然有序地編結在一起，其中包含許多的成全、強壯的德行及非常豐盈的恩賜。因為所有的成全和德行都排列整齊，包含在靈魂的一個堅固的完美全德中；這完美的全德，只有因修行德行而實現，而且在實現時，就是靈魂懷著我們說的那愛的心靈，將之奉獻給心愛的主。那麼，所說的狐狸應該被捕捉，才不致阻礙雙方的內在交往。

在本詩節中，新娘不只要求能好好地編織花球，而且也想要下一詩句所說的，就是：

切莫讓人出現在山丘。

10.因為若要達到這個神性的內在修行，也必須有獨居，並且不理會所有能呈現給靈魂的事物，無論這些事物來自低級的部分，即人的感官，或高級的部分，就是理性；這二個部分，包含人的官能和感官的整個和諧，她在此稱之為「山丘」；因為，所有的本性的認識和欲望，都居住在其中，也安置在其中，有如在山上打獵，魔鬼常在其中獵取和捕捉這些欲望和認識，為了加害靈魂。

她說：「切莫讓人出現在這個山丘」，亦即，不要讓任何我們說的屬於這些官能或感官的顯示和形狀，出現在靈魂和新郎面前。這樣，彷彿是說：在靈魂的所有心靈官能，就是記憶、理智和意志，不要有認識或個別的情感，或其他任何的留意；所有身體的感官和官能，內在或外在的，亦即：想像、幻覺等等，視覺、聽覺等等，不要有其他的分心或形式、形像或形狀，也不要給靈魂顯現事物，不要其他的本性作用。

11. 靈魂在此說這話，其理由是，為了完美地享有這個與主的共融，所有感官和官能，無論內在或外在的，對其作用和對象，都應該是不忙碌、空虛和悠閑的；因為，在那樣的情況，它們做出的修練愈多，阻礙也會愈多。因為，當靈魂達到某一境界愛的內在結合時，心靈的官能已不再這樣工作，身體官能的工作更少，只要愛的結合工作已經實行和完成，靈魂在愛內活動，因此，官能停止工作；因為，抵達了終點，所有方法的運作也停止。這樣，靈魂在那時所做的，是以愛注視天主，這就是在持續的結合之愛內去愛。

那麼，「**切莫讓人出現在山丘**」；而只讓意志出現，以順服的自我和所說的所有德行，守候心愛主。

第十七詩節

引言

1. 為了更明白下一詩節，應該在此提醒，在這個神訂婚的境界，靈魂忍受她心愛主的不在，是非常痛苦的，多少有點像這樣，即沒有痛苦可與之相比。其理由是，正如在此境界，對天主懷有的愛是極大又強烈的，同樣，祂不在時，則是極大又強烈的折磨。在這個時期，任何與受造物的交往或交談，所得的打擾更是增加這個折磨，這是極大的折磨。因為，正如她懷著極強烈，如深淵般的渴望，想要和天主結合，任何的打擾是至極的折磨和妨礙；這就很像一塊石頭，以極大的衝勁和猛力，奔向其中心[111]，所碰到的任何東西，及在那個空處的阻擋，都會是非常猛力的撞擊。彷佛靈魂已享有這甜蜜拜訪的歡愉，它們比黃金和一切的美物更可愛慕[112]。為此，靈魂非常害怕失去這麼寶貴的臨在，即使只是片刻時間，她對神枯，也對她新郎的聖神說話，說出這個詩節：

靜息，蕭條枯瑟的北風；
吹來，喚醒愛情的南風，
吹拂我的花園，

111. 這個「中心」是指地球的中心，石頭受地心引力的吸引，必定往下掉。參閱《愛的活焰》1．11。
112. 參閱聖詠十八 11。

好使滿園流溢芬芳，
愛人將在花叢中間牧放。

註解

2. 除了前一詩節所說的以外，神枯也會是一個原因，阻擋前面所說的[113]內在溫柔的趣味[114]。她害怕這事，而在本詩節中做二件事：

第一，阻止神枯，藉繼續不斷的祈禱和虔敬，關閉神枯的門戶。

她做的第二件事，是祈求聖神，就是祂，必會驅逐靈魂的神枯，支持她，增強她對新郎的愛情[115]，祂也把靈魂放進德行的內在修行中，總之，為使天主聖子，她的新郎，可在她內享受和愉悅，因為她的全部意願在於取悅心愛主。

靜息，蕭條枯瑟的北風；

3.「**北風**」是一種非常寒冷的風，吹乾大地，花兒枯萎，草木凋零，或至少，北風吹襲之際，花草樹木萎縮和緊閉。因為神枯和缺乏心愛主的深情臨在，在靈魂內造成相同的效果，熄滅享受德行的趣味、歡愉和馥郁芬芳，她稱之為「**蕭條枯瑟的北風**」；因為所有的德行，及靈魂擁有的愛之修行都減少了；為此，靈魂在這裡說：「**靜息，蕭條枯瑟的北風。**」

靈魂說這話，應該了解，這就是祈禱的行動與工作，及心靈的修練，會使神枯靜息。

然而，因為在這個境界，天主給予靈魂的通傳這麼內在，除非新郎的聖神在她內引發這個

113. 參閱16・2。
114. 趣味：原文為*jugo*，即汁，漿，精髓之意，K.K. 譯為滿足／ satisfaction，A.P. 譯為實體／ substance。參閱《攀登加爾默羅山》3・37・2的註解。
115. 關於聖神的傅油和特別照顧，預備靈魂達到神婚，在《愛的活焰》3・26及其後，有詳細的解說。

愛的推動，靈魂官能的任何修練，都不能使她修練和享受這通傳，她隨即向祂懇求，說：

吹來，喚醒愛情的南風，

4.「南風」是另一種風，通常叫做西南風。這個溫和的微風，帶來雨水，使花草樹木萌芽生長，百花怒放，流溢馥郁芬芳。它的效果和北風相反。所以，靈魂以此微風表示聖神，她說是「喚醒愛情的」；因為，當這個神性的微風襲擊靈魂時，這麼地使她完全燃燒，使她歡愉，又生氣蓬勃，也喚醒意志，提升對天主之愛的欲望（這些欲望先前是沉睡和墮落的），這樣，她真的能說是「喚醒愛情的」，即喚醒祂和她的愛。

她向聖神的懇求，即是下一詩句所說的：

吹拂我的花園。

5.這座「花園」就是靈魂。因為，這樣就像前面靈魂自稱是「花開繁密的葡萄園」，因為德行花朵在她內，給予甜蜜風味的美酒，同樣，在這裡也自稱是「花園」，因為我們說的成全和德行的花朵，已在她內種植、發芽和成長。

這裡要注意，新娘不說：「吹進我的花園」，卻說：「吹拂我的花園」，因為天主的吹進靈魂，和吹拂靈魂，兩者有極大的不同。因為，吹進靈魂，就是在她內灌注恩寵、恩賜和德行，而吹拂靈魂，則是天主接觸和推動已經賜給的德行和成全，更新和推動它們，使之賦予靈魂美妙的芬芳和溫柔；這樣真的好像搖動芳香的香料時，在搖動之時，散發出它的濃郁芬芳，先前未經搖動時，香料不是像這樣，也聞不到這麼馥郁的芳香。因為靈魂自身擁有的德行，無論是自修或灌注的，並非經常主動地感受和享受它們；因為，如同後來我們要說的，在今生，它們在她內有如含苞的花蕾，或像蓋住的芬芳香料，如果沒有打開和搖動，就聞不到它們的芳香，如我們說的。

6.不過，天主有時把這些恩惠賜給靈魂新娘，就是，以祂的聖神吹拂她的這個繁花盛開的花園，綻放所有這些德行的花蕾，並揭露靈魂的這些恩賜、成全和豐盈的芬芳香料，顯示內在的寶藏和財富，揭露她的所有美麗。那麼，所看見的真是美妙的事，所感受的是溫柔，揭示給靈魂的是恩賜的豐盈，現在德行的這些美麗花朵，在靈魂內全都盛開。還有，這香味的溫柔，各按照其特性而散發出來，是無比珍貴的。

這裡她稱之為花園的芬芳流溢，在下一詩句說：

好使滿園流溢芬芳，

7.這些芬芳有時是這麼的豐沛，靈魂覺得自己滿被歡愉，沐浴在無量的光榮中；竟至到此地步，她不只覺察它們就在她內，而且還常常這麼地流溢於外，能洞察這事的人會看得出來，他們覺得，像這樣的靈魂，彷彿一座愉悅的花園，充滿天主的歡愉和富裕。而且不僅當花朵開放時，你能在這些聖善的靈魂上看到這般光景，還有通常他們自身帶著「**一種我不知是什麼**」的莊嚴和高貴，引起其他人的留步[116]和尊敬，由於這人和天主親近又親密交談，使這超性的效果擴散於他，《出谷記》中記載有關梅瑟說，別人不能注視他的面容，因為在他和天主面對面談話之後，他的臉上發出榮耀和光榮。（出卅四29－30；格後三7）

8.在這個聖神對靈魂的「**吹拂**」中，就是祂在愛內探訪靈魂，是天主聖子新郎自己的

116. 留步：原文 *detenimiento* 含有滯留之義，意指不禁讓人留意這個靈魂的特殊氣質．

崇高通傳。為此，祂首先派遣聖神，就是祂的供宿者[117]，如同祂派遣宗徒們（路廿二8），為祂預備住處給靈魂新娘，在愉悅中高舉她，裝飾這座花園，綻放園中的花朵，揭示祂的恩賜，以祂恩寵和富裕的錦繡帷帳裝飾她。所以，靈魂新娘懷著極大的渴望，切望這一切，就是：「**北風**」離去，「**南風吹來，吹拂她的花園**」，因為在那時，靈魂同時得到許多的事物；因為她獲得享受德行，處在愉悅修行的境界，如我們說過的；獲得在其中享受天主，因為藉著它們，如我們剛才說的，天主以更緊密的愛通傳自己給靈魂，又賜給她比往昔更特殊的恩惠；藉此主動的修德，她還獲得使心愛主更在她內歡愉，這是最令她欣喜的，也就是，取悅她的心愛主；她還獲得繼續和延長這些德行的歡愉和溫情。只要新郎這般對待祂的新娘，在新娘的諸德中給她溫情，這會一直持續下去，按照《雅歌》，她這樣說：「**正當君王在他的臥床**」，就是說，在靈魂內，「**我的小樹，繁花盛開，馥郁芬芳，發出溫柔的芳香**[118]。」（歌一12）這芬芳的小樹，在此意指靈魂自己，從她擁有的德行繁花中，散發溫柔的芳香給心愛主，在這樣的結合中，祂居住在她內。

9.因此，要非常渴望聖神的這個神性的微風，每個靈魂都要祈求祂「**吹拂她的花園**」，好使天主的「**神性芬芳流溢**」。而且，這是這麼必要，對靈魂來說，是這麼的光榮和幸福，《雅歌》中，新娘用和這裡相同的語詞，渴慕和請求這事，說：「**北風，吹來！南風，吹來！吹拂我的花園，使它的芳香和珍貴的香料流溢**[119]。」（歌四16）靈魂渴慕這一切事，不是為了因此而給她的愉快和光榮，而是她知道，她的新郎歡悅於此，也因為這是預備和預告天主聖子的來臨，來到她內取得愉悅；為此，她接著說：

117. 供宿者（*aposentador* / quartermaster）：亦即，提供住宿者。
118. 思高本聖經：「君王正在坐席的時候，我的香膏已放出清香。」
119. 思高本聖經：「北風，吹來！南風，吹來！吹向我的花園，使它的清香四溢。」

愛人將在花叢中間牧放。

10.使用「牧放」這個名稱，靈魂表示天主聖子在她內，在這時享有的這個愉悅，是非常貼切的說明，因為牧放或餵養食物，不只讓人愉快，也能維持生命。這樣，天主聖子在靈魂內，在她的這些愉悅中得到愉悅，也在她內得到供養，這就是，祂一直在她內，有如在極討祂歡心的地方，因為這真是在祂內歡欣愉悅的地方。我明白，這是藉撒羅滿的口，在《箴言》中說出祂想說的話：「我的歡愉是和世人之子相處」（箴八31）；就是說，當他們的歡愉是與「我」同在時，「我」即是天主聖子。

這裡要注意，靈魂在這裡不說「愛人將牧放花朵[120]」，卻說要「在花叢中間牧放」；因為，正如祂的通傳，即新郎的通傳，是在靈魂內，藉著裝飾所說的這些德行，繼而祂牧放這靈魂，神化靈魂成為祂自己，由於所說的這些德行、恩賜和成全的花朵，靈魂已經備妥，調好味道，且加上香料，這就是放上調味品，並在其間牧放；這些事，經由已說過的預備住處[121]，在靈魂內給予天主聖子愉悅和溫柔，為的是藉此方法，祂可以更多餵養她的愛。因為這是新郎的特性：在馥郁芬芳的花叢中間，祂親自和靈魂結合。在《雅歌》中，新娘非常清楚地注意到這樣的特性，好像是這麼知道的人，用這些話說：「我的愛人下到祂的花園，來到香花畦，好在花園中牧放，採摘百合花。」（歌六2）另外她又說：「我屬於我的愛人，我的愛人屬於我，祂在百合花間，牧放祂的羊群。」（歌六2）這就是，祂在我的靈魂內牧放餵養和取得歡愉，就是在祂的花園裏，在我的德行、成全和恩寵的百合花叢中間。

120. 牧放就是餵養的意思，花朵是指德行。
121. 見前面第 8 節。

第十八詩節

引言

1.那麼，在神訂婚的這個境界，靈魂看到她的優秀及豐盈的富裕，她不能如願地擁有和享受它們，因為她還居住在身體內，她時常忍受許多的痛苦，尤其當她更鮮活地知道這事時。因為看到她在身體內，有如一位尊貴的君主在監獄中，聽憑成千的悲慘境況，他的王國被沒收，他的王權和財富全被廢止，他的財產所給他的，只是非常少量的食物；在這樣的境況中，他所能感受的，每個人都會看得很清楚，尤其是，甚至連他的家僕都不好好地順服他，每有機會，他的僕人和奴隸，就毫無敬意地直接反對他，竟至想要從餐盤中取走他的微量食物。因為當天主施惠靈魂，賜給她享受預備好的幸福與富裕的微量美味時，立刻在感官的部分興起一個欲望的惡僕，有時是一個錯亂行動的奴隸，有時是這個下層部分的其他叛亂，來阻礙這個幸福。

2.因此，靈魂感到彷彿身處敵區，在外地人中被欺壓，又好像是死者中的死人，她切身體會巴路克先知所指出的，那時他描述雅各伯在流放時的這個慘況，說：「以色列！這是什麼事呢？怎麼你竟住在敵人國內，在異地衰老，與亡者同污，與降入陰府的人同列呢？」（巴三10－11）還有耶肋米亞，感受到所遭受的這個可憐待遇，即靈魂所忍受的身體的囚禁，以屬神的意義，向以色列說：「以色列豈是奴隸，或是家生的奴隸？為什麼竟成了人的掠奪物？獅子向他咆哮？」（耶二14－15）等等，在這裏，他以獅子表示欲望，及我們說的感官暴君的叛亂。所以，靈魂為了指明她所遭受的騷亂，渴望這個感官的王國，及其中的全部軍隊和騷亂，完全結束，或全部歸順她，她舉目仰望新郎，必會完成這一切的祂，對這些行動和叛亂說話，說出這個詩節：

猶太女郎啊！
在群花和玫瑰樹叢間，
正當琥珀吐露清幽芳香，
去外邊，留在城郊外面，
切勿碰觸我們的門限。

註解

3.本詩節中，說話的是新娘，她看到，按照她高級的心靈部分，被安置在來自心愛主的，這麼富盛、優惠的恩賜、歡愉中，而渴望在她的安全中，繼續擁有它們，這是新郎在前兩首詩節[122]中指出的，她看到，低級的部分，亦即感官，能阻礙（而且是阻礙和騷擾這麼多的幸福），她請求這個低級部分的作用與行動，靜息其官能和感官，不要越過它們的區域界限，亦即感官的區域，干擾和騷動靈魂的高級和心靈的部分，為的是，甚至連什麼最小的行動，

122. 前兩首詩節，其實指的是第20和21詩節。因為《靈歌》有兩個版本，其詩節的順序不同，按照第一版本的順序，這個說法是正確的，然而在這第二版本中，作者沒有注意到詩節的順序已經更換，所以未加修正。

也不要阻礙所享受的幸福和溫柔。因為感官部分及其官能的動作，如果當心靈正在享受時工作，它們愈工作和活躍，干擾和騷動也愈嚴重。於是，她這樣說：

猶太女郎啊！

4. 稱靈魂的低級部分，亦即感官，為「猶太」。而稱之為「猶太」，因為是虛弱和屬血肉的，還有它的盲目，如同猶太人。

稱這個低級部分的形像、幻像、行動和情感為「女郎」。所有這些都稱為「女郎」，因為這就像女郎一樣，以她們的愛情和姿色吸引愛人，同樣，這些令人愉快的感官作用和行動，堅決地力求吸引理性部分的意志，為了要拖它離開內在，去想望她們所喜愛和渴望的外在事物，她們也推動理智，吸引它，使理智以其卑劣的感官模式，與她們結婚和結合，努力謀求理智和感官部分相一致和聯合。

那麼，妳們哪！感官的作用和行動啊！她說：

在群花和玫瑰樹叢間，

5. 「群花」，如我們說過的[123]，是靈魂的諸德。「玫瑰樹叢」是靈魂的官能：記憶、理智和意志，這些孕育且養育神性觀念、愛的行動、所說諸德行的花朵。那麼，在我靈魂的這些德行和官能中，等等，

123. 指整個十七詩節所說的。

正當琥珀吐露清幽芳香，

6. 這裡，以「琥珀」指示新郎的天主聖神，祂居住在靈魂內。「在群花和玫瑰樹叢間」，「吐露」這個神性「琥珀的清幽芳香」，則是在靈魂的官能和德行中，聖神最溫柔的流溢和通傳，經由它們，賜給靈魂神性溫柔的芳香。

所以，那麼，當這位神性的聖神把靈性的溫柔賜給我的靈魂時，

去外邊，留在城郊外面，

7. 在猶太的「城郊外面」，我們說是靈魂的低級或感官部分；她的「城郊外面」，是內在的感覺感官，如記憶、幻覺和想像，在其中安放和收集對象的形式、形像和幻像，經過這些，感覺的能力推動欲望和貪欲。這些形式，等等，就是這裡說的「女郎」，當她們安靜和靜息時，欲望（los apetitos）也會睡著。這些（形式）經過外感官的門戶，就是聽覺、視覺、嗅覺等等，進入內感官的這些「城郊外面」；這樣，所有感官部分的官能和感官，有時內在的，有時是外在的，我們能稱它們為「城郊外面」，因為是在城市牆外的地區。因為稱為在靈魂內的城市，那裡是最內在的，這就是，理性的部分，它有能力和天主交往；其作用與感官的作用相反。

不過，因為居住在感官部分的這些城郊外面的人，這些人是我們說的「女郎」，和高級的部分，這就是城市，兩者間有本性的交往，像這樣，在低級部分所做的事，通常會在另一個內在部分感受到，而且，隨之而來的是，在天主內擁有的心靈的工作和助祐，受到

分心和打擾；因此，對它們說，居住在它們的「城郊外面」，這就是，在其內在和外在的感覺感官上要安靜。

切勿碰觸我們的門限。

8.這是，不要以初始的行動碰觸高級的部分；因為靈魂的初始行動，是進入靈魂的入口和門限。當理智內的初始動作，已越過「門限」；不過，還只是初始的行動時，就只說是「碰觸門限」，或稱碰觸到門，這事的發生，是當感官部分為了一些錯亂的行動，攻擊理智時。所以，靈魂在這裡不只說，這些不要碰觸靈魂，而且，甚至說，不要分散她正享受的寧靜和幸福。

第十九詩節

引言

1. 處在這個境界，靈魂的低級部分及其作用，這麼地與她敵對，致使她不希望天主通傳給低級部分，任何祂要給高級部分的靈性美善；因為，如果祂通傳什麼給低級的部分，由於其境況的虛弱，那必是很少量，或靈魂無法承受，其本性不能不昏迷，而且，隨之而來的是，使心靈受苦又受折磨，因此不能平安地享受這個通傳。因為，就像智者說的：「**這必腐朽的肉身，重壓著靈魂**[124]。」（智九15）而且，由於靈魂渴望得到天主的最崇超和卓越的通傳，這些卻不能在陪同感官部分時領受，她渴望天主賜予這些，而不要經由感官的部分。

因為，那個第三重天的崇高神見，即聖保祿所看見的，他說他在其中看見了天主，又說「**不知道是在身內，或在身外領受的**。」（格後十二2）然而，無論事情怎樣發生，所發生的是沒有身體的[125]；因為，如果身體已經分享了，他不能不知道這事，這個神見也不能這麼的崇高，如他所說的，他說，他聽到這麼「**祕密的話語，說出它們是不合法的**[126]。」（格後十二4）因此，靈魂非常了解，這樣崇高的恩寵，不能以這麼狹窄的器皿領受，渴望新郎在身外，或至少，沒有身體，把它們賜給她，她對新郎說話，在本詩節中向祂祈求：

124. 參閱《靈歌》39・14，作者引用同一句經文。
125. 意思是所給的恩惠或通傳，沒有分享給身體，不經過身體。
126. 思高本聖經：「聽到了不可言傳的話，是人不能說出的。」

親愛的，隱藏祢自己；
把祢的臉兒轉向崇山峻嶺，
不要輕吐言語；
但要注視那些伴侶
陪她經過奇妙島嶼。

註解

2.本詩節中，靈魂新娘向新郎要求四件事：

第一，但願祂樂於親自通傳自己於靈魂的最深處，在她靈魂的隱藏地方；

第二，願祂以其神性的光榮和卓絕，來襲擊[127]和光照她的官能。

第三，但願這個通傳是這麼崇高和深奧，她不能也不想要述說，而且，外在和感官部分也不能領受。

第四，願祂愛上祂已放在她內的許多德行和恩寵，這些陪伴她，在她上升天主時，經由非常崇高和高超的神性認識，也經由豐富無比的愛，非常奇妙和非凡，遠超過她平常所擁有的。

所以，她說：

親愛的，隱藏祢自己；

127. 襲擊（embiste）：聖十字若望用這個語詞表示天主的教導和光照。

3.這彷彿是說：我親愛的新郎，隱居到我靈魂的最深處，隱祕地通傳祢自己給她，顯示祢隱藏的奧妙，那是異於所有世人眼目的。

把祢的臉兒轉向崇山峻嶺，

4.天主的「臉兒」是神性，「崇山峻嶺」是靈魂的官能：記憶、理智和意志。這樣，彷彿是說：讓祢的神性襲擊我的理智，賜給它神性的認識力；襲擊我的意志，賜予和通傳給它神性的愛；並以光榮的神性產業，襲擊我的記憶。

在此，靈魂請求所能向祂求的，因為她不再滿足於經由「背影」的，天主的認識和通傳，如同祂對梅瑟所做的（出卅三23），那是以祂的成果和化工來認識祂，而要以「天主的臉兒」，這是天主的本質通傳，在靈魂內沒有別的什麼中介，而是由於在天主內她的某種接觸；這接觸，和所有的感官與附質都不一樣，因為是赤裸實體的接觸，亦即，靈魂和天主的赤裸實體[128]。因此，她接著說：

不要輕吐言語；

5.就是說：不要如同先前那樣輕吐言語，當祢在我內賜予通傳時，祢是那樣地對著外感官說出它們；它們是可領悟的事，因為不是這麼高超和深奧，致使外感官無法達到。不過，現在，要讓這些通傳這麼的高超和實質，又是這麼的內在，不必對外感官說什麼，這就是，它們無法從中得到認識。因為靈性的實體不能通傳給感官，而凡是通傳給感官的事物，尤其在今生，都不能是屬純靈性的，因為感官無法接受。

128. 請參閱：《攀登加爾默羅山》2・24・3—4；《靈歌》1・10；《愛的活焰》4・12。

那麼，靈魂在此渴望天主的這個通傳，這麼的實體和本質，致使它不能被感官領悟，因而請求新郎「不要輕吐言語」，這彷彿是說：但願靈性結合的這個隱藏地的深處，成為感官說不出也感受不到的，就像聖保祿聽到的祕密，「是人不能說出的。」（格後十二4）

但要注視那些伴侶

6.天主的注視就是愛和施予恩惠[129]。靈魂在此說的天主注視的「伴侶[130]」，是這大量的德行、恩賜、成全和其他的心靈豐盈，祂已放在靈魂內，作為訂婚的證物、保證和珠寶。所以，她彷彿是說：可是，心愛的，請先轉向我靈魂的內裏，愛慕祢已安置在那裏的豐盈伴侶，經由它們，在其中愛她，祢會在她內隱藏，也在她內留守；不過這是真的，雖然它們是祢的，由於祢把它們賜給靈魂，它們也是她的。

陪她經過奇妙島嶼。

7.這就是，陪伴我的靈魂，走向祢，經過對祢的「奇妙」認識，也經過奇妙的模式和方式，異於所有的感官和本性普通認識。所以，好似渴望勉強天主，她說：由於我的靈魂走向祢，經過奇妙和異於感官的心靈認識，祢給她的通傳，也要在這麼內在和崇高的等級中，異於所有的一切。

129. 請注意這句若望的典型說法，綜合了他許多地方的道理：參閱見《靈歌》31・5、8；32・3；33・7。
130. 伴侶，指的不是人的同伴，這裡指的是環繞靈魂的諸多德行、恩惠等等。

第二十和二十一詩節

引言

1.為了達到這麼高的成全境界，正如靈魂在此所追求的，這就是神婚，不只需要清潔和淨化低級部分的所有不成全、叛亂和惡習，在其中，脫去舊人，已經順從和順服於高級的部分，而且也需要很大的剛毅，及非常卓越的愛，為得到天主這麼強勁和緊密的擁抱。因為在此境界，靈魂得到的不只是非常崇高的純潔和美麗，而且也得到驚人的力量，這是藉著天主與靈魂的結合，經由這有力和親密的連繫而賜予的。

2.因此，為了達到天主[131]，她必須處於相當程度的純潔、剛毅和愛中。為此，聖神是介入其中，成全這個靈性結合者，祂渴望靈魂達到擁有這些特性，得以蒙受此結合，祂偕同聖父和聖子，在《雅歌》中說：「我們的妹妹尚小，還沒有乳房；到了她議婚之日，為我們的妹妹，我們將做什麼？她若是牆，我就在上面建造銀的壁壘和防禦牆；她若是門，我們就用香柏木門來關鎖[132]。」（歌八8－9）在這裡，「銀的壁壘和防禦牆」表示堅強和英豪的德行，包裹著信德，以銀來象徵。這些英豪的德行是神婚的德行，其基礎建立在強壯的靈魂上，在此以「牆」作為象徵，在其堡壘內，平安的新郎必會歇息，沒有什麼軟弱會騷擾祂；「香柏木門」表示崇高之愛的情感和附質，這崇高的愛以「香柏木」作象徵，這是神婚的愛。

131. 原文在此用代名詞 él，可有兩種解讀，一是達到祂（天主），另一是達到它（這個境界）。
132. 思高：「……她若是牆，我們就在上面建造銀垜，她若是門，我們就用香柏木門來關鎖。」

為使新娘裝上木門，她必須是「門」，就是說，為了讓新郎進來，她必須以完整和真實的愛之同意，為祂打開意志的門，這是訂婚的允諾，是神婚之前許給的；還有，新娘的「乳房」意指這個成全的愛，這是她該擁有的愛，為能出現在新郎基督面前，得到此境界的圓滿。

3.不過，那經文說，新娘立刻回答，渴望出去得到這些會見，說：「我是牆，我的乳房如同一座塔。」（歌八10）這彷彿是說：我的靈魂是強壯的，而且我的愛情是非常崇高的，所以，我不該被留於後。在這裡，靈魂新娘，由於渴望這個成全的結合和神化，在前面的詩節中已經指明這事，尤其在剛才說明的詩節中，她把從新郎得來的德行和備妥的豐盈，置於祂的面前，為了要更勉強祂。為此，新郎，渴望結論這事，說出以下的二段詩節，結束對這靈魂的淨化，使她強壯，也把她準備好，按照感官及心靈的部分，為了達到這個境界，在這些詩節中，說出反對所有的對抗和叛亂，無論是來自感官的部分，或來自魔鬼。

新郎

輕巧的飛鳥，
獅子，雄鹿，跳躍的小鹿，
高山，深谷，河堤，
流水，風兒，熱度，
不眠的黑夜恐怖：

我以悅耳的琴韻，

沙林的歌音，驅逐你們，
停止你們的氣忿，
切勿碰觸這道牆，
好使新娘睡入平安的夢鄉。

註解

4. 在這二段詩節中，新郎天主聖子把靈魂新娘安置在擁有平安和寧靜中，在低級和高級部分的和諧中，潔淨她所有的不成全，把靈魂本性的多數官能和理智（*razones*）安置在單一的理智（*razón*）內[133]，且靜息其餘所有的欲望，即包含在上面說的這二段詩節中的欲望，其意義如下：

首先，新郎驅逐[134]並命令幻覺和想像的無益飄蕩，從此停止。也把先前這麼使靈魂憂煩的二個本性的官能：忿怒和貪欲，安置在理智（*razón*）內。還有，把靈魂三官能的對象：記憶、理智和意志，在今世可能的範圍內，安置在成全的境界內。

除此之外，祂驅逐和命令靈魂的四種情緒，亦即：快樂、希望、痛苦和害怕，從現在起，要受理智的節制和安頓。

這一切事是前一詩節中列舉的所有那些名稱的含意，這些騷擾的作用和行動，新郎已在靈魂內使之停止，藉著極大的溫柔、甜蜜和力量，這些是她在靈性的通傳和委順中所擁有的，是天主在這時親自完成的。就這樣，因為天主活潑有力地轉化靈魂成為祂自己，靈

133. 這一句中，聖十字若望以多數的理智表示尚未被淨化的本性的推理，單數的理智表示已受淨化的單一理智。
134. 驅逐：原文為 *conjura*，這個字含有唸咒驅逐之意，以神力驅逐邪惡等等；也含有懇求的意思。

魂的所有官能、欲望和行動失去其本性的不成全，而且轉變為神性的。於是，祂說：

輕巧的飛鳥，

5.稱想像的分散為「輕巧的飛鳥」，因為它們輕巧又靈敏地飛翔，從一個部分到另一部分[135]；當意志在寧靜中，享受著心愛主的歡愉通傳時，這些分心以其靈敏的飛翔，常常令它感到乏味，又熄滅它的愉悅。關於這些事，新郎說，「以悅耳的琴韻，驅逐它們」，等等，這就是，靈魂的溫柔和愉悅已是這麼的豐盈和頻繁，它們不能阻礙她，如先前那樣的頻繁，因為那時尚未達到這樣的境界，「驅逐」它們令人不安的翱翔、衝動和放縱。至於我們這裡要解釋的其餘部分，也該同樣地理解，例如：

獅子，雄鹿，跳躍的小鹿，

6.「獅子」意指忿怒官能（*potencia*）的猛烈和衝動，因為這個官能在其行動上，是魯莽和蠻橫的，如同獅子一般。

祂以「雄鹿」和「跳躍的小鹿」指示靈魂的另一官能，就是貪欲，這是個欲求的官能，有二個效果：一為膽小怯懦，另一為膽大放肆。當事情不順利時，產生膽小怯懦的效果，因為那時它退卻、畏縮和害怕。由於這些效果，這個官能好似雄鹿；因為，雄鹿擁有的這個貪欲的官能，比其他的許多動物更強烈，因此，也是非常膽小和退縮的。而當事情順利時，產生膽大妄為的效果，因為它那時不會畏縮和害怕，反而以渴望和情感大膽地貪求和接納這些事。由於這些膽大放肆的效果，這個官能好比「小鹿」對所貪求的事物具有這樣大的貪欲，

135. 就是說，從感官部分到心靈的部分。

不只奔跑追隨，甚至跳躍尾隨，為此，在此稱之為「**跳躍的**」。

7.這樣，由於「**驅逐獅子**」，祂約束氣忿的衝動和放縱；而「**驅逐雄鹿**」，表示祂增強貪欲的官能，針對先前使她畏縮的怯懦和膽小；又「**驅逐跳躍的小鹿**」，祂使渴望和欲望得到滿足和緩解，它們先前焦慄不安，有如小鹿，跳躍不息，從這事到那事，營求滿足貪欲，現在貪欲已滿足於「**悅耳的琴韻**」，享受著琴韻的溫柔，「**沙林的歌音**[136]」，在其歡愉中牧放。

要注意，新郎在這裡不是驅逐氣忿和貪欲，因為在靈魂內從不缺少這些官能，所驅逐的是它們的騷擾和錯亂的行動，以「**獅子、雄鹿、跳躍的小鹿**」作為象徵，因為在此境界，必須沒有這些騷擾和錯亂的行動。

高山，深谷，河堤，

8.這三個名稱，表示靈魂三官能的墮落和錯亂行動，這三官能就是：**記憶、理智和意志**。當它們在極端的高處，又當在極端的低處和散亂，或者，雖然不是在極端處，當傾向其中之一的極端時，這些行動是錯亂和墮落的。所以，「**高山**」，是非常高的，表示從放縱無度的錯亂而來的極端行動。「**深谷**」，是非常低的，表示三官能這些不恰當的極端行動。「**河堤**」，不是很高，也不是很低，但還不算是平原，多少與二個極端有關，表示那些官能的行動，有些放縱過度，或有些缺少適當的方式和平坦；雖然這些不是極端的錯亂，如果達到大罪的程度，仍然和罪有關係，它們是在理智、記憶和意志內的（罪），無論如何輕微，有時是小罪，有時是不成全。

祂驅逐所有這些超出正確限度的行動，也以悅耳的琴韻和所說的歌聲，停止它們；這

136. 沙林的歌音：希臘神話中半人半鳥的女海妖，以其美妙的歌聲誘惑航行海上的水手，使船隻遇難沉沒。在此以「沙林的歌音」象徵非常迷人的美妙歌聲。

些琴韻妙音這麼有效地成全靈魂的三官能，使之這麼正確地運用其官能作用，不只沒有極端，甚至也沒有什麼和極端是有關係的。

其餘詩句如下：

流水，風兒，熱度，不眠的黑夜恐怖：

9. 還有，以這四個事物，表示感情的四種情緒[137]，如我們說這些是：痛苦、希望、快樂和害怕。

「流水」意指折磨靈魂的痛苦的情感；因為這彷彿流水進入靈魂內。因此，論及它們，達味對天主說：「*Salvum me fac, Deus, quoniam intraverunt aquae usque ad animam meam.*」（詠六八2）這就是：「天主，求祢速來救我，因為大水已淹沒我的靈魂。」

「風兒」，意指希望的情感，因為這好像是風兒，飛向渴望所期望而不在場的對象。所以，達味也說：「*Os meum aperui et attraxi spiritum, quia mandata tua desiderabam.*」（詠一一八131）就是說：「我張開希望的口，在我渴望的嘘氣中呼吸，因為我極渴慕祢的誡律。」

「熱度」，意指快樂情緒的情感，有如火般地燃燒心田。為此，達味說：「*Concaluit cor meum intra me, et in meditatione mea exardescet ignis.*」（詠三八4）就是說：「我的心在我內滾滾沸騰，在我的沉思中，火會燃燒起來。」這真的好像說：在我的默想中，快樂會燃燒起來。

「不眠的黑夜恐怖」，表示另一情緒的情感，亦即害怕，尚未達到我們所說的神婚境

137. 參閱《攀登加爾默羅山》3・16・2。

界的神修人，這些害怕往往是非常劇烈的；有時，在天主方面，當祂願意賜給他們一些恩惠時，如我們上面說過的，常常在心靈內導致害怕和恐懼，也使肉體和感官畏縮，因為他們的本性和習慣對那些恩惠，尚未被堅強和成全。有時也在魔鬼方面，當天主賜給靈魂在祂內的收斂和溫柔時，魔鬼嫉妒極了，對靈魂那樣的平安幸福感到難過，盡力要在心靈內放置恐怖和害怕，以阻礙那幸福。有時，就在心靈內威脅她。當牠明白，由於靈魂深深地收心和與主結合，牠無法達到靈魂的最深處時，至少在感官部分的外面，牠會製造分心、變動、磨難、痛苦和恐怖來打擊感官，看看是否用這個手段，能在新娘的洞房內騷擾她。

新郎稱這些為「**黑夜恐怖**」，因為是從魔鬼來的，魔鬼利用它們，力圖在靈魂內散佈黑暗，使她所享受的神性之光黯然失色。

祂稱這些害怕為「**不眠的**」，因為由於它們，使得靈魂從溫柔的內在睡眠中醒來和不眠；還有，因為製造這些恐怖的魔鬼，常醒不寐，等著放置這些害怕，這是被動地由天主或魔鬼，如我說過的，置入那些已是屬靈者的心靈內。我這裏說的不是現世或本性的其他害怕，因為像那樣的害怕，不是屬靈之人會有的；不過，擁有所說的這些靈性的害怕，是屬靈者的特性。

10.所以，靈魂的這四種情緒的情感方式，心愛主全都予以驅逐，使它們停止和靜息，由於現在祂給予處於此境的新娘富裕、力量，滿足於祂溫柔的「**悅耳琴韻**」，及祂歡愉的「**沙林歌音**」，為的是，不只使它們不在她內為王，甚至也不能給她任何的不悅。

因為在這個境界，靈魂的寬大和安定是這麼的高尚，所以，如果先前無論什麼事的「**痛苦之水**」達到靈魂，甚至是關於她的或別人的罪，因為罪是最常使神修人有感覺的，雖然現在還是看重這些事，卻不會引起痛苦或難過。至於同情，就是說，同情的感受，她也沒有，雖然她有同情的事工和成全。因為在這裡，靈魂沒有德行上的軟弱，卻保持德行中的力量、恆心和成全。因為，處在這愛的神化中的靈魂，相似天使，她成全地判斷痛苦的事，卻沒有痛苦的感受，執行慈善的工作，也沒有同情的感受。雖然有時，在某時期內，天主特許她，使她有感於事物，且為之受苦，因為可使她多立功勞，且更熱心於愛，或其他的方面，如祂之對待童貞聖母、聖保祿和其他人一般，不過，這境界的本身不包含此痛苦的感受[138]。

11.對所希望的渴望，也不會折磨她，因為，她已經滿足於今生可能達到的這個與主結合，她不希望從世上得到什麼，也不渴望什麼靈性的事物，因為她明白，也感受到充滿天主的豐盈。這樣，或生或死，她都翕合天主的旨意，感官和心靈的部分都說：「*Fiat voluntas tua.*」（願祢的旨意承行）（瑪六10），沒有其他願望和欲望的衝動。這樣，她要看見天主的渴望，是沒有痛苦的。

快樂的情感亦然，通常靈魂會有或多或少的快樂感受，現在卻看不到快樂減少，靈魂也不驚奇於豐盈的快樂；因為她平常享有的快樂這麼浩大，彷彿海洋，既不因流出的水而減少，也不因流入的水而增多。因為這個靈魂被建立在這個水泉上，就是基督藉聖若望說的，這是祂的「水，是湧入永生的。」（若四14）

12.而且，因為我已說過，在此神化之境，這樣的靈魂沒有領受新的事，在其中，彷彿除去附質的[139]快樂，儘管在榮福之境並不缺少這些，要知道，雖然對這個靈魂，她不缺少這些附質的快樂和溫柔，因為先前它們常是無以數計的，但並不因此，在本質的心靈通傳上添加上什麼，因為所有能來的新事，她都已經擁有了。這樣，在她內所擁有的，遠超過那

138. 作者在此說的，是純理論的推理，如果達到完全的結合，回復原始的純真境界，痛苦也會消失，因為已克服了因錯亂導致的罪。然而，除此之外，還有救恩史上的其他因素，作者從他的學識與經驗中清楚知道這事，請參閱《靈歌》36．10—13。關於相似天使的這個境界，請參閱聖多瑪斯著《神學大全》1．59．4。

139. 附質的（*accidentarios*），此處指不是本質的，而是附屬的。

來到的新事。

因此，每當把快樂和喜悅的事物呈現給這個靈魂時，有時是外在的事物、有時是心靈和內在的，她立刻轉而享受那已在其內擁有的豐盈，以更大的快樂和愉悅留守其中，超過那些來臨的新事，因為，她有些相似天主的特質，在這事上，像這樣，雖然天主歡愉於萬事萬物，天主在它們內的歡愉，不如在祂自己內的，因為祂在自己內擁有的歡愉，遠遠超越一切所有。這樣，所有臨於這個靈魂，帶來快樂和享受的新事，其作用是更喚醒靈魂，為使她歡悅於在她內已擁有和體驗的，甚於那些新事的歡愉；因為，如我說的，所擁有的遠甚於它們。

13.這是很自然的事，當一個事物給靈魂快樂和滿足時，如果有其他的什麼，她更看重，也給她更多的快樂，她會立刻想起來，並且把她的快樂和享受放在那上面[140]。這樣，這些靈性的新事和新加給靈魂的附質快樂，和她已在其內擁有的本質快樂相比，是這麼的稀少，我們能說是虛無，因為已經達到這個完美神化的靈魂，在這裏，她已達到完全的成長，無需靠這些靈性的新事成長，如同其他未達此境者。不過，這真是神奇妙事，看到這個靈魂沒有領受歡愉的新事，卻彷彿時常在重新領受新事，而且又是她從前已有的。理由是，因為她一直重新享受它們，她的幸福是永久常新的；所以，她好像總是在領受新事，而沒有需要領受它們。

14.不過，如果我們想說明，在這平常的擁抱中，天主有時給予靈魂的榮福光照，對於靈魂，這是某種靈性的轉變，在此，使她看見並享受這個愉悅和豐盈的深淵，是天主放置在她內的，關於這事，我們乏辭可陳，無法做任何解釋。因為，有如太陽，滿滿的陽光照射海

140. 就是說，放在她更看重、也給她更多快樂的事上。

洋，照明海洋深奧的內部和洞穴，顯露珍珠和黃金及其他珍貴礦物的豐富礦脈，等等，同樣，這新郎的神性太陽，轉變新娘，如此地顯露靈魂的豐盈，甚至連天使都驚嘆稱奇，說出《雅歌》中的那些話，亦即：「**那上升如晨曦，美麗似月亮，光耀若太陽，莊嚴如整齊軍旅的，是誰？**」（歌六10）在這樣的光照中，雖然這麼的卓絕非凡，並沒有加給靈魂什麼，只是顯露她先前已享有的。

15.最後，這「**不眠的黑夜恐怖**」不會達及靈魂，現在她已經這麼清楚，這麼強而有力，這麼穩固地在天主內安息，使魔鬼既不能以牠們的黑暗使她隱晦，也不能用牠們的恐怖使她害怕，又不能以牠們的猛力弄醒她。因此，沒有什麼事物能達到她，或妨礙她，她已經擺脫所有的事物，進入她的天主內，在其中享有所有的平安，享受所有的溫柔，歡欣於所有的愉悅，按照今生的情況和環境所能容許的。因為，像這樣的靈魂，指出智者所說的話：「**平安寧靜的靈魂，有如不散的盛宴**[141]」（箴十五15）；因為，這樣好像在盛宴中，享受所有食物的美味，和所有音樂的柔美，靈魂也是這樣，她在新郎的懷裏已擁有的這個盛宴中，她享受所有的歡愉，及所有的溫柔。關於這裡所經歷的事，及能用話語說出的，我們所說的，是這麼少，往往所說的都不足以說明，已達此幸福境界的靈魂所經歷的事。因為，如果靈魂找到天主的平安，如聖教會說的：「**超乎所有的感官**[142]」，若加以述說，必會詞不達意，瘖啞無言。

繼續第二個詩節的詩句：

141. 思高：「心胸暢快的，時時如享喜宴。」
142. 《斐理伯書信》四7：「天主那超乎各種意想的平安」（思高本聖經）。這段經文是當時禮儀年將臨期第三主日採用的。

我以悅耳的琴韻，
沙林的歌音，驅逐你們，

16.我們已經說明，「悅耳的琴韻」，在這裏表示溫柔，是新郎賜給在此境界靈魂的。祂以溫柔停止所有的騷擾，即我們說過的，那在靈魂內的騷擾。因為，這就好像弦琴妙音使靈魂充滿溫柔和舒暢，又如此地吸引她，令她出神著迷，遠離無味和痛苦，這樣，靈魂擁有的這個溫柔，這麼的深入她內，以致沒有什麼痛苦的事能達及她。

所以，這彷彿是說：藉著我置於靈魂內的溫柔，停止所有不溫柔的事臨於靈魂。我們也說，「沙林的歌音」代表靈魂擁有的恆常歡愉。祂稱此歡愉為「沙林的歌音」，因為，根據傳說，沙林的歌音這麼美妙和愉悅，很迷人，會使聽歌的人神魂出竅，傾心迷戀，好像出神般的忘記所有事物，同樣，這個結合的歡愉，在其內吸引靈魂，又使她舒暢，致使她為之著迷，無視於所說的那些事物的打攪和騷擾，下一詩句中說明的是這些騷擾：

停止你們的氣忿，

17.稱為「氣忿」，是指所說的打攪和騷擾，來自我們說過的錯亂的情緒和作用。因為，正如氣忿是擾亂平安的某種衝動，越過其界限，所有的情感，等等，亦然，我們已說過，以其行動，超出使靈魂平安與寧靜的界限，當它們觸及靈魂時，使她慌亂不安。為此，祂說：

切勿碰觸這道牆，

18.「牆」，意指平安的柵欄，及德行和成全的圍牆，靈魂因此而被圍繞和防護，她是前面所說的花園，她的心愛主在那裡餵養花朵，築起柵欄又加以看守，只是為了祂；因此，祂在《雅歌》中稱她是「關閉的花園」，說：「我的妹妹是關閉的花園。」（歌四12）所以，這裡說，甚至連祂這座花園的柵欄和牆都不要碰。

好使新娘睡入平安的夢鄉。

19.這就是，好使她更享有愉悅的風味，這是來自她在心愛主內享受的寧靜和溫柔。要知道，在這裡，沒有對靈魂關閉的門，她可以每一次，或隨時願意時，自由地享受這愛的溫柔睡眠，按照新郎在《雅歌》中所說的話，說：「耶路撒冷女郎，我指著田野的小鹿和牝鹿驅逐妳們，不要驚醒，不要喚醒我的愛，讓她自便吧！」（歌三5）

第二十二詩節

引言

1. 新郎懷著這樣大的渴望[143]，要完成從感性和魔鬼的掌握中，釋放並解救祂的新娘，祂已經這麼做了，如祂在這裡所做的，祂好像善牧，走遍許多迂迴的道路，尋回迷羊，歡樂地把羊放在肩上（路十五4－5），又如點燃燈火，翻遍整個屋子，細心尋找遺失達瑪[144]的婦人，喜悅地把找到的達瑪握在手裏，召喚朋友和鄰人同來祝賀，說：「與我同樂吧！」等等。（路十五8－9）同樣，對已經獲救和成全的靈魂，她的這位鍾情的牧人和新郎，歡欣喜樂，在這個所渴望的連結和結合中，把靈魂背在祂的肩上，握在祂的手中。

祂不僅自己歡欣喜悅，而且也使天使和聖靈魂和祂分享快樂，如在《雅歌》中說的：「**熙雍女郎！出來觀看撒羅滿王，他頭戴王冠，是他母親在他訂婚之日，在他內心歡樂之日，給他戴上的。**」（歌三11）在所說的這些話語中，祂稱靈魂為祂的「**王冠**」，祂的「**新娘**」，祂「**內心的歡樂**」，現在祂以手臂挽著她，和她相偕前行，「**有如新郎步出洞房**」。（詠十八6）祂在下一詩節中說明這一切。

新娘已經進入

143. 優美的詩節在此作了一個轉折，整個追尋的行程中，一直是新娘焦急奮力地尋找，追尋那遙遠又隱藏的心愛主，然而，事實恰恰相反，追尋者才是心愛主，新娘反而是逃避和隱藏者。這也使我們想起聖十字若望寫的一首詩：「小牧童」（*Pastorcico*），尋找他的小牧羊女，卻沒有得到相稱的對待。在《愛的活焰》3・28若望說：「如果靈魂在尋找天主，她的心愛主更是在尋找她。」這個註解開始描述神婚的境界。

144. 「達瑪」：古希臘銀幣名。

般切渴慕的怡心花園，
她愉悅地憩息，
頸項斜倚
在愛人的甜蜜手臂裏。

註解

2.新娘已經勤勉地努力「捕捉狐狸，靜息北風，平靜猶太女郎」，這些是障礙和困難，阻礙神婚之境的圓滿歡愉；而且她已祈求，也得到聖神的微風，如前面的詩節說過的，這些是達到像這樣成全之境，應有的準備和方式，現在，在本詩節中，關於這個境界，還有待談論的是，在這裏，新郎說話，稱靈魂為「新娘」，而且說二件事：第一是說，現在已經凱旋得勝，已經達到神婚的這個歡愉之境，這是祂和她這麼渴望的境界。第二是數算所說的這個境界中的特點，這些是靈魂已在其中享受的，這就是：「愉悅地憩息，頸項斜倚，在愛人的甜蜜手臂裏」，如我們現在要解釋的。

新娘已經進入

3.為了更清楚說明這些詩節的順序，及指出靈魂抵達這個神婚境界之前，通常會有的經歷，神婚就是最崇高的境界，賴神性的恩惠，這是我們現在要談論的，要注意，靈魂尚未抵達這裡之前，首先要在克苦的辛勞和痛苦中，及在默想屬神的事物上修練，這是開始時，靈魂所說的，從第一詩節直到「傾下千般恩寵」[145]。她從此進入默觀之路，從這裏，她經過愛的道路和窄路，是她在後來的詩節中歌唱的，直到說出：「撤去它們，心愛的！[146]」在那裏完成了靈性的訂婚。從這時起，走上結合之路，在其中，接受來自新郎的許多和崇高的通傳、探訪、禮物和珠寶，並且，這樣真的好像未婚妻，在祂的愛上，日漸熟識和完善，她開始歌唱，是從所說的詩節，在那裡完成所說的訂婚，就是說：「撤去它們，心愛的！」一直到現在開始的這個：「新娘已經進入」，到這裡，還剩下的是，完成所說的靈魂和天主聖子之間的神婚。

神婚遠非神訂婚所能相比，因為神婚是在心愛主內的一個完全神化，在這裏，雙方以某種愛之結合的極致，各委順自我的全部所有，靈魂因而成為神性的，在今生可能的範圍內，藉分享而成為天主。所以，我認為，若不是靈魂確定於恩寵中，絕不會發生此一境界，因為雙方的信德確定，天主在靈魂內的信德，也在這裏達到確定。因此，這是今生中能達到的最高境界。

因為，這樣就像在完婚時，二人成為一體，如聖經所說的（創二24），同樣，完成天主和靈魂間的神婚時，雙方的本性成為一個神與愛，按照聖保祿說的，他舉出這相同的比喻，說：「那與主結合的，便是與祂成為一神。」（格前六17）這樣真的好像，當星光或燭光和太陽光結合時，那時散發的光，不是星光，也不是燭光，而是太陽光，其他的光都被吸收，成為太陽光。

4. 新郎在本詩句談及這個境界，說：「新娘已經進入」；就是說，所有屬現世的和所有屬本性的，及所有靈性的情感、模式和形態，全都斷絕，而且遺忘所有的誘惑、擾亂、

145. 第 5 詩節。
146. 第 13 詩節。

痛苦、掛心和憂慮，在此崇高的擁抱中被神化。

因此，下一詩句繼續如下，亦即：

殷切渴慕的怡心花園，

5.這好似說，她已在天主內神化，這裏稱為「**怡心花園**」，由於靈魂在祂內找到甜美和歡愉的處所。沒有先經過神訂婚，以及訂婚者雙方忠誠和共同的愛情，不會達到充滿神化的這個「**花園**」，這就是神婚的歡樂、愉悅和光榮。因為，當靈魂已成為天主聖子的新娘，在完整和溫柔的愛中，度過一些時日後，天主召叫她，把她安置在其繁花盛開的花園，為了完成和祂結婚的這個最喜樂的境界，於此境界中，完成於兩個本性之間的結合，以及神性與人之間的交往是這樣的，即使兩者都沒有改變其存有，雙方都顯示出如同天主。雖然在今生，這結合不能是完美的；雖然是超乎所有能說和想的。

6.在《雅歌》中，新郎清楚地說明這事，在那裏，邀請已是新娘的靈魂，來到這個境界，說：「*Veni in hortum meum, soror mea, sponsa; messui myrrham meam cum aromatibus meis.*」（歌五1）就是說：「**我的妹妹，我的新娘！我進入我的花園，採了我的沒藥和香草。**」稱她為「**妹妹和新娘**」，因為在祂召叫靈魂進入神婚的境界前，在愛和順從中，靈魂已經委身於祂，在神婚的境界裏，這裡說，祂已採了祂芬芳的「**沒藥和香草**」，這就是花朵的果實已經成熟，為靈魂預備好了，這些（果實）是，在此境界中，天主通傳給她的歡愉和崇偉，這是，祂在自己內通傳給她的。

為此，祂對靈魂是一座「**怡心和殷切渴慕的花園**」。因為，靈魂的全部渴望和目的，及天主對於靈魂的所有工作，其渴望和目的，都是達到這個境界的團圓和成全；除非達到祂，靈魂絕不休息；因為，在此境界中，她找到了更多天主的豐盛和滿盈，更安全和安穩的平安，更完美的溫柔，是在神訂婚中不能比擬的；這樣真的好像已被安置在新郎的手臂裏，因此，靈魂通常覺得擁有心靈的親密擁抱，這是個真實的擁抱，藉此擁抱，使她度著天主的生命。

因為這個靈魂應驗了聖保祿說的話：「我生活，不是我生活，而是基督在我內生活。」（迦二20）為此，在這裡，靈魂度的生命，這麼的快樂和光榮，如同是天主的生命，如果能夠，每個人想想看，她度的生命是多麼欣喜愉悅；就像天主不能感受什麼不愉快，靈魂亦然，也感受不到，不過，在靈魂的實體內，她享受和感受天主光榮的愉悅，這靈魂已在祂內神化了。為此，繼續下一個詩句：

她愉悅地憩息，
頸項斜倚

7.「頸項」，在此表示靈魂的力量，如我們說的，藉此力量，才能達到她與新郎的這個連結和結合，因為如果靈魂不是已經非常強壯，她不能忍受這麼親密的擁抱。又因為靈魂憑這個力量，勞苦工作，實踐德行，克勝毛病，因此，在得勝和辛勞過後，理當憩息，頸項斜倚

在愛人的甜蜜手臂裏。

8.「頸項斜倚在天主的甜蜜手臂裏」，就是使她的力量，或者，更好說，她的虛弱，結合於天主的力量，因為「天主的手臂」象徵天主的力量，在其中，我們的虛弱斜倚和轉化，已成為天主的力量。

因此，以頸項斜倚「在愛人的甜蜜手臂裏」，指示這個神婚的境界，是非常貼切的；因為天主已是靈魂的力量和甜蜜，在其中，她受到庇護和保護，避開所有的壞事，且享受所有的幸福。為此，新娘在《雅歌》中，渴望這個境界，對新郎說：「萬望你是我的兄弟，吮過我母親的乳房，好叫我在外邊單獨遇見你時，能親吻你，而不致受人輕視。」（歌八1）關於稱祂為「兄弟」，表示達到這個境界之前，在愛的訂婚時期，兩者間是同等的。

至於說，「吮過我母親的乳房」，她想要說的是：祢清除和熄滅我內的欲望和情緒，這些是我們肉身上，厄娃母親的乳房和乳，它們是達到這個神婚境界的障礙。所以，完成這事以後，「好叫我在外邊單獨遇見你」，這就是，使我在萬物和我自身之外，處於心靈的獨居和赤裸中，所說的欲望已經清除，這些[147]也會隨之而來。而在那裡，「單獨親吻單獨的你」，亦即，我的本性已是單獨的，也擺脫了所有現世、本性和心靈的不純潔，好能單獨地和祢結合，和祢的本性單獨地在一起，沒有其他什麼中介。只有在神婚中有這些，就是靈魂對天主的親吻，在這裏，既不會受輕視，也沒有人對她無禮；因為在這個境界中，肉身、世俗、魔鬼、欲望都不能妨礙她。因為，在這裏，也完成了《雅歌》中所說的話：「現在嚴冬已過，時雨止息，且已過去，田間的花卉已露。」（歌二11－12）。

147. 這些：就是指心靈的獨居和赤裸。

第二十三詩節

引言

1. 在這個崇高的神婚境界裏，新郎極容易和頻繁地，向靈魂揭露祂的奧妙祕密，有如對待祂的忠實淨配，因為真實和完全的愛，不會對所愛的人隱瞞什麼。祂通傳給靈魂的，最主要的是祂降生的甜蜜奧跡，和救贖人類的模式和方法，這是天主的最崇高化工之一；所以，對靈魂是最歡愉的。因此，雖然通傳給她許多其他的奧祕，只有新郎在下列詩節中提及的降生奧跡，是所有的奧祕中最主要的。這樣，祂對靈魂說：

在蘋果樹下，
我在那裏聘娶妳，
將我的手給妳，
在妳母親毀壞的那裏，
重新恢復妳。

註解

2.本詩節中，新郎對靈魂解釋，關於救贖她和聘娶她的美妙方法和計畫，祂是用人的本性被毀壞和墮落的同一方式，並且說，由於在樂園中的生命樹，人的本性因亞當而墮落和被毀壞，同樣，在十字架的樹上，她被救贖，也被回復，經由祂的死亡和苦難，在那裡，賜給她寵惠和仁慈的手，使天主和人之間會有的原罪之戰休止。因此，祂說：

在蘋果樹下，

3.這就是，在十字架樹的寵惠下，在這裡以「蘋果樹」來表示，天主聖子在那裏贖回人類的本性，然後親自和贖回的人訂親，之後和每個靈魂完婚，賜給她恩寵和信物，為了在十字架上的神婚。所以，祂說：

我在那裏聘娶妳，
將我的手給妳，

4.這就是，我施惠和幫助的手，提拔妳從卑微的處境，成為我的伴侶和淨配。

在妳母親毀壞的那裏，
重新恢復妳。

5.因為「妳母親」，即人的本性，因妳的原祖父母在樹下已遭「毀壞」，所以，妳也該在那裡，在十字架樹下得到「恢復」；這樣，如果妳母親在樹下給妳死亡，我在十字架樹下給妳生命。以這個方式，天主揭露祂上智的命令和安排；祂這麼睿智又漂亮地，知道如何從惡中取善，使惡的起因成為更大的善。

本詩節中，新郎所詠唱的，就是在《雅歌》中，新郎逐字對新娘說的：「*Sub arbore malo suscitavi te; ibi corrupta est mater tua, ibi violata est genitrix tua.*」就是說：「在蘋果樹下，我生養了妳；在那裏，妳的母親被朽化，在那裏，生產妳的母親被毀壞。」（歌八5）

6. 在十字架上完成的這個結婚，不是現在我們要說的。因為那是一次就完成的結婚，當天主賜給靈魂第一個恩寵時，就是在領洗時賜給每個人的。但是這個神婚是經由成全之路，除非很慢地逐步邁向目的，否則不會獲致，這個，雖然全都是結婚，其不同在於，一個是憑靈魂的腳步，逐漸達到的；另一個則憑天主的腳步，所以，立即就達到。

因為我們論及的這個神婚，天主藉厄則克耳表示，對靈魂這樣說：「在妳誕生之日，因為妳的靈魂惹人討厭，就把妳拋棄在田野間。我從妳身旁經過時，見妳輾轉在血汙中，就向妳說：妳在血中生活吧！生長有如田野間的花草。妳逐漸發育長大，到了青春年華，妳的乳房碩壯，頭髮蔓長，但還是赤身裸體。我又經過妳身旁時，看見了妳，見妳的時期，即懷春期到了，我就向妳展開我的衣襟，遮蓋了妳的裸體，也向妳發了誓，立了約——吾主上主的斷語——妳遂成為我的，我用水洗淨了妳，滌除了妳身上的血污；又用香膏傅抹了妳，給妳穿上錦繡的衣服，穿上海狗皮鞋，蒙上細麻頭巾，披上綢緞，以後又用珠寶裝飾妳，給妳的腕上帶上鐲子，頸上掛上項鏈，鼻子套上環子，耳朵掛上金環，頭上戴上花冠。金銀作妳的點綴，細麻、綢緞和錦繡作妳的衣服；細麵、蜂蜜和油作妳的飲食。妳實在美麗絕倫，堪登后位。因妳的美麗，妳的名聲傳遍了萬國。」（則十六5-14）以上是厄則克耳的話。像這個樣子，就是我們所說的靈魂。

第二十四詩節

引言

1. 然而，在新娘和心愛主的這個愉悅委順之後，隨之而來的是雙方的床，在那裏，新娘更穩定地享受所說的新郎的歡愉。所以，下一詩節說及祂和她的「床」，這床是神性的，純潔和貞潔的，在其上，靈魂是神性的，純潔和貞潔的。因為這「床」，無非是她的新郎、聖言、天主聖子，正如立刻要說的，藉著所說的愛的結合，靈魂在其上偎依著祂。她稱這「床」為「花開濃」的，因為她的新郎不僅繁花盛開，而且，如祂在《雅歌》中親自說的，是「田野的花朵和谷中的百合」。（歌二1）這樣，靈魂不只倚靠在此繁花錦床上，而且是倚在花朵上，這就是天主聖子，在祂身內具有神性的氣味、芳香、恩寵和美麗，正如祂也藉達味說這話：「田野的美麗和我同在。」（詠四九11）為此，靈魂歌唱她的「錦床」具有的特性和恩寵，說：

我倆錦床花開濃，
連鎖獅穴環繞中，
張懸紫紅帳，

建基祥和平安，
榮戴千盾金冠。

註解

2. 前二段詩節中[148]，靈魂新娘歌唱她心愛主、天主聖子的恩寵和崇偉。本詩節中，不僅繼續歌唱這事，而且也歌唱她看到自己被安置的快樂和高境，及其中的安全。

第三詩句，是歌唱恩寵和德行的豐盈，她看見，在她新郎的洞房[149]內，自己如此地被賦予和裝扮；因為，她說，她已經和天主結合，要在剛毅中保有德行。

第四詩句，她已擁有成全的愛。

第五詩句，她擁有充分的心靈平安，而且全都被恩賜和德行致富和美化，如同今生可能擁有及享受的，註解詩句時，將會加以說明。

那麼，她首先歌唱和心愛主結合時的歡愉，說：

我倆錦床花開濃，

3. 我們已經說過，靈魂的這個「床」是新郎、天主聖子，對於靈魂，祂就是「花開濃」；因為，靈魂已經和祂結合，偎依著祂，成為祂的新娘，通傳給她的是心愛主的胸懷和愛，這些是天主的智慧、祕密、恩寵、德行和恩賜，要通傳給她的，擁有這些，使得靈魂這麼美麗和豐盈，並且充滿愉悅，致使她彷彿在繽紛又溫柔的神性花朵的床上，其接觸令人歡愉，

148. 前兩段詩節，其實指的是《靈歌B》的 14&15 詩節：「我的愛人是綿綿的崇山峻嶺……。」參閱 18．3 的註解。
149. 洞房：原文 *tálamo*，直譯的意思是，新婚夫婦的床。

其芳香令人舒暢。為此，她稱這個與天主愛的結合為「錦床花開濃」，是非常適當的，因為，新娘這麼稱呼它，她在《雅歌》中對心愛主說：「*Lectulus noster floridus*[150]。」就是說：「我倆錦床花開濃」。（歌一15）

她稱之為「我倆」，因為同一的德行和同一的愛，就是說，心愛主的德行和愛，已是雙方共有的，也是雙方共有的歡愉，按照聖神在《箴言》中說的話：「我的歡愉是和人子同在。[151]」（箴八31）她還稱之為「花開濃」，因為在此境界，靈魂的德行已經是成全和英豪的。不過，這事要等到在和天主完美的結合中，「錦床花開濃」之後，才會是這樣。

所以，她隨即在下一詩行歌唱第二個特性：

連鎖獅穴環繞中，

4.「獅穴」意指，在與天主結合的這個境界中，她所擁有的德行。理由是，因為「獅穴」非常安全，受到保護，不被其他所有的動物侵擾；因為，害怕洞內獅子的勇猛和威武，不僅不敢進入，甚至不敢逗留在附近。這樣，每一個德行，當靈魂成全地擁有時，有如她的一個「獅穴」，新郎基督居住和臨現其中，和靈魂結合於那個德行，及其他的每一個德行內，有如勇獅。而且，靈魂在這些相同的德行中和天主結合，她也相似勇獅，因為在那裡得到天主的特性。

這樣，在此情況中，靈魂備受保護，且在每一個，也在所有連合一起的德行上，堅強有力，斜倚在與天主結合的這個「繁花錦床」上，魔鬼不僅不敢襲擊像這樣的靈魂，甚至不敢出現在她面前，因為魔鬼害怕極了，看到她這麼受舉揚、充滿活力和英勇，在心愛主

150. 思高：「我們的床榻，是青綠的草地。」（歌一16）
151. 思高：「我樂與世人共處。」

的錦床上，滿被成全的德行；因為，她在結合的神化中與天主結合了，魔鬼懼怕靈魂，如同懼怕天主，牠們甚至不敢注視她。魔鬼非常懼怕成全的靈魂。

5.她還說，這些德行「穴」洞的床是「連鎖」的，因為在像這樣的境界中，德行是連鎖的，而且彼此互相結合又堅定，連結於靈魂的一個完美的全德，互相支持，沒有敞開或虛弱的部分，不僅魔鬼無法進入，甚至也沒有什麼世物，無論是崇高或卑微，都不能使之擾亂、騷擾，甚或移動；因為，她已從本性情緒的所有騷擾中，得到自由，並且避開和擺脫現世憂慮的折磨和多樣性，如同在這裡的她，在安全和寧靜中，她愉悅地分享天主。

這正是新娘在《雅歌》中所渴望的，她說：「誰能把你給我作我的兄弟，吮過我母親的乳房，好叫我在外邊單獨遇見你時，能親吻你，而不致受人輕視？」（歌八1）這個「親吻」是我們說的結合，藉著愛，靈魂和天主同等。為此，她渴望說的是：誰能把心愛主給她，作她的兄弟，這表示同等，和成為同等；「吮過她母親的乳房」，即毀滅所有本性的不成全和欲望，這些是從她的母親厄娃來的；「好叫她在外面單獨遇見他」，在萬物之外，單獨和祂合一，擺脫對所有這些的意願和欲望；這樣，「不受人輕視」，就是說，世俗、肉身和魔鬼都不敢輕視她；因為，這靈魂已經從萬物中得到釋放和淨化，並且與天主結合，什麼也不能激怒她。因此，靈魂在此境界，已經享有恆常的溫柔和寧靜，從來不會失落或缺乏。

6.然而，除了這個恆常的滿足和平安之外，我們說的這個「花園」裏的德行花朵，總是像這樣的常在靈魂內綻放，散發芬芳的花香，使靈魂彷彿充滿天主的歡愉，而實在是這樣。

我說，在靈魂內，常常綻放德行的花朵，因為，雖然靈魂在成全中充滿德行，靈魂並非經常實際地享受它們；雖然，如我說的，她恆常享受從中而來的平安和寧靜，因為，我們能說，在今生中，它們彷彿含苞待放的花朵，關閉在花園裡，有時，這是很美妙的事，看見聖神使之全部開放，散發變化萬千的美妙香味和芬芳。

因為，會發生這事，靈魂在她內看到，（我們前面所說的）「綿綿的崇山峻嶺」中的花朵，這是天主的富裕、崇偉和美麗，中間雜著「森林幽谷」的百合，表示休息、舒暢和受保護；接著是，在其中放置「奇異奧妙海島」的芳香玫瑰，我們說這是天主奇異奧妙的知識，還有，「淙淙迴響江河」的百合芳香也會襲擊她，我們說，這是天主的崇偉，注滿所有的靈魂；在那裡，也交織和編結著茉莉花的幽香，來自「撩情的微風呼嘯」，我們也說過，這是靈魂在此境界所享受的；正是如此，還有其他我們說的所有的德行和恩賜：「寧靜的認識、默默無聲的音樂、萬籟交響的獨居、深情舒暢的晚宴」。就是像這樣，靈魂有時享有和感受這些結合一起的花朵，使她真真實實地能說：「我倆錦床花開濃，連鎖獅穴環繞中。」今生，有時堪享這些神性花朵之芳香的靈魂，是有福的！

她也說這錦床是

張懸紫紅帳，

7.聖經中，紫紅意指愛德，是君王穿著和使用的顏色。靈魂說，這「錦床花開濃」是「張懸紫紅帳」的，因為，只有在愛德和愛天上的君王中，所有的德行、豐盈和幸福才會得到支持，繁花盛開，並得以享受，沒有像這樣的愛情，靈魂不能享受繁花盛開的這個錦床。

這樣，所有在靈魂內的這些德行，彷彿張懸起來的天主之愛，有如懸在一個主體內，且被妥善地保存於其中，彷彿沐浴在愛內，因為全部和每一個德行，都經常激發靈魂熱愛天主，且在一切事上，在所有的事情和工作中，都以愛推動她更愛天主。

這就是「張懸紫紅帳」。這事在神聖《雅歌》中，說得更清楚；因為在那裏說，這臥榻或錦床，是撒羅滿以「黎巴嫩的木頭」為他自己製造的，還有「銀的圓柱，金的臥榻，和張懸的紫紅帳」，並且說，他以愛德整頓一切。（歌三9－10）因為，天主放在靈魂錦床上的，這些德行和恩賜，以黎巴嫩的木頭和銀柱來象徵，也有其愛的臥榻和靠背，這是金的。因為，如我們說過的，在愛內，德行得以穩固和維持；所有的德行和恩賜，藉著天主和靈魂雙方的愛德，全被整頓和修練，如我剛才說過的。

又說，這個錦床也是

建基祥和平安，

8.她在此列舉錦床的第四個優點，這緣於剛才說的第三個；因為第三個是成全的愛（也來自成全的愛），其特性是「驅逐一切的恐懼」，如聖若望說的（若壹四18），從中生出靈魂的完美平安，此乃這個「錦床」的第四個特性，如我們說的。

為了更明瞭此事，應該知道，每一個德行本身是平安、溫和、堅強的，靈魂因此擁有這三個效果，亦即：平安、溫和、剛毅。又因為這錦床是「花開濃」的，是以德行的花朵裝飾成的，所有的德行是平安、溫和、堅強的，在這裡就是「建基祥和平安」，所以這靈魂是平安、溫和、堅強的，就是這三個特點，沒有戰事能對之爆發，既非世俗，也非魔鬼，也非肉身。擁有這些德行的靈魂，這麼的平安和安全，她彷彿整個地「建基於祥和平安」中。她說這個繁花錦床的第五個特性，除了已經述說的，還有

榮戴千盾金冠。

9.在這裡，這些「盾牌」是靈魂的德行和恩賜，雖然，如我們說的，這些是這錦床的花朵，等等，它們也被視為花冠和獎賞，是她的辛勞努力獲得的。不僅如此，而且還可防禦，有如堅強的盾牌，以修德克勝惡習。為此，新娘的這個「繁花錦床」，是德行的花冠和防禦，以之為花冠，有如她的報酬，有如盾牌，受其保護。

她說是「金的」，為指出德行的大價值。《雅歌》中，新娘用別的話說同樣的事：「看撒羅滿的錦床，有六十勇士環繞，全是以色列的精旅，個個手持利刃，善於作戰，腰間各佩刀劍，以防夜襲。」（歌三7－8）

她又說是一「千」個，為指出德行、恩寵和恩賜的大量，天主將之賜予在此境界的靈魂。也是為了表示新娘德行的無以數計，《雅歌》中使用相同的話語，說：「妳的頸項宛如達味寶塔，建築如堡壘，懸有上千的盾牌，都是武士的利器。」（歌四4）

第二十五詩節

引言

1. 達到這成全境況的靈魂，並不滿足於稱揚和讚美她的心愛主、天主聖子，也不以歌唱和稱謝祂的恩惠，及享受在祂內的歡愉為滿足；她也說及那賜給其他靈魂的[152]；因為，在這個愛的幸福結合中，兩者她都知道。因此，為了賜予其他靈魂所說的恩惠，她讚美和稱揚天主，說出下列詩節：

追隨祢的行蹤，
眾少女沿途飛奔；
火星的觸動，
香醇的美酒，
流溢神性的香油。

152. 緊接著解釋和強調愛之結合的教會向度。

註解

2.本詩節中，新娘讚美心愛主，係因虔敬的靈魂接受天主的三個恩惠，這些恩惠使她們更加活力充沛，提拔她們進入天主的愛內；這些事，由於她在這個境界已有所經驗，她在此述說這些恩惠。

第一，她說，是祂親自賜給她們的溫柔，這是很有效益的，使她們非常快速地行走全德之路。

第二，是一種愛的探訪，使之突然在愛內燃燒起來。

第三，是灌注在她們內的豐富愛德，藉此，這樣地把她們灌醉，使她們的心靈高舉，這樣，懷有這個陶醉，就像懷有愛的探訪那樣，把讚美和愛的歡愉感情呈送給天主。所以，她說：

追隨祢的行蹤，

3.「行蹤」，就是旅行者的蹤跡，藉此，人能跟蹤和尋找留下蹤跡的人。天主親自把溫柔和知識，賜給追尋祂的靈魂，這就是蹤跡和行蹤，她藉此才得以認識和尋找天主。不過，靈魂在這裡對她的新郎聖言說：「追隨祢的行蹤」，這就是，追隨祢的溫柔痕跡，是祢刻印和灌注在她們內的，也追隨從祢流溢的芳香，

眾少女沿途飛奔；

4.這就是，虔敬的靈魂們，以得自祢溫柔行蹤的青春活力，她們「飛奔」，這就是，以許多方式，奔跑在許多的地方，這要說的是，每個人在她的地方，且以天主賜給她的方式，按其心靈和所達到的境界，以許多不同的靈性修練和善工奔跑，奔向永生的道路，這是福音的全德，當心靈剝除了萬物之後，在愛的結合中，她們與天主相遇。

天主親自留在靈魂內的溫柔和蹤跡，使她極為輕快，奔跑追隨祂；因為在那時，為了行走在這道路上，靈魂部分的工作非常少，或什麼也沒有；更好說，她被天主的這個神性的行蹤推動和吸引，不只走出去，甚至以許多方式沿途奔跑，如我們已說過的。為此，新娘在《雅歌》中，向新郎請求這個神性的吸引說：「*Trahe me; post te curremus in odorem unguentorum tuorum.*」這就是：「願祢吸引我追隨祢，我們都朝著祢香膏的芬芳奔跑。」當祂賜予這個神性的芳香後，她說：「*In odorem unguentorum tuorum currimus, adolescentulae dilexerunt te nimis.*」，就是說：「我們奔跑在祢芬芳的香氣裏；眾少女都極愛慕祢。」（歌一3）達味也說：「我必奔赴祢誡命的道路，因為祢使我的心靈舒暢。」（詠一一八32）

火星的觸動，
香醇的美酒，
流溢神性的香油。

5.在前二行詩句中，我們已經解釋，「追隨祢的行蹤」，靈魂以外在的修練和善工，「沿途飛奔」，而現在這三行詩句中，靈魂說明，這些靈魂以意志做的內在修行，她們被推動，是因著其他兩個恩惠和內在的探訪，這是心愛主賜給她們的，她稱這些為「火星的觸動」

和「**香醇的美酒**」；至於意志的內在修行，係這二種探訪的結果和起因，稱之為「**流溢神性的香油**」。

至於第一句，要知道，這裡說的這個「**火星的觸動**」，是一個最微妙的觸動，是心愛主有時在靈魂內造成的，甚至是當她最不留意的時候，使她的心在愛火內焚燒，就是像火中的一道火星，從中躍出，熾烈燃燒她；那時以極度的快速，如同人突然想起，懷著愛的愉悅，意志被灼燃於對天主的愛、渴望、讚美、感激、崇敬、敬愛、祈禱中；她稱這些事為「**流溢神性的香油**」，這是對應「**火星的觸動**」，來自迸射出火星的神性之愛，這就是「**神性的香油**」，以其芳香和實體安慰並醫治靈魂。

6. 關於這個神性的觸動，新娘在《雅歌》中這樣說：「*Dilectus meus misit manum suam per foramen, et venter meus intremuit ad tactum eius.*」（歌五4），就是說：「**我的愛人從門孔中伸進手來，我的腹部因祂的觸動而震顫。**」

心愛主的「**觸動**」，是愛的觸動，是我們這裡說的，祂在靈魂內導致的。這「**手**」就是在其中賜予靈魂的恩惠。這手伸進來的「**方式**」，是靈魂擁有的成全之形態、模式和等級，因為這觸動通常或多或少，或以這種或那種的靈性特質，相稱於成全的模式。她所說的「**她腹部**」的震顫，就是意志，在其中產生所說的觸動。這個震顫提升她的欲望和情感歸向天主，使之渴望、愛和讚美天主，及我們說的一切[153]，這就是「**流溢香油**」，是從這個觸動溢出的，按照我們所說的。

香醇的美酒

153. 參閱前一節所說的。

7.這個「香醇的美酒」，是另一種非常大的恩惠，天主有時賜給勤勉的靈魂，祂以溫柔、愉悅和剛毅的愛情美酒，在聖神內使她們酩酊而醉，為此，她稱之為「香醇的美酒」。因為，這樣就像醇酒，是以許多和各種芳香又濃烈的香料調製和發酵的，同樣，天主賜給已是成全者的這個愛，在她們的靈魂內發酵和穩定，以靈魂已獲得的香料來調製；這酒調和珍貴的香料調製，在天主的探訪中，這酒給予靈魂的溫柔神醉，這麼強烈和豐沛，極其有效和猛烈，使靈魂呈送給天主，那些「流溢」或湧出的讚美、愛和崇敬等等，即我們這裡說的，且是懷著美妙的渴望為祂而做和受苦。

8.要知道，這溫柔神醉的恩惠，不會如「火星」般立刻消逝，因為更具持久性。火星一觸即逝，儘管其效果拖長好一會兒，有時更久一些；然而，這「香醇美酒」的本身，通常會持續，而其效果——亦即，如我說的，在靈魂內的溫柔之愛——則持續相當長的時間，有時是一天或二天；有時，是相當多天，雖然不是經常以相同的強度，因為其減輕或增強不是靈魂能左右的。因為有時候，靈魂方面什麼都沒有做，在至深的實體中，她感覺其心靈的溫柔神醉及這個神性美酒的燃燒。按照達味說的話，他說：「**我的心在我內滾滾沸騰，我愈沉思，愈覺得烈火如焚。**」（詠卅八4）

這個愛之神醉的「流溢」，其延長的時間，有時和神醉本身相同；因為，有時，雖然靈魂內有神醉，卻沒有所說的這些流溢，若有流溢，其強或弱相稱於神醉的強烈程度。不過，這流溢或火星的效果，通常比火星本身持續久些，事實上，火星在靈魂內留下這些流溢，比從神醉而來的流溢更為強烈，因為有時，這個神性的火星使靈魂著火，使之熾烈燃燒，充滿愛情。

9.因為，我們已經說及發酵的酒，那麼，這是很好的，在這裡稍加注意，各種發酵酒的不同，所謂的陳年老酒和新酒，與老愛人和新愛人，其間的差別是一樣的，這對於教導神修人會有一點幫助[154]。

關於新酒，其殘渣尚未化解，也不穩定，所以，仍處在發酵的過程，我們不能獲知這酒的良質和價值，要等到停止冒泡，殘渣完全化解後才能知道，因為未到那時，這酒仍有變質的危險；其味道粗澀又難喝，喝多了會傷身；殘渣中含有強烈的酒力。

至於陳年老酒，殘渣已經化解，也穩定了，所以不會如同新酒般的冒泡；現在這酒的良好品質顯然可見，也沒有變質的危險，因為那能使酒變壞的發酵和冒泡現已停止。這樣，已徹底發酵的美酒，幾乎不會變質失味或變壞；它具有可口美味的芳香，其強烈的酒力在實體內，已不在味道上了；所以，飲用此酒，使人健康，且身強體壯。

10.新愛人好比新酒。這些人是事奉天主的初學者，因為，取得愛之美酒的熱心大多是從外而來的，就是從感官，因為虛弱和不成全的感官的殘渣尚未化解，且在感官的美味中取得愛的力量，因為對於這些人，感官的美味通常給予完成工作的力量，由於它們而被推動。所以，那些粗淺的感官熱心和享受沒有結束之前，不該信任這個愛。因為，這樣就像這些感官的熱心和熱情，能使他們傾向良好和成全的愛，做為很好的抵達方法，使其不成全的殘渣徹底化解，同樣，在這些初學時期和享受新風味上，也會很容易缺乏愛的美酒，和失去新的熱情和美味。新愛人經常帶著感性之愛的焦慮和疲累，關於這事，他們飲酒要適度，因為，如果由於酒的強勁而大量工作，本性必會受到毀損。這些愛的焦慮和疲累，就是新酒的風味，我們說，還在發酵之中，就是當這些愛的焦慮還沒有結束時，是難喝、粗澀和

154. 比照新愛人衝動的熱情和老愛人節制的寧靜。恆心堅持猶勝過衝動。後來會在《靈歌》28．5表明相同的觀點。不過，30．4也認為年輕是更好的。

不可口的，如我們就要說明的。

11.在《德訓篇》中，智者做相同的比喻，說：「**新友有如新酒；若成了陳酒，你才喜歡痛飲。**」（德九15）

因此，老愛人，就是修行有素，且在服事新郎上受過考驗的人，有如陳年醇酒，殘渣都已發酵，沒有那些感性的泡沫，也沒有那外在沸騰的強勁和熱火，再者，他們享受愛情美酒的柔和，此酒已徹底發酵，這已不在於感官的風味，如同新愛人的愛，而是深入靈魂的內裡，建立在心靈的實體和美味，及真實的善工上。而且，像這樣的人，既不願執著這些感官的美味和熱情，也不願享受它們，以免陷於乏味和疲累；因為凡受欲望支配，尋求某些感官享受的人，必會在感官和心靈上遭受痛苦和乏味。

因此，由於這些老愛人已沒有根源於感官的心靈溫情，在感官和心靈上，已經不會造成焦慮和痛苦。所以，要是這些老朋友辜負天主，這會是個奇事，因為他們已經超乎一切，不再辜負天主，這就是，超越感性之上，他們擁有的愛情美酒，不僅已經發酵和淨除殘渣，甚至是「**香醇**」的，如詩中所說，以我們說的成全德行的香料調製，使之不會像新酒那樣變壞。

為此，在天主面前，老朋友更受敬重，所以，關於老友，《德訓篇》上說：「**不要離棄舊友，因為新知不如故交。**」（德九14）那麼，在靈魂內，這愛情的美酒已是確實和香醇的，神性的愛人導致我們說的神醉，藉此力量，靈魂呈送給天主，這些甜蜜和甘美的流溢。

因此，所說的這三行詩句的意義如下：祢以「**火星的觸動**」，喚醒我的靈魂，又以「**香醇的美酒**」，使她深情地沉醉，她把流溢的愛情行動和動作呈送給祢，這愛是祢在她內造成的。

第二十六詩節

引言

1.那麼，我們多麼明白！幸福的靈魂在這個「濃花錦床」，經歷了所有這些說過的和更多的事，在其中擁有新郎、天主聖子，做為靠背，以這位新郎的愛德和愛，做為覆蓋和懸帳。這樣，她確實能說新娘的話，說：「祂的左手在我的頭下。」（歌二6）為此，真的能說，這個靈魂在這裏穿上了天主，也沐浴在神性內；不是好像在表面上，而是在她心靈的內部，滿溢著神性的歡愉，滿盈生命的靈水，她體驗到達味所說的話，論及像這樣達到天主的人，這就是：「他們沉醉於祢宮殿的盛筵，祢還賜給他們暢飲祢歡愉的洪流；因為在祢那裏有生命的源泉[155]。」（詠卅五9–10）那麼，在靈魂的存有裡，她是多麼的飽足，因為給她暢飲的無非是「歡愉的洪流」！此洪流是聖神，因為，如聖若望說的，祂是「生命之水的光輝水流，從天主的寶座和羔羊那裏湧出[156]。」（默廿二1）這水，是天主的親密之愛，親密地湧入靈魂，使她暢飲這個愛的洪流，這個，如我們說的，是她新郎的聖神，在這個結合中傾注給她的；為此，懷著至極豐盈的愛，她歌唱本詩節：

155. 思高：「他們不但飽嘗祢宮殿中的盛筵，祢還賜他們暢飲祢怡人的溪川；因為在祢那裏有生命的泉源。」
156. 思高：「一條生命之水的河流，光亮有如水晶，從天主和羔羊的寶座那裏湧出。」

酒室深深處，
暢飲我心愛的主，
出來時，經過遍地山谷，
不復知曉任何事，
昔日追隨的羊群也消逝。

註解

2. 本詩節中，靈魂敘述至高的恩惠，天主之賜予她，是使靈魂收斂於祂愛的深處，就是在天主內，愛的結合或神化[157]，並說從中獲得的兩個效果：就是忘記和遠離所有的世物，及克制她的所有欲望和滿足（*gustos*）。

酒室深深處

3. 為了說點有關這個「酒室」的事，解釋這裡想要說的，或靈魂所要指出的，必須仰賴聖神引導我的手，帶動我的筆。靈魂在此說的這個「酒室」是最終和最親密的愛之等級，靈魂在今生能達到的處所；為此，稱之為「酒室深深處」，就是最內在之處。由此可知，還有不是這麼內在的其他地方，這些是愛的等級，經由它們，可以上升直到這個最終的等級。

我們能說，這些等級或愛的酒室有七級，當靈魂完美地擁有聖神七恩時，這七個等級也會被完全擁有，這是按照靈魂的接納能力。這樣，當靈魂達到完美地擁有敬畏的神恩，她

157. 從第 22 詩節以後，綜合敘述所有包含在第三階段的事，而對這個境界的直接描述是在 26 至 30 詩節。26 和 27 詩節，談及心愛主的禮物相稱於新娘的自我委順。第 28 和 29 詩節，更進一步地說明愛的委順：愛是個人的至高滿全（28），愛是服事教會的至高形式（29）。第 30 詩節，說及新郎和新娘共同工作，合而為一。

也完美地擁有愛的神恩，由於這個敬畏，亦即七恩中的最終神恩，子女般的敬畏，而兒子的完美敬畏，來自完美的父愛；為此，當聖經要稱呼一個在愛德上成全的人時，稱他是敬畏天主的人。因此，依撒意亞預言基督的成全說：「*Replebit eum spiritus timoris Domini.*」（依十一3），就是說：「祂將充滿敬畏天主之神。」聖路加也稱聖西默盎充滿敬畏，說：「*Erat vir iustus et timoratus.*」。（路二25）對其他許多人也是這樣。

4.要知道，有許多靈魂抵達並進入最初的酒室，每個人按所擁有的愛之成全；但在今世中，很少人抵達這個最終和最內之處；因為在其中，已達到和天主的完美結合，這稱為神婚，是靈魂在這個地方要述說的。在親密的結合中，天主所通傳給靈魂的，完全超乎言詞，人不能說什麼，正如關於天主，沒有人能說有什麼是像祂的；因為正是天主，祂以神妙的光榮親自通傳，神化靈魂成為祂自己，使雙方合一，如同我們現在要說的，窗子和陽光的結合，或炭和火的結合，或星光和陽光的結合，但不是這麼的實質和完美，如同在來世那樣。

所以，為了說明在那個結合的酒室，靈魂從天主所得到的，她沒有說別的事，我也不認為，她能說什麼更貼切的，來說明一些有關的事，除了說出下一詩句：

暢飲我心愛的主，

5.因為，這就像暢飲會擴散和流入全身的肢體和血管，同樣，這個天主的通傳實體地擴散，達及整個靈魂，或者，更好說，靈魂在天主內神化，按照那個神化，靈魂暢飲她的天主，按照她的實體，也按照她心靈的官能。因為，按照理智，她暢飲智慧和知識；按照意志，

158. 關於這些結合的經驗，請參閱：《攀登加爾默羅山》2・5・2；2・11・1；2・24・4—5；2・26・5—6；《黑夜》2・17・6；2・23・11；《愛的活焰》3・68—69；

暢飲最溫柔的愛；按照記憶，在光榮的回憶和感情中，她暢飲舒暢和歡愉[158]。

關於第一點，靈魂實體地領受和暢飲歡愉，在《雅歌》中，新娘提及這事，這樣說：「*Anima mea liquefacta est, ut sponsus locutus est.*」（歌五6）這就是：「**新郎一開口發言，我的靈魂立即熔化。**」此新郎的開口發言，就是這裡的天主通傳自己給靈魂。

6.至於理智暢飲智慧，在同一經書中，新娘說，在那裡，她渴望得到這個結合的親吻，並向新郎請求，說：「**在那裏，祢會教導我**」（這就是，在愛內的智慧和知識），而「**我將給祢一飲香醇的美酒**」（就是說，我的愛調和著祢的愛；這就是，在祢的愛內神化）。（歌八2）

7.至於第三點，這就是意志在那裡暢飲愛情，在所說的《雅歌》這部書中，新娘也說這事，她說：「**祂引我進入隱密的酒室，整頓我內的愛情。**」（歌二4）這等於是說，當我深入祂的愛內，祂給我暢飲愛，或者更清楚地，正確地說：祂在我內秩序井然地安置祂的愛德，配合且適合天主本身對我的愛德；這樣就是靈魂暢飲她心愛主的愛，是她的心愛主傾注給她的。

8.這裡要知道，關於有些人說，意志不能愛，除非理智先理解，這應該以本性的方式理解；因為，沒有先理解所愛的，經由本性是不可能愛的，但經由超性，天主完全能夠傾注愛，和增加愛，而沒有傾注或增加個別的認識，如在所說的經文中所指明的。

這是許多神修人士的經驗，這些人往往覺察在天主的愛內燃燒，卻沒有得到比先前更多的個別認識；因為能理解少，而愛多，或理解多，而愛少。其實，一般說來，那些神修人，對於天主並沒有更進一步的理解，往往在意志上卻大有進境，而且對理智的知識，所灌注的信德就已足夠了，藉此信德，天主在他們內灌注愛德，使愛德及其行動增強，這就是更大的愛，雖然，他們的認識並無增加，如我們說的。這樣，意志能暢飲愛，理智卻沒有暢飲認識；雖然在我們說的例子中，靈魂說她暢飲她的心愛主，只要是在此「酒室深深處」的結合中，按照靈魂的三個官能，如我們說過的，全都一起暢飲。

9.至於第四點，就是以記憶在那裡暢飲她的心愛主，顯然，在回想和心愛主的結合中，她所擁有和享受的幸福時，記憶接受理智之光的光照。

10.這個神性的暢飲這麼的神化、舉揚靈魂和在天主內暢飲，致使

出來時，

11.這就是，當這個恩惠過去；因為，在天主把靈魂置於神婚之後，雖然靈魂經常處於這個崇高的神婚之境，但是，並非按照所說的那些官能，經常在實際的結合中；雖然按照靈魂的實體，是常在結合中。然而，在靈魂的這個實體的結合中，這些官能也非常頻繁地結合，並在這個酒室內暢飲，理智在理解，意志在愛，等等。

不過，當靈魂現在說：「出來時」，不是指靈魂已擁有的本質或實體的結合，這是所說的境界，而是指官能的結合，在今生中，這些不是持續的，也不能是這樣。

12.那麼，「出來時」

經過遍地山谷，

就是說，經過這整個廣大的世界。

不復知曉任何事，

13.理由是因為，在那裡暢飲的，那個天主至高智慧的飲料，使她忘掉所有的世物，靈魂覺得先前所知道的，就算是通曉世上所有的一切，和那個認識相比，是完全的無知。為了更明白這事，要知道，使靈魂對世物不知的更正式理由，當她在此處境時，是處於超性認識的啟迪中，在此情況下，世上所有的本性和政治性的知識，是無知而非知。所以，靈魂處在這個至高的認知中，她因此了悟，所有不認識那個至高認知的，都不是知，而是不知，所以其中沒有可認知的。她解釋了宗徒所說的真理，就是，**「在世人眼中視為珍貴的智慧，在天主面前原是愚妄。」**（格前三19）為此，靈魂說，她**「不復知曉任何事」**，係因暢飲了那個神性的智慧後。人不能認識以下的真理：為什麼世人和全世的智慧是完全的無知，多麼的不算是智慧，除非是以天主臨現靈魂內的這個恩惠，通傳祂的智慧，以這個愛的暢飲鼓舞她，為使她看清楚這事；按照撒羅滿指示的，他說：**「這是與天主相偕者看見和講述的神見。因天主居住在他內而得鼓舞者，他說：我是眾人中最愚蠢的，世人的智慧沒有和我同在**[159]**。」**（箴卅1－2）

理由是因為，天主崇高的超量智慧中，世人的卑微智慧是無知；因為本性的知識和天主所做的化工，面對直接認識天主時，就是如同不知，因為不知道天主，即是一無所知。因此：**「天主的高超事理，對於人是愚妄和狂妄的」**（格前二14），聖保祿也這樣說。為此，天主的智者和世界的智者，在彼此的眼中，互為愚妄，世界的智者不能領悟天主的智慧和認識，而天主的智者，對世上的知識亦然；因此，世界的智者，如我們說的，不知道天主的智慧，天主的智者對於世界的智慧亦然。

159. 思高：「瑪薩人雅刻之子阿古爾的格言，即他給依提耳、給依提耳和烏加耳的斷語：我比誰都愚蠢，沒有人的才智。」

14. 然而，除此之外，理智在天主內的神化和舉揚，在其中，靈魂彷彿著迷和沉醉在愛內，完全專注於天主，不容分心注意世界的任何事物；因為，不只所有的事物，而且連她自己，都處於遠離和滅絕中，彷彿她已轉變並堅決於愛，這在於離開自己，達到心愛主。所以，新娘在《雅歌》中，述說了在愛人內她的這個愛的神化後，指出她留守的這個不知，用這句話：「*nescivi*」（歌六11），這就是說：「我不知道」。

這樣，靈魂在這個處境中，確實好像純真之境的亞當，不知道罪惡是什麼；因為靈魂這麼純真，她不懂罪惡，也不把事物判斷成罪惡；她會聽見罪大惡極的事，又親眼目睹，卻不懂那是什麼，因為在她內沒有罪惡的習性，以之作為判斷，藉真智慧的完美習性，天主已經根除了不成全和無知的習性，其中包含罪過的惡事；所以，關於這事她也是「不復知曉任何事」。

15. 像這樣的靈魂很少干預無關的事，因為甚至連她的事也記不得。因為天主之神在祂所居住的靈魂內，有這個特性：祂立刻使她傾向不知道，也不想要知道無關的事，尤其是不帶給她益處的那些事。因為天主之神是使靈魂收斂和歸化的，是為了使她從外物中抽身，而非涉足其中，這樣，靈魂留處於一種「不知任何事」之中，是常有的境況。

16. 也不必認為，因為靈魂留守於這個「不知」中，在那裏，她會失去所擁有的那些學識[160]的習性[161]，相反的，它們因最完美的習性——就是灌注給她的超性知識的習性——而成為完美的；雖然如此，這些習性在靈魂內並不是這麼霸道，致使她必須運用它們，才得以知曉事物，雖然有時是不阻礙的[162]。因為在這個神性智慧的結合中，這些習性和其他知識的上智結合，就好像，當一個弱光和另一個強光結合時，強光佔優勢且發光，弱光沒有消失，

160. 意指靠自己的努力、能力學來的知識。
161. 習性（*hábito*）：意思是持有的狀態。
162. 這句話不是很清楚，意思是說，雖然擁有超性的習性，往往是不會造成阻礙。

反而更被成全，雖然它不是主要發光者。

我認為在天堂大概就是這樣，義人修得的知識習性，不會損毀，但是義人必不會很看重，因為他們更認識神性的智慧。

17. 不過，個別事物的認識和形式，想像的動作，及其他任何具有形式和形狀的領悟，在那個愛的專注中，完全失落，且無所知覺。

這有二個理由：第一，因為，由於在那個愛的暢飲中，實際上，靈魂正處於專注和著迷中，她不能實際地分心在其他的事上，也不能留意它們；第二，也是最主要的，因為，像那樣的在天主內神化，使她符合天主的單純與純潔，在其中，沒有形式，也沒有想像的形狀，她處於清淨、純潔中，也倒空先前擁有的所有形式與形狀，受到單純默觀的煉淨和光照。這就像太陽照耀窗戶，因為，陽光照在上面，使之明亮，也看不見先前呈現其上的所有污點和塵埃；然而，陽光過去之後，那些在她內，先前看似黑暗和污點的，會再度呈現。

可是這靈魂，那個愛之動作的效果，存留和持續多久，「**不復知曉**」也會同樣持續著，使她不能留意什麼個別的事物，除非等到那個愛之動作的效果過去，這個效果，使她在愛內燃燒和變化，在所有不是愛的一切上，滅絕她和毀滅她，這就是我們前面說的關於達味的話，亦即：「**因為我的心灼燃焚燒，我的五內已經轉變，而我被化為烏有，卻毫不知情。**」[163]（詠七三21–22）因為「**五內轉變**」的理由，是心的這個「**灼燃焚燒**」，即是靈魂的轉變，按照她的所有欲望和作用，變成天主，變成一個新的生命，所有先前慣用的舊事物，已經被毀滅和滅絕。為此，先知說，「**他被化為烏有，卻毫不知情**」，這是我們說的兩個效果，是在天主的這個酒室內的暢飲造成的；因為不僅她先前知道的全被滅絕，好似化為烏有，

163. 思高：「幾時我的心靈遭受酸苦，刺痛也會進入我的肺腑。原來是我愚昧毫無理性，在你面前竟然好似畜牲。」

而且她的舊生命和不成全也全被滅絕，重新回復成為新人，這是我們說的第二個效果，包含在這個詩句中：

昔日追隨的羊群也消逝。

18.要知道，靈魂尚未達到我們說的這個成全的境界之前，無論她多有靈性，往往會存有一些欲望、愛好和其他不成全的小羊群，有時是本性的，有時是靈性的，她跟在後面，追隨又盡責地努力餵養牠們。

因為，在理智方面，通常存有一些想認知事物的不成全欲望；意志方面，通常容許自己著迷於一些小愛好和欲望，有時是現世的事物，例如擁有一些小東西，或更貪戀某物超過另一物，或所看重的某些自負、喜愛和細節，或仍帶有俗氣或俗味的其他小東西；有時是本性方面的，如在吃或喝上，比較喜歡這個，超過那個，及選擇和希望那最好的；有時也是靈性方面的事物，如渴望品嘗天主，及其他絕對說不完的不適宜言行，這是未臻成全的神修人士通常會有的；記憶方面，有許多的形形色色、掛慮和不適當的故意，吸引她追隨它們。

19.靈魂的四個情緒方面，也有許多無益的希望、快樂、痛苦和害怕，靈魂追隨在後。至於所說的這個羊群，有的人多，有的人少，他們仍然持續不斷地追隨，直等到，進入這個內在的酒室暢飲，才會完全失去羊群，在那時，如我們說的，完全在愛內行動；在此酒室內，靈魂的這些不成全的羊群，比火中金屬的鐵銹和銹，更容易被毀滅。所以，靈魂自覺已經自由，擺脫了她所追隨的所有幼稚的小愛好和不適當的言行，於是她真的能說：「昔日追隨的羊群也消逝」。

第二十七詩節

引言

1.在此內在的結合中，天主以這麼真實的愛通傳自己給靈魂，竟至不是那溫柔撫慰自己孩子的母愛，不是兄弟之愛，也不是友誼之愛，能與之相比的。無限的天父以這麼溫柔和真實的愛，恩待和提拔這位謙虛和深情的靈魂，達到如此的地步，多麼奧妙的事啊！值得完全地敬畏和驚嘆！天父真的順從她，為了舉揚她，祂彷彿是她的僕人，而她是祂的主人。祂這麼殷勤恩待她，就好像祂是她的奴隸，而她是祂的天主；天主的謙虛和甜蜜是多麼的深奧啊！因為，在這個愛的通傳中，祂以某種方式，實踐了祂在福音中所說的服事，祂將在天堂上服事祂所揀選的人，就是說：「祂要親自束上腰，請他們坐席，自己前來伺候他們。」（路十二37）這樣，祂在這裡款待和愛撫靈魂，有如母親照顧和撫慰她的小孩，以她的乳房哺育他。因此，靈魂明白依撒意亞說的真理，他說：「你將被抱在天主懷中，放在祂膝上，受祂撫慰。」（依六六12）

2.那麼，處於這麼至高的寵惠中，靈魂在這裡是何等的感受啊！怎樣地溶化於愛啊！她會多麼感激啊！看到天主的這個胸懷，以這麼至高和慷慨的愛為她敞開！自覺處在這麼豐盈的歡愉中，她完全委順於祂，也將她意志和愛的胸懷獻給祂，在她的靈魂內所感受和經歷的，和《雅歌》中新娘的感受一樣，她對她的新郎這樣說：「我轉向我的愛人，他也轉向我。來！我的愛人！我們往田野去，在鄉間一起過夜；清晨起來，我們到葡萄園去，看看葡萄是否發芽，花朵是否怒放，石榴樹是否開花；在那裏，我要將我的胸懷獻給你。」（歌七11–13）這就是，我意志的歡愉和能力，我將以之為祢的愛服務；因為，在這個結合中，這樣地經歷了天主和靈魂的這兩個委順，她在下一詩節談及它們，說：

在那裏，祂給我祂的胸懷，
在那裏，祂教我愉悅的知識，
我將自己獻給祂，
完全沒有保留地；
在那裏，我許諾作祂的新娘。

註解

3. 本詩節中，新娘述說，在這個神婚中，亦即，她和天主，雙方之間完成的委順，說在那個愛的內在酒室中，他們結合，是因天主通傳祂自己給她，自由地把祂愛的胸懷給她，在那裏，教給她智慧和祕密，她也給予祂，靈魂「將自己獻給祂」，不為自己，也不為別人保留什麼，肯定永遠屬於祂。詩句如下：

在那裏，祂給我祂的胸懷，

4.將一個人的胸懷給另一人，就是把他的愛和友誼給他，也是像對待朋友般，向他揭露祕密。這樣，當靈魂說，在那裏，「祂給我祂的胸懷」，就是說，在那裏，向她通傳祂的愛和祕密，在這個境界，天主是這樣對待靈魂的。再者，還有她在下一詩句中說的：

在那裏，祂教我非常愉悅的知識，

5.她在這裡說的，天主教她的愉悅知識，是神祕神學，是天主的隱祕知識，神修人稱為默觀，這是「非常愉悅的」，因為是經由愛而來的「知識」，愛是這個知識的老師，愛使之全然愉悅。因為，只要天主以愛通傳給靈魂，通傳這個知識和理解，對於理智是愉悅的，因為它是屬於理智的知識；對於意志也是愉悅的，因為是在愛內，這是屬於意志的。於是她說：

我將自己獻給祂，
完全沒有保留地；

6.在那溫柔的暢飲天主中，在其中，如我們說的，靈魂陶醉在天主內，欣然樂意，又懷著至極的溫柔，靈魂完全委順於天主，渴望完全屬於祂，在她內，永遠不要有與天主無關的事物，在所說的結合中，天主在她內導致純潔和成全，這是為達到此境必須有的。因為，只要天主在祂內神化靈魂，祂使靈魂完全是祂的，又在她內騰空所有與天主無關的。所以，不僅在意志上，也在工作上，她其實是「完全沒有保留地」，全都獻給天主，這就像天主自由地把自己給她；致使雙方的意志，彼此付出，互相委順和滿意，以至於都不會在任何事上辜負對方，具有婚姻的忠信和堅定。

為此，她又說：

在那裏，我許諾作祂的新娘。

7.因為，這就好像新婚的新娘，除了她的新郎，她不會把她的愛、關心或工作放在別處，同樣，在此境界的靈魂，意志的情感、理智的認識、什麼關心或工作，無不全歸向天主，連同她的欲望。因為，她彷佛是神，被神化，竟至在所有她能理解的事上，連第一個動作也不許相反天主的旨意。因為，這樣如同不成全的靈魂，至少在最初的動作上，按照理智，也按照意志、記憶和欲望及不成全，通常總是傾向於惡，這個境界的靈魂也是這樣，按照理智、意志、記憶和欲望，在最初的動作上，通常是歸向和傾向天主，因為她已在天主內得到很大的助佑和堅定，完美地歸依美善。

關於這一切，達味做了很好的說明，當他論及處於此境的靈魂時，說：「我的靈魂豈不是順服於天主嗎？是的；因為我由祂接受我的救援，祂是我的天主，我的救主和我的接納者，我決不動搖[164]。」（詠六一2–3）所說的「我的接納者」，指明他的靈魂被天主接納，並和祂結合，如我們這裡說的，他不再容許有相反天主的行動。

8.從剛才所說的，清楚地指出，已經達到這個神婚境界的靈魂，除了愛及經常偕同新郎處於愛的歡愉中，不知道別的事。因為，由於在此她已臻成全，如聖保祿說的，全德的

164. 思高：「我的靈魂只安息在天主內，因為我的救援是由祂而來。只有祂是我的磐石，我的救星；祂是我的堡壘，我決不致搖傾。」

形式和存有就是愛（哥三14）[165]，那麼，一個靈魂愛得愈多，在所愛的事上，她愈成全，因此，這個靈魂已經是成全的，她全是愛，如果能這樣說的話，而且她所有的動作都是愛，她的所有官能，及她靈魂的富裕，全都運用於愛，給出她的所有，如同聰明的商人（瑪十三45），因為她找到的這個愛的寶藏，隱藏在天主內；這個愛的寶藏，在祂面前這麼寶貴，如同靈魂看見的，除了愛以外，她的心愛主不看重什麼，也不使用什麼，於是，她渴望成全地服事祂，用盡一切在天主的純愛上。

不只因為祂喜愛這樣，而且也因為結合中的這個愛，在萬有中，經由萬有，都推動她進入天主的愛。因為，這就好似蜜蜂[166]，從野花吸吮花中已有的蜜，除了採蜜，不多做什麼，同樣，從靈魂所經歷的萬事中，她極容易取得愛的甜蜜。就是在萬有中愛天主，有時是愉悅的，有時是乏味的，她都受到愛的充滿和保護，就像這樣，對所經歷的萬事，無所感覺，無所品嘗，也一無所知；因為，如我們說的，這靈魂除了愛以外，一無所知，在所有的事物和交往中，她的欣喜，如我們說的，經常是天主之愛的愉悅。

為了指明這事，她說出下一詩節。

165. 思高：「在這一切以上尤該有愛德，因為愛德是全德的聯繫。」
166. 這個蜜蜂的比喻，非常恰當地指明，不只靈魂轉化，最主要的是她的能力真實的轉化。不論所看見或接觸的、所做或所遭受的，也不論事情是痛苦或甜蜜、粗暴或溫和，全都在愛內轉化。這樣的能力是典範生命的反映，是聖十字若望在他的書信（26）中說的：「在那沒有愛的地方，放進愛，就會取得愛。」

第二十八詩節

引言

1. 但是，因為我們說，除了愛，天主不做別的事，我們註解之前，在這裡說明其理由，是非常好的，這是因為，我們的所有工作，我們的所有辛勞，雖然是可能有的至極工作和辛勞，在天主面前都是虛無；因為，我們不能藉之獻給祂什麼，也不能完成祂的渴望，祂的惟一渴望是舉揚靈魂。對祂自己而言，祂什麼都不渴望，因為祂不需要，這樣，如果有什麼使祂悅樂的，那就是靈魂的受舉揚；而且，因為除了使靈魂和祂平等，祂沒有其他更能舉揚靈魂的方式，為此，祂只悅樂於靈魂愛祂；因為愛的特性，正是使愛人和所愛的對象平等[167]。所以，因為靈魂在此擁有成全的愛，於是，她被稱為天主聖子的新娘，這表示與祂平等，處於友誼的平等中，雙方的所有物係共同擁有，如同新郎親自對祂的門徒們說的：「我稱你們為朋友，因為凡由我父聽來的一切，我都顯示給你們了。」（若十五15）所以，她說出本詩節：

我的靈魂已專心致志，
用盡豐盈秉賦為祂服務；

167. 這是若望對靈修教導的基本觀念，愛者與所愛者之間的愛造成相似，這個思想根源於古希腊和羅馬的詩人與哲學家。當天主愛人時，祂使人在愛內與祂平等。參閱《攀登加爾默羅山》1·4·3；《靈歌》38·3—4。

羊群已不看守，
雜務也沒有，
現在，惟獨愛是我的專務。

註解

2. 由於在上一詩節中，靈魂，或更好說，新娘，說她完全獻給新郎，什麼也沒有為自己保留，現在她說，完成這事的模式和方法，說她的靈魂、身體、官能和所有的能力，除了服事她的新郎，已經不再運用於別的事上[168]；為此，她不再尋求她自己的利益，也不追隨她的愛好，也不忙碌於其他和天主無關的事和交往；還有，甚至連和天主相處時，除了專務於愛，她也沒有其他的交往樣式或方式，因為她先前修練愛的態度，現在已完全更換和改變，如她現在要說的：

我的靈魂已專心致志，

3. 說及她的「**靈魂已專心致志**」，她意指，在那愛的結合中，她已委順於心愛主，她的靈魂及所有的官能，理智、記憶和意志，都已專注和臣服地服事祂，運用理智於理解更能服事祂的事，為付諸實行，她的意志用於愛所有悅樂祂的事，意志愛天主在萬事中，記憶和關心，則用之於最取悅和服務祂的事。

她又說：

168. 第二十八詩節表達出，在愛的共融中，新娘的完全分享。這是聖女小德蘭的最愛，這些詩句碰觸了她個人的經驗，也是聖十字若望對靈魂的極佳描述。

用盡豐盈秉賦為祂服務；

4.「用盡豐盈秉賦」，在此意指，所有屬於靈魂感官部分的秉賦。感官部分的秉賦，包括身體上所有內在、外在的感官、官能，及所有的本性能力，亦即，四種情緒、本性的欲望、及靈魂的其他秉賦。所說的這一切，都已專心致志於服事她的心愛主，上一詩句剛剛說的，靈魂的理性和心靈的部分，也是這樣。因為，她依照天主來對待肉身，內在和外在的感官，以其作用歸向天主。靈魂的四種情緒，也都為了天主而加以約束，因為除了天主，她無所歡樂，除了希望天主，她不希望別的事物，除了怕天主，她也不怕什麼，除非事關天主，她也不痛苦。同樣，她所有的欲望和關心，只奔向天主。

5.像這樣的「用盡豐盈秉賦」，已經專心致志，而且歸向天主，甚至靈魂不留意時，我們說的這個秉賦的所有部分，最初的動作就已傾向在天主內，也為天主工作；因為理智、意志和記憶立刻奔向天主，情感、感官、渴望和欲望、希望、快樂，所有的豐盈秉賦，從第一秒起，立刻傾向天主，雖然，如我說的，靈魂並沒有留意她正在為天主工作。

因此，像這樣的靈魂，她勤快地為天主工作，專注於祂及祂的工作，既不認為，也不想她在為祂做事；因為在像那樣的進程中，其行事和習慣使她不留意，也不在意，甚至對工作開始時常會有的熱心動作亦然。

因為已經「用盡豐盈秉賦」，以所說過的方式，專心致志於天主，靈魂必然也會有下一詩行所說的，就是：

羊群已不看守，

6.這等於是說：我不再追隨我的愛好和欲望，因為，已經將它們放在天主內，獻給了祂，靈魂已不為自己餵養和看守它們。

她不只說「羊群已不看守」，而且還說：

雜務也沒有，

7.尚未得到這個恩賜，把自己和所有的秉賦交付給心愛主之前，靈魂常有許多無益的雜務，用來為她的欲望及別的事盡力效勞；因為，她有多少不成全的習慣，我們能說，她就有多少的雜務。這些習慣能夠像是特性，忙於說些沒有益處的事，不但深思，而且忙著去做這些事，沒有用這些來配合靈魂的成全[169]。她常常懷有許多的欲望，用來服務別人的欲望，就像炫耀、恭維、諂媚、奉承、力求被人看好，用那些事來討好人，還有其他許多無用的事，用來博人歡心，她的關懷、欲望、工作，最後是靈魂的秉賦，全都專心致志於那些事。

她說，她不再有這一切的雜務，因為她所有的言語、她的思想和工作都是天主的，也歸向天主，也不帶有先前常有的不成全。所以，這彷彿是說：我已不尋求討好我的欲望，也不取悅別人，我不忙碌，也不逗留在其他無益的消遣或世物中。

現在，惟獨愛是我的專務。

8.這彷佛是說：所有的這些雜務，都已經專務天主的愛；亦即，我身體和靈魂的所有能力：記憶、理智和意志，內在與外在的感官、感官與心靈的欲望，完全被愛引導，也在愛內，我以愛做所有的事，我也以愛的愉悅忍受所有的痛苦。

169. 意思是說，所做的事和靈魂的成全不一致。

這是達味想要指明的，當時他說：「**我將為祢保持力量**[170]。」（詠五八10）

9.在這裡要注意，當靈魂達到這個境界時，心靈和感官的所有修行，有時是做事，有時是受苦，無論情況如何，總是在天主內導致更多的愛和愉悅，如我們說過的。甚至在祈禱和與天主交往方面，先前常有其他的想法和模式，現在則完全專務於愛[171]。以至於，有時是處理現世的事，有時是修行靈性的事，像這樣的靈魂經常能說：「**現在，惟獨愛是我的專務。**」

10.幸福的生命，幸福的境界，達到此境的幸福靈魂，在那裡，所有一切對她已成為愛的實體，成為神婚的享受和愉悅，在其中，新娘真的能對神性的新郎說那些純愛的話，就是在《雅歌》中所說的：「**所有新的和舊的蘋果，我都為祢保留**」（歌七14），這好似說：我的心愛主，為了祢，我渴望所有的艱苦和辛勞，為了祢，我渴望所有的溫柔和歡愉。

然而，本詩句的豐富意義是說，在此神婚之境的靈魂，通常行走在天主之愛的結合中，這就是，充滿愛的意志，在天主內的恆常和長久的臨在。

170. 思高：「我的力量，我只有仰望祢。」
171. 聖女小德蘭在這個詩句中，發現她靈魂的寫照，參閱 *Story of a Soul* 第八章。這愛不只是一種感覺，而是整個的人都在愛。

第二十九詩節

引言

1.確實，這個靈魂已失去所有的事物，惟一獲得的是去愛，心靈已經不專注別的事[172]。為此，甚至連活動的生活和外在的操練也停止，為了真實地實現新郎說的，惟一必須的事（路十42），就是，在天主內臨在，及繼續地修練愛。祂這麼看重和珍視這事，因為，這就像上主責備曼德，因為她要瑪麗離開主的腳邊，去做其他服事主的活動——曼德以為，她做盡所有的工作，而瑪麗卻什麼都沒做，悠閑地與上主相處（路十39-42），其實恰恰相反，沒有比愛更好和更必須的工作——，《雅歌》中亦然，祂也保護新娘，阻止世上所有的受造物，在那裡，這些受造物指的是耶路撒冷女郎，不要驚醒新娘愛的靈性睡眠，也不要喚醒她，不要張開眼觀看別的事物，**讓她自便吧**[173]！（歌三5）

2.要注意的是，只要靈魂尚未達到這個愛的結合境界，應該同時在活動生活和默觀中修行愛。

不過，一旦已經達到，就不應該忙碌於其他的工作和外在的修練，這些能夠是小小的阻礙，妨礙在天主內的那個愛的臨在，雖然它們是對天主的大服事，因為少許這樣純潔的愛，在天主和靈魂面前，都是更寶貴，也更有益於聖教會，雖然看起來好像無所事事，實

172. 本詩節是前一詩節的補充。在個人的生活（第28章）和服事教會（第29章）中，天主的愛具有至高的價值。此處是整本《靈歌》中最長的「引言」，且是以熱情和確信寫下的。
173. 關於聖女大德蘭對曼德和瑪麗的省思，及為什麼兩者必須連合一起工作，請參閱《默思雅歌》7・3；《靈心城堡》7・1・10—11；7・4・12—15。

則遠勝於其他所有工作的總和。

為此，瑪麗德蓮，雖然以她的宣講立下大功，而且後來還繼續完成很大的事，由於她深切渴望悅樂她的淨配，及有益於聖教會，她退隱到曠野三十年，為能真實地委順於這個愛，在她看來，在所有的方式中，這個方式是獲益最多的，些許這個純愛，對聖教會更有益，也更重要[174]。

3.因此，若有人擁有一些這個獨居之愛的等級，如果，甚至是很短的時間，要他們去忙碌外在的事或活動，雖然是非常重要的工作，像這樣的作為，勢必導致這個人和教會很大的傷害。因為，天主下令，不要驚醒在這個愛中的她（歌三5），誰膽敢這樣做而不受到責備呢？總之，我們受造是為了這個愛的目的。

那麼，那些非常活躍，自認為能以他們外在的事工和宣道贏得世界的人，請在這裏留意一下，雖然他們尚未達到像那樣的高境，如果至少用那些時間的一半，以祈禱和天主在一起，除了所樹立的善表，他們更有益於教會，也更悅樂天主。確實，那時他們做得更多，付出的勞力反而少，他們做一件事，勝過別人做成千的事，他們的祈禱使之堪得這個成果，他們的心靈因而得以強化；因為，以另一方式，全都是錘擊，完成之事微不足道，有時根本一事無成，甚至有時是損害。

願天主不許你們，從一開始鹽就失去鹹味（瑪五13；谷九50；路十四34－35），因為，雖然從外面看來，好像做了蠻多的事，實質上，一事無成；毫無疑問地，真能完成善舉的，惟有天主的大能。

4.啊！關於這事，可以寫在這裡的有多少啊！不過，卻不是合宜之處。我述說這事是

174. 關於瑪麗德蓮的軼事，聖十字若望在此依照傳統的說法，聖女在主耶穌復活後，前往馬賽（Marsella，法國東南部地中海岸的一個海港）附近退隱獨居。在加爾默羅的曠野中，聖女小德蘭渴望這純潔的愛，請參閱 *Story of a Soul* 第 3 和 19 章。

為了解釋下一詩節；因為在其中，靈魂答覆所有評擊她神聖悠閑的人，那些人希望全部都是工作，金玉其外，閃閃發光，滿足眼目，卻不知水流泉湧，百果豐饒的祕密根源[175]。

因此，她吟誦本詩節：

若於群眾聚所，
從此不再看見或發現我，
你們會說我已失落，
我因愛情催迫，
失去我，而找到了我。

註解

5. 靈魂在本詩節中，答覆世俗方面的一個靜默的責難，那些人習慣評論真實獻給天主的人，認為他們的奇特、隱居及表現方式，很是過份，又說他們對於重要的事情，毫無用處，喪失世俗所珍視和贊賞的事。針對這個譴責，靈魂在這裡以非常好的態度來應對，英勇又大膽面對這事，及世上所有可能加給她的責難；因為，她已經達到活生生的天主之愛，所有的一切她都不看重。

不只如此，她甚至在本詩節中坦承這事，在那些事中所做的，及為她的心愛主，失去世界和她自己，她感到珍視和榮耀。所以，本詩節想要對世俗的人說的是，如果不再看見

175. 這純潔的愛要求人深思所做的取捨，及深度確信天主是所有善工的能力根源。

她投入先前的交往，及世俗常有的其他消遣之中，他們說也相信，她已失去和避開這些事；這個損失，她認為是非常好的，她自己渴望失去，好能尋找她的心愛主，更傾心迷戀祂。

因為，他們看見她的失去是獲得，他們也不把這事看成愚蠢或騙局，她說，這個失去是她的獲得，為此，她是故意失去的。

若於群眾聚所，
從此不再看見或發現我，

6.人們時常聚集解悶、消遣的一個地方，通常稱為「**群眾聚所**」，那裡也是牧羊人餵養羊群的地方。所以，靈魂在此以「**群眾聚所**」表示世俗，世俗人在此消遣、交往、餵養他們欲望的羊群。本詩句中，靈魂對世俗的人說，如果「**不再看見或發現她**」，如同從前沒有完全屬於天主時那樣，在這個事上，他們會認為她已經失落，所以他們這樣說，因為這事令她歡樂，她希望他們如此說：

你們會說我已失落，

7.凡愛的人，不會由於為天主做的事，而在世俗面前覺得羞愧，即使全世界都譴責她們，也不會害羞地隱藏起來；因為**凡羞於在人前承認天主聖子的**，不做祂的工作的人，如祂藉聖路加說的，天主聖子也羞於在天父面前承認他（路九26）。為此，這靈魂，擁有愛的勇氣，看見為了心愛主的光榮，她為祂所做的那樣工作，因而失去世上所有的事物，她反而覺得有價值。為此，她說：「**你們會說我已失落**」。

8.在工作上這麼成全的勇氣和決心，很少神修人達到；因為，雖然有的人同樣這麼做，甚至有些人自認為非常有成就，但在某些事上，他們從未完全失落自己，無論是世俗的或本性的事，為了基督，成全和赤裸地做那些事，不去看別人會說什麼，或外表看來會怎樣。這樣，他們不能說這話：「**你們會說我已失落**」，因為這些人沒有在工作中失去自我。在人面前的工作，他們仍然羞於承認基督，還是看重事物。沒有真的活在基督內。

我因愛情催迫，

9.要知道：這就是，因愛主之情的催迫，實踐德行，

失去我，而找到了我。

10.靈魂知道新郎在福音中的話，亦即，「**沒有人能事奉兩個主人**」，必須失去其中之一（瑪六24），她在這裏說，為了不失去天主，她失去所有非天主者，這就是，所有其他的事物和她自己，為了祂的愛，而失去這一切所有。凡是真愛的人，會立刻失去其他的所有，為了更多獲得所愛的人。為此，靈魂在這裏說，她「失去」自己，就是說，她故意地失去自己[176]。

這是以二種方式，就是：對她自己，除了心愛主，她不在任何事上理會自己，自由而無私地委順自我於祂，她「**失去**」自己，毫不想望為自己獲取什麼；第二，對所有的事物，除了涉及心愛主的事外，她不理會自己的所有事物。而這是「**故意失去自己**」，也就是渴望被找回來[177]。

176. 參閱第 5 節。
177. 最後這一句原文使用雙關語：「*que es tener gana que la ganen*」，無法按字面翻譯，*ganen*（*ganar*）本來的意思是「獲得、奪取、勝過」，在此是「找回來」的意思。

11.像這樣的人，是行走於天主的戀愛中，不尋求利潤，也不求報酬，只求以他的意志，為天主失去一切和他自己；他把這事看作是他的獲利。像這樣就是，按照聖保祿所說的：「*Mori lucrum*」（死亡，乃是利益）（斐一21），這就是：我為基督而死，對所有一切及我自己來說，是我心靈的獲益。為此，靈魂說：「找到了我」；因為凡不知道失去自己的，不會找到自己，反而會失去，按照我們的主在福音中說的，祂說：「誰若願意救自己的性命，必要喪失性命，但誰若為我的原故，喪失自己的性命，必要獲得性命。」（瑪十六25）

如果我們想更靈性地理解本詩句，更貼切在此談論的主題，應該知道，當一個靈魂在靈修的道路上，達到這樣的高境，在與天主交往的過程中，她已失去所有本性的道路和方法，沒有思慮，沒有形式，沒有感覺，沒有任何受造物的其他模式，沒有感官，而是凌駕這一切所有，超越她的所有模式和形態，在信德和愛德中，與天主交往，及享受天主，因此她說，她真的獲得天主，因為她真的失去在她內不是天主的所有一切。

第三十詩節

引言

1.那麼，靈魂的獲得方式是，她所做的事全是獲得，因為她官能的全部力量，都轉化為和心愛主的靈性交往，內在非常愉悅的愛，在其中，天主和靈魂間的內在通傳，是這麼柔巧和崇高的愉悅，人的口舌無法述說，人的理智也不能理解。因為，就好像在結婚之日的新娘，不知道別的事，只知道愛的喜慶和歡愉，及展現她的所有珠寶和恩惠，以之來博得新郎的歡心和愉悅，同樣，新郎也把全部的富裕和卓越顯示給她，為了給她喜慶和安慰。所以在這裡，在這神婚中，靈魂真的感受到新娘在《雅歌》中說的：「我屬於我的愛人，我的愛人屬於我。」（歌六3）靈魂新娘的德行和恩惠，及天主聖子新郎的崇偉和恩惠，為了舉行這個婚禮，全都呈現出來，他們以在聖神內美味的愛情美酒，互相通傳這些幸福和愉悅。

為了表明這事，靈魂對新郎說話，說出這個詩節：

花兒朵朵，翡翠片片，
清涼早晨細挑選，

我倆同來編花圈，
祢的愛內群花開遍，
再用我柔髮一絲穿連。

註解

2. 本詩節中，靈魂在愛的交往和舒暢中，回來對新郎說話，詩中她描述，靈魂新娘和天主聖子所擁有的安慰和愉悅，因雙方擁有豐富的德行和恩惠，及彼此給予對方自己所享有的，在愛的交往中歡享。為此，在和祂說話時，她說，他們將編織恩惠與德行滿被的花圈，這些德行和恩惠，是在愉悅又適宜的時期修得和獲取的，在新郎對她的愛內，使之美麗又優雅，也藉著她對新郎的愛，而得以維持和保存。為此，她稱此歡享德行為編織花圈；因為所有的德行聚在一起，彷彿花圈的花朵，雙方在愛中享受，共同擁有。

花兒朵朵，翡翠片片，

3. 「花兒朵朵」是靈魂的德行，「翡翠片片」是她從天主領受的恩惠。這些花朵和翡翠是

清涼早晨細挑選，

4. 這就是，在年輕時獲得和修來的，就是在生命的「清涼早晨」。她說，是細挑選的，

因為德行是在年輕時修得的，是細挑選的，也是天主非常悅納的。年輕時修養德行，在罪惡方面會有更多的衝突，本性會更傾向也更快失去德行；也因為，從年輕時開始積修德行，她獲得更成全的德行，是最精選的。

她稱這些年輕時為「清涼早晨」，因為，就像清新的春天早晨，比白天的其他時候更愉悅人，同樣，年輕時的德行，在天主面前亦然。這些「清涼早晨」，甚至也能表示獲得德行的愛情動作，這些愛情的動作悅樂天主，遠勝於清涼早晨之悅樂世人之子。

5.在這裡，「清涼早晨」也表示，在心靈的乾枯和困苦時所做的工作，這些是指冬天清晨的寒冷。在心靈乾枯和艱難中，為祂做的這些工作，天主非常珍視它們，因為藉此修得的德行和恩惠格外崇高。這樣以辛勞修得的德行，多半是更優秀、更精良，也更堅固，比起只懷著心靈的美味和享樂，尤勝一籌。因為德行乃植根於乾枯、困難和辛勞，按照天主對聖保祿說的：「德行在軟弱中才得以成全。」（格後十二9）因此，為強調編給心愛主花圈中德行的卓越，「清涼早晨細挑選」，這話說得非常好，因為只有這些精選和完美的德行和恩惠，其花朵和翡翠才悅樂天主，而非不完美者。

為此，靈魂新娘在這裡說，為了祂，用這些花朵和翡翠

我倆同來編花圈，

6.為了理解本詩句，要知道，靈魂和天主，一起在她內修得的所有德行和恩惠，在她內，宛如繽紛繁花的一個花圈，她被這花圈美妙地裝扮著，好似披上繽紛漂亮的衣裳。為更了解這事，要知道，這就好像收集花朵材料時，會邊收邊將花朵編成花圈。同樣，就好像修

得德行和恩惠的靈性花朵時，也是一邊修行，一邊固定在靈魂內。完全修得時，在靈魂內的完美花圈也做好了，在其中，靈魂和新郎一同歡躍於此花圈的美麗和盛裝，真的好像在成全的境界。

這些就是所說的，必須編結的「花圈」，亦即，她必須被「花兒朵朵，翡翠片片」，就是被成全的德行和恩惠圍繞和包圍，為了使她穿上美麗和珍貴的裝扮，堪當侍立在君王面前，值得和祂平等，如同王后侍立在君王旁，由於繽紛多姿的美麗，她堪得這一切。因此，達味對基督論及這件事，說：「*Astitit regina a dextris tuis in vestitu deaurato circumdata varietate.*」，就是說：「王后佩戴金飾，侍立在祢右邊，圍繞著繽紛麗質。」（詠四四10）這等於說：她侍立在祢的右邊，佩戴成全的愛，圍繞著種種成全的恩惠和德行。

她沒有說，我獨自編花圈，或說祢單獨，卻說我倆同來編花圈；沒有天主的助祐，靈魂不能實行或獲得德行，沒有靈魂的協助，天主也不能獨自在靈魂內導致德行。因為，雖然這是真的：「一切美好的贈與，一切完善的恩賜，都是從上，從光明之父降下來的。」如雅各伯說的（雅一17），然而，沒有靈魂的能力和協助來獲取，同樣無法得到這些恩惠。所以，新娘在《雅歌》中對新郎說：「願你拉著我，我們將隨你奔跑。」（歌一4）因此，按照這裏所說的，朝向美善的動作只來自天主；不過，她並沒有說，天主獨自，或她單獨奔跑，而說我們一同奔跑，意思是，天主和靈魂共同工作。

7.本詩句極適於說明基督和聖教會，因為詩中，教會，祂的新娘，對祂說：「我倆同來編花圈」；花圈意即，在聖教會內，由基督而產生的所有聖善靈魂，每個靈魂都像一個花圈，裝飾著德行與恩賜的花朵。所有花圈合在一起，成為新郎基督頭上的一個花圈。

這些美麗的花圈，也能意指另一個名稱，叫做光圈；這也是由基督和聖教會完成的，共有三圈：

第一，是所有童貞聖女的美麗和白色的花朵，每一位有其童貞的光圈，所有的合成一個光圈，戴在新郎基督的頭上。

第二個光圈，是教會聖師的燦爛花朵，所有的合成一個光圈，置於童貞女的光圈之上，戴在基督頭上。

第三，是殉道者的紅色康乃馨。每一位也都有其殉道的光圈，所有的合成一個光圈，戴在新郎基督光圈的最外圍。

戴上這三重花圈的新郎基督，看起來是多麼美麗！多麼優雅！新娘在《雅歌》中說的話，將在天堂上說：「**熙雍女郎，出來觀看撒羅滿王，他頭戴花冠，是他母親在他結婚之日，在他心靈歡樂之日，給他戴上的。**」（歌三11）那麼，她說，我倆同來編這些花圈，

祢的愛內群花開遍，

8.工作和德行的花朵，是從天主的愛擁有的恩寵和德能。沒有這愛，不僅無法開花，而且會全部枯萎，在天主面前毫無價值，雖然在人看來可能是完美的。不過，因為祂賜予祂的恩寵和愛，這些工作就是在「**祂的愛內群花開遍**」。

再用我柔髮一絲穿連。

9.這個「**她的柔髮**」是她的意志，及她對心愛主的愛，這個愛所做的工作，是在花圈

中的穿線。因為，就像穿線在花圈上連結和固定花朵，同樣，靈魂的愛連結和固定靈魂內的德行，在她內維持它們。因為，如聖保祿說的：「愛德是全德的連繫。」（哥三14）超性的德行和恩賜，這麼需要紮緊在靈魂的愛上，因為，如果因辜負天主而斷裂，所有的德行會立刻鬆開，靈魂也會犯過，就像花圈的穿線一斷，花朵也隨之掉落。所以，只有天主愛我們，為賜給我們德行，這是不夠的，我們也必須愛祂，為能領受和保存德行。

她說只用柔髮一絲，而非許多髮絲，是為了表明，她的意志已是單獨的，斷絕其餘所有的髮絲，就是棄絕所有無關的愛。在其中，她清楚地強調，這些德行花圈的價值和珍貴，因為，當愛在天主內是單獨和堅定的，她在這裡所說的，在天主的愛內，德行也是完美、圓滿和繁花盛開的；因為，那時天主對靈魂的愛是無以計量的，按照靈魂也感受到的。

10. 不過，如果我想要說明，朵朵德行花兒，片片翡翠編成的花圈之美，或說些將之依序編結，賦予靈魂的剛強和莊嚴，及她穿上這個繽紛衣裳的優美和雅緻，我感到乏辭可陳，也無法描述。

《約伯傳》中，天主論及魔鬼說：牠的身體好似盾甲，鱗甲片片相連，氣也透不進去（約四一7－8）。那麼，如果魔鬼這麼強壯，由於穿上罪惡的鱗甲，片片相連，說牠的身體如同盾甲，而所有罪惡本身都是虛弱的，那麼，這靈魂會有多剛強啊！她穿上強壯的德行，緊緊地編結在一起，其間沒有醜陋或不成全，藉其力量，每個德行增加靈魂的力量，藉其美麗，增加美麗，藉其價值與珍貴，致富靈魂，藉其尊貴，賦予靈魂權能和崇偉。那麼，這是何等美妙啊！從靈性的觀點來看，這個靈魂新娘盛裝這些寵惠，侍立在她新郎君王的右邊，在《雅歌》中，新郎論及她說：「公主！妳的腳穿上涼鞋，是多麼美麗！」（歌七2）稱她為「公主」，表示她的皇家尊位。如果因她的涼鞋而說她美麗，那麼身穿華服的她更該如何呢？

11.因為，不只她盛裝繁花衣裳令人讚嘆，而且從花朵的整齊排列，翡翠和無量神性寵惠的點綴中，她的剛強和能力，也令人驚恐，新郎在《雅歌》中，也論及她說：「妳莊嚴有如整齊的軍旅。」（歌六4）因為，這些天主的德能和恩惠，就好像以其靈性芳香使人舒暢，同樣，當它們在靈魂內結合時，以其實體賦予力量。為此，在《雅歌》中，由於沒有得到用愛的髮絲編結的花朵和翡翠，以致虛弱和因愛成疾時，她渴望，藉著它們的連繫和結合，得到強壯，她用以下的話向祂請求，說：「請你們用花朵來補養我，用蘋果來圍繞我，因為我因愛成疾。」（歌二5）「花朵」，意指德行，「蘋果」則為其餘的恩惠。

第三十一詩節

引言

1.我相信剛才所解釋的，關於這些編織好的花圈，且將之放入靈魂內，這個靈魂新娘要指明的是，她和天主之間，在這個境界，所擁有的愛之神化結合。朵朵花兒代表新郎，因為祂是「田野的花朵，谷中的百合」，如祂所說的（歌二1）。靈魂的愛情髮絲，如我們說的，使她和這花中之花緊繫和結合。那麼，正如保祿宗徒說的：「愛是全德的聯繫」（哥三14），這就是和天主結合，靈魂彷彿繫住這些花圈的小墊枕，所以她成為這光榮的主體，靈魂看起來已不是從前的模樣，而是這完美的花兒本身，具有群花的完美和美麗；因為這條連結和神化的穿線，這麼強有力地緊繫著二者，就是，天主和靈魂，使他們在愛內合一，以至於，雖然在實體上不相同，但在光榮和外表上，靈魂相似天主，而天主則相似靈魂。

2.這個結合就像是這樣。美妙得超乎所有能述說的。在《撒慕爾紀》上，聖經關於約納堂和達味說了些這事，那裡說：約納堂深愛達味，「約納堂的靈魂和達味的靈魂很相契。」（撒上十八1）所以，如果人和人之間的愛是這麼強烈，能夠使兩個靈魂相契，那麼，靈魂與天主新郎之間，由於靈魂對天主的愛，彼此間的相契更該如何呢？尤其在這裏，天主是主要的愛人（*el principal amante*）[178]，以祂深淵般的愛之大能，吸收靈魂成為祂，比猛烈

178. 當新娘尋找心愛主時，祂的角色彷彿是被動和次要的，若望再次提醒我們，事實上，基督是主要的愛人。

不斷的火吞沒一滴清晨的露水（露水往往在空氣中立即消失），還更具效力和強力。因此，穿連花兒的髮絲，無疑地，必定非常的強壯又精細，因為這麼強有力地貫穿連結各部分。為此，在下一詩節中，靈魂聲明她這個美麗髮絲的特質，說：

細思量
一絲秀髮頸上飛揚，
凝視髮絲飄頸項，
著迷神往，
因我一眼祢受創。

註解

3.靈魂在本詩節中要說三件事。第一是說明，連繫德行的那個愛，無非是單獨的強壯之愛，因為，確實的，如果要保存德行，愛必然如此。

第二，她說，看見她單獨又強壯的愛之髮絲，天主更加著迷。

第三，她說，看到她純潔而完整的信德，天主親密地迷戀她。

所以，她說：

細思量

一絲秀髮頸上飛揚，

4.所說的在頸上愛的髮絲飛揚，「頸」字表示剛毅，愛的髮絲穿連諸德行，就是以剛毅去愛。因為，單獨仍不足以維持德行，而且也要強壯，為的是，沒有什麼相反的惡行，能使完美花圈的任何一邊斷裂。因為，靈魂的德行，像這樣有序地緊繫在這個愛的髮絲上，所以，如果有個德行斷了，如我們說的，所有的德行也隨即失去；因為，就好像所有的德行，是一個德行，所以，一個失落了，全都失落⑰。

她說「頸上飛揚」，因為靈魂剛毅時，這個愛強力又輕巧地飛向天主，不在什麼事上遲延；這就好像微風飄搖，使髮絲在頸上飛揚，同樣，聖神的微風推動且激起強有力的愛，飛向天主；缺少這個神性的風，來推動官能操持神性的愛時，即使靈魂已經有德行，還是起不了作用，也生不出效果。

說到心愛主「細思量，一絲秀髮頸上飛揚」，她表示天主多麼愛強有力的愛；因為細思量，就是對所看的對象，以非常特別的注意和尊重去注視；強有力的愛使天主更頻繁地回目垂視。

所以，她繼續說：

凝視髮絲飄頸項，

5.她這麼說，是為了指明，不只因為天主看見她的愛是單獨的，而珍視和看重她的這個愛，也因為看見它是強有力的，而愛它。因為，天主在看，就是天主在愛，就像天主思

179. 關於德行的連結和互相依賴，若要進一步的探索，請參閱聖多瑪斯，《神學大全》1—2．65。

量，如我們說的，就是珍視所思量的對象。本詩句中，他又再重提「頸」字，說及髮絲：「**凝視髮絲飄頸項**」，因為，如所說的，這是天主更愛她的理由，就是說，天主看見她的愛是強有力的。所以，這彷彿是說：祢一看見這髮絲，就愛上它，因為它是強有力的，不膽怯，也不害怕，單獨而沒有其他的愛，它輕巧又熱情地飛揚[180]。

6.直到這裡之前，這髮絲尚未迷住天主，因為還沒有看見它是單獨的，超脫其他的愛、欲望、情感和愛好的髮絲，這樣，它也沒有在剛毅的頸上單獨地飛揚；然而，經過克苦、辛勞、試探和補贖之後，終於變得超脫和強壯，以至於，無論什麼強力或情況，都不能使之斷裂，那時，天主注視它，拿起這些花圈的花朵，用髮絲穿連和繫緊，因為它已強壯得足以將花朵繫緊在靈魂上。

7.開始解釋「**啊！愛的活火焰**[181]」這四首詩節時，談到這些試探和磨難是什麼，又是怎樣的，以及它們如何深入達及靈魂，使她獲得愛的剛毅，致使天主和靈魂結合為一。這個靈魂越過這些經歷，已達到這樣的天主之愛的等級，堪當領受神性的結合。

為此，她隨即說：

著迷神往，

8.啊！多麼值得完全接納和喜樂的事！天主因一絲秀髮而「**著迷神往**」！這個著迷神往這麼珍貴的理由，是天主願意停步，來「**凝視髮絲飄頸項**」，如前一詩句說的。因為我們所說過的，天主的凝視就是愛。如果不是祂的大仁慈，先凝視和愛我們，如聖若望說的[182]（若壹四10），且屈尊就卑，我們卑微愛情的髮絲飛揚，不會使祂著迷的，因為尚未達到

180. 這單獨、捨棄一切又強有力的髮絲，實現前面詩所描述的；參閱第三詩節第5節：「為了尋求天主，需要一顆赤裸而強壯的心，一顆從一切不純是天主的善與惡中得到解放的心……。」
181. 請參閱《愛的活焰》1．18—25；2．23—30。為什麼在第一版本沒有提到《愛的活焰》？因為寫《靈歌》第一版本時，他還沒有寫《愛的活焰》，所以沒有提這事。當若望在寫《靈歌》第二版本時，《活焰》已在那時完成。此外，他在《活焰》1．25也說：「我們已在《攀登加爾默羅山的黑夜》中談論過……。」
182. 思高：「愛就在於此：不是我們愛了天主，而是祂愛了我們，且打發自己的兒子，為我們做贖罪祭。」

這麼崇高的飛揚，竟致能迷住高空的神性飛鳥；但是，因為祂降來凝視我們，使我們飛翔，祂提拔我們的愛，給予勇氣和力量飛翔[183]（參閱申卅二11），為此，祂被髮絲的飛揚迷住，這就是，祂為此而著迷，感到滿足和愉快。這就是說：「凝視髮絲飄頸項，著迷神往」。因為，這是非常可信的事，低處飛翔的小鳥，能迷住高空的高貴老鷹，如果老鷹降來低處，願意被迷住。

接下來：

因我一眼祢受創。

9.要知道，這裡說的「眼」，意指信德，她說只用「一眼」，使「祂受創」，因為，如果靈魂對天主的信德和忠心，不是單一的，卻混雜著一些其他的榮譽和滿足，將不會獲得以愛創傷天主的效果。這樣，創傷祂的只是「一眼」，就像迷住心愛主的，也只是「一絲秀髮」。這愛如此的親密，看到新娘純一的忠信時，新郎著迷神往，因為，如果她愛的髮絲迷住祂，那麼，她信德的一眼，則是這麼緊密地俘擄祂，以致造成一個愛的傷口，這是天主以極溫柔的深情愛她造成的傷口，這就是，引導她更深地進入祂的愛。

10.在《雅歌》中，新郎說的是同樣的一絲秀髮和一眼，她對新娘說：「我的妹妹！妳創傷了我的心，以妳的一眼和頸上的一絲秀髮，創傷了我的心[184]。」（歌四9）上述的經文中，祂說了二次，祂的心被創傷，就是，被一眼和一絲秀髮創傷。為此，靈魂在本詩節中說到「一眼」和「一絲秀髮」，因為這指示她與天主的結合，按照理智及意志；因為，眼睛象徵的信德，歸屬理智，而（髮絲象徵的[185]）愛，歸屬意志，在理智上，以信德和天

183. 思高：「老鷹怎樣守候自己的窩巢，飛翔在幼雛之上，上主也怎樣伸展雙翅，把他背在自己的翼上。」
184. 思高：「我的妹妹，我的新娘，妳奪去了我的心！妳回目一顧，妳項鏈上的一顆珍珠，奪去了我的心。」
185. 譯者加上括號內的字，為使文意清楚。

主結合，在意志上，以愛和天主結合。在此結合中，靈魂在這裡感到光榮，感謝她的新郎，從祂的手中接受這個恩惠，她非常珍視天主因她的愛而滿足和著迷。在這事上，她能細思量，在這樣一位俘虜身上，靈魂擁有的喜樂、幸福和歡愉，因為這麼久以來，她一直是祂的俘虜，也一直迷戀祂。

第三十二詩節

引言

1.愛的力量和頑固是很大的，因為愛使天主著迷和被束縛。愛的靈魂是有福的！因為她擁有天主為囚犯，順從她的全部渴望！因為祂有這樣的特質，凡以愛和善意[186]歸向祂的人，會使祂實現他們的全部渴望；可是，如果以別的方式，雖然盡力至極，既不能和祂談話，也不能與祂同在；然而，經由愛，他們以一絲細髮束縛天主。

靈魂深知此事，知道她的功勞多麼膚淺，其實是，天主以豐富的禮物和德行的信物，賜給她這麼大的恩惠，提拔她達到這麼崇高的愛。所以，在以下的詩節中，她將所有都歸功於天主，說：

當祢注視我，
祢的眼睛刻印恩寵於我；
所以祢追求我，
在其中，我的雙眼堪當仰望祢，
朝拜所看見的祢。

186.「以愛和善意」，原文為「*por amor y por bien*」，K.K. 英譯為「以愛和友誼」（with love and friendship），A.P. 譯為「以愛和樂意」（taken by love, and taken willingly）。

註解

2.完美愛情的特性是，不願為自己接納和取走什麼，也不絲毫歸功於自己，而是完全歸功於愛人；在卑微的愛情中，我們發現此一特性，那在天主的愛內，更會怎樣呢？理智不得不這麼認同。為此，由於前二首詩節中，新娘好像有些兒歸功於自己，說她和新郎同編花圈，用她的一絲秀髮穿連花朵，那些工作可不是微小的動作和無足輕重的，然後又得意地說，她的一絲秀髮迷住新郎，她的一眼創傷祂，在其中，她好像也歸於自己的大功勞。現在，她希望在本詩節中解釋她的意向，消除可能造成的誤解，她細心又擔心地，不把什麼價值和功勞歸於自己，不致於沒有把天主所應得的，及她的渴望，歸於天主。她將一切歸於天主，同時感謝祂，述說她愛情的髮絲迷住祂，信德的一眼創傷祂，是因為天主恩待了她，以愛注視她，藉此，天主使之成為優美和令人愉悅的；還有，她從天主得到的這個重視和恩寵，使她堪當得到祂的愛和看重，能在她內愉悅地朝拜心愛主，所做的工作相稱於祂的恩寵和愛。

繼續詩句如下：

當祢注視我，

3.這就是，以愛的感情注視我，因為我們已說過[187]，在這裏，天主的注視就是愛。

祢的眼睛刻印恩寵於我，

187. 在第三十一詩節，5—8 節。

4.新郎的眼睛，在此意指祂神性的仁慈，這就是，天主以仁慈俯就靈魂，刻印和灌注祂的愛和恩寵給她，藉此，使她這麼美麗和受高舉，使她「成為有分於天主性體的人。」（伯後一4）看到天主置於她內的尊貴和崇高，靈魂說：

所以祢追求我。

5.「追求」就是愛得很多，比只是愛要多；就好像加倍的去愛，這就是，由於（上述的）兩個標題或理由[188]。所以，在本詩句中，靈魂指出，新郎愛她的兩個動機或理由。祂不只因為被一絲柔髮迷住而愛她，也因為被她的一眼創傷，而追求她。在本詩句中，她說，天主這麼熱切地追求她的理由，是因為在注視靈魂時，祂願意賜給她恩寵，好使祂欣喜於靈魂，靈魂把她「一絲秀髮」的愛給天主，以祂的愛德，形成靈魂「一眼」的信德。因此，她說：「所以祢追求我」。

由於天主把祂的恩寵放在靈魂內，就是使她堪當和能接受祂的愛。所以，這等於是說：因為祢將恩寵放進我內，這是祢愛情的相稱信物，「所以祢追求我」，這就是，祢賦予我更多的恩寵。這是聖若望說的：「恩寵上加恩寵」（若一16），就是給更多的恩寵；因為沒有祂的恩寵，沒有人能堪受祂的恩寵。

6.為了理解這事，要注意，因為天主不愛在祂以外的事物，所以，除了愛祂自己，祂不愛任何卑下的事物，因為祂為自己而愛一切，這樣，愛有其最終的理由；為此，祂不是因事物本身而愛它們。對天主來說，愛靈魂，就是把她放進祂內，使靈魂和祂平等；這樣，祂在自己內愛靈魂，且以愛祂自己的愛愛她；為此，凡她在天主內做的每個工作，靈魂都

188. 譯者加上括號內的字。這句的意思是說，為了前述兩個詩句所說的，天主注視，及刻印恩寵。

堪當得到天主的愛；因為，置身於這個恩寵與高境中，她的每個工作都堪當得到天主本身。

於是，她接著說：

在其中，我的雙眼堪當仰望祢，

7.這就是，處於祢仁慈的眼睛導致的這個恩惠和恩寵中，當祢注視我，使我在祢眼中得寵，值得祢的垂視時，堪當

朝拜所看見的祢。

8.這等於說：啊！我的淨配！我靈魂的官能，就是說我的雙眼，藉此，祢能看見我，已堪當被提拔來仰望祢。這些官能先前是墮落和卑賤的，處於低級作用和本性能力的可憐境況中，因為靈魂能夠仰望天主，就是在天主的恩寵中工作。這樣，這些靈魂的官能堪當朝拜，因為它們在天主的恩寵中朝拜，它們的所有作用都是立功勞的。那麼，因它們的恩惠和恩寵，得蒙光照和被提拔，它們朝拜在祂內所仰望的，這是先前因其盲目和卑下所看不見的。

那麼，他們仰望的是什麼呢？他們仰望的是：崇偉的德行、豐盈的溫柔、無限的善良、愛和天主內的仁慈，及從天主所領受的無數恩典；蒙恩的方式，有時是這麼靠近天主，有時不是。靈魂的雙眼，已經堪當有功勞地朝拜這一切，因為現在它們很可愛，且悅樂新郎。先前它們不只不堪朝拜，也不堪仰望這一切，甚至不堪深思什麼有關天主的事；因為沒有祂的恩寵，靈魂極其粗魯和盲目。

9.這裏有許多要注意的，也有許多令人痛心的，看見未蒙天主之愛光照的靈魂，多麼

疏於履行義務。因為她有義務認識這些和其他無數的恩惠，無論是現世的或靈性的，她已經從祂領受的，或將時時領受的，以她所有的官能，持續不斷地朝拜和服事天主；她不只沒有這麼做，她甚至連仰望和知道天主都不堪當，也不可能獲知這樣的事；那些活著，或更好說，已在罪惡中死亡的人，竟至到此可憐的地步。

第三十三詩節

引言

1.為了更明白所說的，及接下來要說的，要知道，天主的注視賦予靈魂四種益處，就是：使她潔淨，給她恩寵、使她富裕、給她光照；這就好像太陽放射光輝，使大地乾淨、溫暖、美麗和燦爛。

天主把後三種益處置於靈魂內之後，由於這些益處，她非常悅樂天主，祂不再記憶靈魂先前的醜陋和罪過，如祂藉厄則克耳所說的[189]（則十八22）。這樣，一旦天主消除了這個罪過和醜陋，祂就不再看它們，也不會因此，不施予更多的恩惠，因為祂不兩次判決一事[190]（鴻一9）。

不過，雖然過犯和罪惡一蒙寬赦，天主即刻忘記，靈魂卻不該因此忘記先前的罪過，智者說：「**對於已寬赦的罪，應該心懷恐懼之情。**」（德五5）這是為了三點：第一，為了不致常常陷於自負；第二，為了常有感謝的理由；第三，為了更有信心接受更多的恩惠；因為，如果處於罪惡中，尚且從天主領受這麼多的善，那麼，被置於天主的愛內，又在罪惡之外，她更能期望多大的恩惠呢！

2.那麼，在這裡，靈魂記憶所有這些領受的恩惠，看到以這樣的尊貴和天主連結，她

189. 思高：「他所行的一切邪惡必被遺忘。」
190. 思高：「不必二次降災。」

懷著感恩和愛的欣悅，極其歡樂；更有幫助的是，記起她先前的境況，那麼卑劣，那麼醜陋，不只不堪當，也當不起天主注視她，甚至也配不上天主口稱她的名字，按照祂藉達味先知說的[191]（詠十五4）。所以，她明白，在她一方面沒有理由，也不能有理由堪當天主注視她，提拔她，而是只有在天主方面，就是祂美好的恩惠和單純的意願；靈魂將她的可憐歸於自己，將所擁有的所有幸福歸於心愛主，她看出來，由於所擁有的幸福，現在她堪當原本不堪的，她鼓起勇氣，大膽地請求祂繼續此心靈的神性結合，因此，天主將不斷廣施恩惠於她。這一切是下一詩節中她要說明的：

請不要輕視我，
若從前祢見我黝黑，
現在祢能細細端詳我，
因為祢已注視了我，
賦予我美麗和寵惠。

註解

3. 新娘神采奕奕，以得自心愛主的信物和尊貴而自誇，她明白，這些[192]是祂的東西，雖然她自身卑微不堪，不值得受什麼尊敬，卻因它們而堪受尊敬，所以她膽敢對著她的心愛主，向祂說，現在不要小看她，也不要輕視她，因為，如果先前因她的罪過和本性卑下的

191. 思高：「他們的名號，我口決不提起。」
192. 指天主賜給她的「信物和尊貴」。

醜陋，她該當被輕視，現在經過天主的第一次注視後，已經裝飾著祂的恩惠，穿戴祂的美麗，祂真的能再一次，而且更多次地注視她，增長她的美麗和寵惠，那麼，當她還當不起，也沒有資格被注視時，天主看了她，現在天主已有充足的理由和動機來端詳她。

請不要輕視我，

4.這不是說，靈魂渴求受尊敬，因為，凡真愛天主的靈魂，面臨輕視和侮辱時，極為珍視和喜樂，也因為，她看出來，憑她的努力成果，是一文不值的，而是因為擁有天主的恩寵和恩賜，按照她所要說明的，她說：

若從前祢見我黝黑，

5.就是說，如果先前祢慈祥地看我，見到罪過和不成全的醜陋和黝黑，及本性境況的卑下。

現在祢能細細端詳我，
因為祢已注視了我，

6.「因為祢已注視了我」，消除了來自罪過的「黝黑」和不優雅的色彩，這些使我成為不堪入目的，那時，祢第一次賜給我恩寵，「現在祢能細細端詳我」；這就是，現在我真能夠也堪當被端詳，由祢的眼睛蒙受更多的恩寵；當祢第一次注視我時，不只以祢的眼睛消除黝黑，還使我堪當被注視，因為祢以愛的注視端詳我。

賦予我美麗和寵惠。

7.靈魂在前二兩個詩句所說的，是為了指出聖若望在福音中說的話，亦即，天主賜予恩寵，且「恩寵上加恩寵」（若一16），因為，當天主看見靈魂在祂的眼中充滿恩寵時，會感動祂賜給靈魂更多的恩寵，因為天主居住在她內，稱心愉悅。梅瑟深明此事，向天主祈求更多的恩惠，希望以得自天主的恩寵勉強天主施惠，對天主說：「祢說，祢提名選了我，我在祢眼中得了寵；如果我真在祢眼中得寵，求祢將祢的面容顯示給我，叫我認識祢，好在祢眼中得寵。」（出卅三12－13）

因為，由於這個恩寵，她在天主前是受舉揚、榮耀和美麗的，如我們說的，為此，天主不可言喻地愛著她。所以，如果從前她蒙受恩寵時，天主只為祂自己而愛她，現在，靈魂置身於恩寵中，天主不只為自己，也為了靈魂而愛她。這樣，天主深愛她的美麗，經由恩寵的效果和工作，現在無需它們，天主經常通傳更多的愛和恩寵，也更加榮耀和舉揚靈魂，經常使祂著迷和傾心地愛她。

因為，天主這樣說明，藉依撒意亞向祂的朋友雅各伯說：「因為你在我眼中是榮耀和光榮的，我愛慕你[193]。」（依四三4）這等於是說：由於注視妳，我的眼睛賜給妳恩寵，因而使妳受光榮，值得在我面前受榮耀，當得起我恩賜更多的恩寵。因為愛天主愈多，就是蒙受恩寵愈多。

在神性的《雅歌》中，新娘向其他的靈魂指明這事，說：「耶路撒冷女郎，我雖黑卻秀麗；因此君王愛慕我，帶我進入他的內室。」（歌一4－5）這就是說：不知道，也不認

193. 思高：「因為你在我眼中是寶貴的，是貴重的，我愛慕你。」

識這些恩惠的靈魂哪！不要驚奇天上的君王賜給我這樣的大恩，帶我進入祂愛的深處，雖然我是黝黑的，但是祂的眼睛常常注視我，自從祂第一次看了我之後，若非等到祂娶了我，帶我進入祂愛情的內室，祂是不會滿足的。

8.當一個靈魂博得天主的歡心時，天主會舉揚她達到什麼地步，誰能述說呢？這是不能述說的，甚至也無法想像；因為，總之，祂是天主，祂做這事，是為顯示祂是誰。關於這情況，只能稍微解釋一點，即對於已經有的人，天主給得更多，祂繼續增多地給予，按照靈魂先前所擁有的多寡比例，按照福音中所指示的：「**凡有的，還要給他，使他富足；但是，凡沒有的，連他所有的，也要由他奪去。**」（瑪十三12）這就像沒有在主人恩寵中的僕人，他的錢必會被奪去，交給在恩寵中、且有更多錢的僕人（路十九24）。

因此，舉凡天主的家中，就是祂的教會中，無論是戰鬥或勝利的教會，最好和最主要的美物，天主堆積給祂最好的朋友，這樣的安排，是為了使他更受榮耀和光榮；這就好像一道明亮的光，吸收凝聚無數的微光。也像上文引述依撒意亞的經文，天主所指明的，根據其靈性的意義，祂對雅各伯說：「**我是上主，你的天主；以色列的聖者，你的救主；我使埃及作你的贖價，以雇士和色巴來代替你……所以，我拿別人交換了你，拿別的民族交換了你的靈魂。**」（依四三3－4）

9.那麼，現在，我的天主，祢真的能多多注視，並珍視祢所端詳的靈魂，因為，以祢的注視，祢賦予她尊貴和信物，因而祢珍視她也迷上她。為此，自從祢注視她之後，她不只堪當祢再看她一次，而是許多次，「**因為祢已注視了我**」；那麼，正如在《艾斯德爾書》中，藉聖神說的：「**凡皇上願意顯耀的人，就是這樣的對待他。**」（艾六11）

第三十四詩節

引言

1.處在這個境界，新郎送給靈魂的愛情禮物，無以計量，彼此之間，極其頻繁地傳達神性之愛的讚美和綿綿情話，這是無可言喻的。她讚美、稱謝新郎，新郎顯揚、讚美和感謝她，按照《雅歌》中所看見的，在那裡新郎對她說：「我的愛卿，妳多麼美麗，多麼美麗！妳的雙眼有如鴿眼。」她回答說：「我的愛人，祢多麼英俊，多麼可愛！」（歌一15－16）還有其他許多的感謝和讚美，在《雅歌》中，時時處處，彼此互相傾訴。這樣，在前一詩節中，靈魂謙卑自下，自稱既黑又醜，誇讚新郎的俊美和可愛，然而，由於祂的注視，賦予靈魂恩寵和美麗。至於天主，祂慣常高舉謙虛的人，以祂的眼睛注視她，如她所請求的，在本詩節中，新郎稱讚靈魂，不說她黑，如靈魂自稱的，卻稱她為潔白的鴿子，讚美她具有美好的性情，如鴿子和斑鳩。所以，祂說：

潔白的小鴿子，
口啣樹枝飛回方舟；
小小的斑鳩，

已在翠綠的河堤旁，
找到了傾心渴慕的良伴。

註解

2.本詩節中，說話的是新郎，歌頌她在這個境界所擁有的純潔，及富裕和報酬，這是靈魂回歸祂時，預備自己，辛勞工作，所獲得的。祂也歌唱，靈魂在這個結合中，在她的新郎內找到的美好幸福，並指出她的渴望，及在祂內擁有歡愉和舒暢，都已實現，今生的磨難時光已經結束。

所以，祂說：

潔白的小鴿子，

3.祂稱靈魂為「**潔白的小鴿子**」，係因領受在天主內尋獲的恩寵，賦予靈魂潔白和純潔。祂稱靈魂為鴿子，因為祂在《雅歌》中這麼稱呼她（歌二14），為指出她具有單純和溫順的性情，及愛的默觀。因為鴿子不只單純和馴服，沒有膽汁，而且有明亮和深情的眼睛；所以，為了指出，她具有這個深情默觀的特性，以之注視天主，新郎在那裡也說，她有鴿子的眼睛[194]。（歌四1）

祂說，這鴿子

194. 思高：「妳的兩眼隱在面紗後，有如一對鴿眼。」

口啣樹枝飛回方舟；

4. 在這裡，新郎比喻新娘為諾厄方舟的鴿子，象徵那飛出又飛回方舟的鴿子，這就是靈魂在這個情況所發生的。因為，這樣有如鴿子，飛出去，又飛回來方舟，因為在洪水中找不到落腳的地方，直到牠口啣橄欖樹枝飛回方舟，這是天主仁慈的記號，停止洪水的氾濫。（創八8－11）同樣，當靈魂受造時，她離開造物主的全能方舟，飛越罪惡和不成全的洪水，找不到供她的欲望歇息的地方，她從造物主的胸懷飛出去，又飛回來。從她造主胸懷的方舟，懷著愛的渴望，在風中飛去飛來，在祂內找不到完美的收斂；直到天主退去靈魂陸地上所有不成全的洪水，啣著橄欖樹枝飛回來，這是勝利，係由於天主的寬仁和憐憫，贏得了所有的一切，進入了她心愛主內，這個幸福又圓滿的收斂，她不僅克勝仇敵，凱旋歸來，而且帶回應得的報酬，橄欖樹枝指示這兩者。所以，靈魂的小鴿子，現在不僅飛回天主的方舟，純淨和潔白，如同受造之初離開方舟時，而且，甚至帶回來報酬與和平的樹枝，是她克勝自己所獲得的。

小小的斑鳩，
已在翠綠的河堤旁，
找到了傾心渴慕的良伴。

5. 新郎在這裡也稱靈魂為「小小的斑鳩」，因為在尋找新郎的這事上，就好像斑鳩找不到渴望的良伴。為了明白這事，要知道，據說斑鳩是這樣的：當牠找不到自己的伴時，青綠的枝頭上，牠不棲息，清澈涼爽的水，牠也不喝，牠不在蔭涼處歇息，也不和其他的夥伴共聚。可是，當牠找到自己的伴時，就會歡享這一切。

靈魂具有所有這些特點，也必須有，為的是達到和她的新郎、天主聖子連結和結合；因為，她應該懷著這樣的愛和關心行走，欲望的腳，不要棲息在任何歡愉的綠樹枝上，任何世俗的名譽和光榮的清水，也不要喝，現世的暢懷或安慰的清涼飲料，她也不要喜愛，任何受造物的恩惠或保護，她不置身於其蔭下；她不該渴望安身於任何事上，或伴隨其他的愛好，總是為了在萬有中的孤寂而嘆息，直到尋獲她的新郎，達到完全的滿足為止。

6.因為這樣的靈魂，在達到這個崇高的境界之前，一直懷著深愛，尋找她的心愛主，除祂以外，別無滿足，新郎在這裡歌頌，她的勞累已經結束，她的渴望得到滿全，說：「小小的斑鳩，已在翠綠的河堤旁，找到了傾心渴慕的良伴。」這等於是說：現在靈魂新娘已棲息在青綠的枝頭上，歡愉於她的心愛主，也已暢飲崇高默觀和天主上智的明澈清水，及在天主內擁有的暢懷而安慰的涼飲，也在祂保護和恩惠的蔭下安身，是她這麼渴慕的，在那裡是歡愉又神性的安慰、餵養和舒暢，按照她在《雅歌》中，愉悅地說出的：「我愛坐在他的蔭下，他的果實令我滿口香甜。」（歌二3）

第三十五詩節

引言

1. 新郎繼續前文，說明祂的滿足，係來自新娘孤居獨處所得的幸福，這獨居是靈魂先前渴望的生活，是持久的平安和不變的幸福。因為，當靈魂達到堅定於寧靜中，滿懷對新郎獨一和孤寂的愛時，如我們這裏說的這靈魂所做的，這麼愉悅地以愛定居在天主內，天主也在她內，靈魂無需其他的方法或老師，引導她歸向天主，因為天主已是她的嚮導，她的光明。因為，祂藉歐瑟亞所做的許諾，應驗於她：「我要引導她進入曠野，和她談心。」（歐二16）這話意指，在孤寂中，祂親自和靈魂交往和結合。因為，與她談心，就是使她的心得到滿足，也就是不滿足於非天主者[195]。所以，新郎繼續說：

她孤居獨處，
孤寂盈繞已築窩巢；
孤寂中惟有愛人獨自引導，
且在孤寂中，
因她的愛而創傷。

195. 這個詩節和註解顯得緊密又美麗。不帶有主詞，因為是延續前詩節，其主詞就是「班鳩」。而且一再重複「孤寂」這個語詞，原文中「*soledad*」用了28次；「*solo—solitario*」9次；「*a solas*」10次。經過許多艱苦的孤寂之後，這時的孤寂是親愛和愉悅的。現在，新郎已滿全她痛苦時的祈求：「願祢是使者和訊息。」（靈歌6·7）這個純真的孤寂，不必一定是身體的，而是為了新郎，而保有的超脫、神貧的孤寂。參閱《愛的活焰》3·46。

註解

2.本詩節中，新郎做二件事。第一，讚美孤寂，這是靈魂先前渴望的獨居，說何以這是一個方法，她從中尋獲，且單獨地享受她的心愛主，脫離她先前所有的痛苦和疲累；因為，她希望在孤居獨處中得到支持，離開一切從受造物來的滿足、舒適和支持，以達到陪伴她的心愛主，和祂結合，堪當得到在她心愛主內獨居的平安產業，憩息在祂內，單獨且遠離所有已說過的騷擾。

第二是說，每當她渴望在一切受造物中孤居獨處，為她的親愛主（*su Querido*）而獨居時，新郎為了她這個孤寂而迷戀她，親自照顧她，將她接納在自己的雙臂中，在自己內，以所有的美善餵養她，引領她的心靈達到天主的崇高事物。祂不只說，現在祂是她的嚮導，而且說，是祂獨自引導，沒有其他的中介，不經由天使或人，也不經由形式或形狀，因為經由這個孤居獨處，她已有了真的心靈自由，不受這些中介的束縛。

本詩句說：

她孤居獨處，

3.前文所說的小斑鳩，就是靈魂，沒有在這個結合的境界找到心愛主之前，她孤居獨處。因為，傾心渴慕天主的靈魂，沒有任何伴侶能夠安慰她；除非尋獲天主，一切事物都導致更深的孤寂。

孤寂盈繞已築窩巢；

4. 她先前孤居獨處，渴望為了她的新郎，缺乏世上所有的事物和幸福，如同我們說的小斑鳩，努力於達到全德，獲得完美的獨居，因而達到和聖言結合[196]，而且，隨之得到完全的舒暢和憩息；在此，以這裡說的窩巢作為象徵，表示休憩和安息。所以，這彷彿是說：先前在這個孤居獨處中生活，在其中，她辛勞又痛苦地修練，因為她還不是成全的，如今在孤寂中，她已安置好憩息和舒暢處所，已獲得在天主內的全德。所以，達味靈性地說道：「**麻雀真的找到了住所，斑鳩也找到了安置幼雛的窩巢。**」（詠八三4）這就是，她定居於天主，在那裡，滿足她的欲望和官能。

孤寂中惟有愛人獨自引導，

5. 就是說，在這個孤寂中，靈魂處於萬事萬物中，惟獨與天主獨處，天主引導、推動、提拔她達到神性的事物；就是說，她的理智達到神性的認識，因為理智已經單獨，剝除了其他相反和相異的認識；天主推動她的意志，自由無礙地達到天主的愛，因為意志已經單獨，不牽掛於其他的感情；也使她的記憶充滿神性的知識，因為記憶也已經單獨，空虛了其他的想像和幻想。因為，一旦靈魂清除這些官能的障礙，空虛所有低級的事物，甚至超脫高級的事物，拋開一切而獨居時，天主立即將之運用於無形和神性之境，是天主在此孤寂中引導她，如聖保祿說的成全之人：「*Qui spiritu Dei aguntur, etc.*」，「**凡受天主聖神引導的……**」（羅八14），這等於說：孤寂中，惟她的愛人獨自引導。

196. 參閱 34・5。

6.就是說，天主不僅在她的孤寂中引導她，而且是祂獨自在靈魂內工作，沒有其他任何方法。因為，這是在神婚中，靈魂和天主的這個結合的特點：天主獨自在她內工作，通傳祂自己，不經過天使，也不經過本性的能力；因為，外在和內在的感官，及所有的受造物，甚至連靈魂本身，為了接受在此境界，天主賜予的超性的大恩，能做的少之又少。這不在於才能、本性的工作或靈魂的勤勞，而是天主獨自在她內工作。理由是因為，發現她是單獨的，如所說的，所以，除了祂自己以外，祂不要給她別的伴侶，也不要她信任或獲益於別的事物。

這也是合宜的事，由於靈魂已經放棄一切，超越所有的中介，攀登在一切之上，達到天主，天主理當是達到祂自己的嚮導和中介。在孤寂中，靈魂已經攀登到一切之上，除了聖言新郎外，現在已沒有任何事物，對她的攀登高處，有什麼用處和幫助；新郎這麼迷戀她，祂要獨自賜給她所說的恩惠。所以，祂接著說：

且在孤寂中
因她的愛而創傷。

7.就是說，因新娘而受創傷。因為，除了新郎深愛靈魂的孤居獨處，祂更被她的愛創傷，由於她渴望孤獨地留守於萬物中，她也同樣因愛新郎而受創傷；這樣，新郎不要留下她孤孤單單的，而且，又因為新娘為了祂，孤居獨處而受創傷，看到她不滿足於其他的事物，於是，新郎獨自引導她，在她內誘導她，同化她，如果不是發現她處於心靈的孤寂，祂也不會這樣對待靈魂。

第三十六詩節

引言

1.情侶相處，有個奇怪的特點，就是喜歡避開所有的受造物和友伴，獨自互相陪伴。因為，雖然他們在一起，如果有外人在場，即使他們仍然同在一起，也能互相對談，說話之多，如外人在或不在時，而且，即使外人不和他們交談，也不說半句話，就足以使他們不能彼此取悅。理由是因為，情侶相結合的愛，渴望二人獨自交往。

那麼，當靈魂置身於全德的高峰，及天主內心靈的自由時，所有感官的反感和對立都結束，她不再理解別的什麼事物，也不運用別的什麼修練，而是投入與新郎親密相愛的愉悅和歡樂中。如同聖多俾亞在他的書中寫的，在那裡他說，當他經過了貧窮和試探的磨難後，天主光照了他，在「喜樂中安度餘年」（多十四2），就如我們所說的這個靈魂所經歷的，她在自己內看到的幸福，是這麼的歡樂和愉悅，如同依撒意亞關於靈魂所指出的，她修練全德的工作，已經達到我們要說的成全的極致。

2.因為，在那裡，他對靈魂說到這個全德，他說：「那麼，你的光明要在黑暗中升起，你的幽暗將如中午。上主必要時常引領你，在乾枯之地，使你心滿意足，並使你的骨頭堅強有力；你將成為一座灌溉的樂園，一個總不涸竭的水泉。你的後裔將重建往日的廢址，你要豎起那久遠的基礎，人要稱你為缺口的修補者，廢墟的興建者，為叫人居住。假使你在安息日限止你的腳步，在我的聖日停止你的營業，稱安息日為喜樂，為上主可敬的聖日；假使你尊崇聖日，而不去旅行，不苦心經營或談論生意，那時你將喜樂於上主。我要使你駕臨地之高處，使你享受你祖先雅各伯的產業。」（依五八10－14）以上是依撒意亞的話，這裏說的「雅各伯的產業」，就是天主本身。為此，如我們所說的，這個靈魂已不在意什麼了，除了歡享這個牧草地的愉悅。惟一渴望的一件事，就是在永生中完美地享受祂。

所以，在下一詩節，及接下來的其餘詩節中，她向心愛的主請求這個榮福的牧草地，在其中清楚地面見天主[197]。所以，她說：

心愛的，我們來欣享歡愉，
在祢的美麗中，觀看我和祢，
上高山，下丘陵，
行到清水湧流處，
深深探入叢林裡。

註解

3. 現在，天主和靈魂間愛的完美結合，已經完成，靈魂渴望投身和修練愛的事務。所以，本詩節中，她對新郎說話，要求三項特屬於愛的事。

197. 36—40詩節，是最後的五個詩節，從神婚的境界進而談論渴望、期待榮福之境，描述在今世以信德、愛德和望德，渴望和預見榮福的生命。

第一，她希望得到愛的歡樂和愉悅，這是她所要求的，當她說：「心愛的，我們來欣享歡愉」。

第二是渴望相似心愛主，當她說：「在祢的美麗中，觀看我和祢」，她請求的是這事。

第三是探知和明白心愛主的事情和祕密，當她說：「深深探入叢林裡」，就是向祂請求這事。

繼續詩句如下：

心愛的，我們來欣享歡愉，

4.就是說，在愛的甜蜜交往中，「我們來欣享歡愉」，不只在我們已經有的普通結合，及雙方的連合中，也在滿溢有效而真實的愛之修練中，有時是意志內在的熱愛行為，有時則為外在服事心愛主的工作[198]。因為，如我們說的，在愛已穩固之處，必會這樣：常渴望品嚐愛的歡樂和甜蜜，這些是內在和外在的愛之修練，如我們說的。她所做的一切，全是為了更相似心愛主。所以，她接著說：

在祢的美麗中，觀看我和祢，

5.這就是說：讓我們這樣行動，經由所說的這個愛的修練，在永生裏，我們會達到，「在祢的美麗中，觀看我和祢」[199]；這就是，在祢的美麗中，我如此地被神化，致使我們的美麗彼此相似，我們一起在祢的美麗中看我們，現在我已經擁有祢的美麗；就是這樣，彼此互相對看時，會在對方看到自己的美麗，因為二者的美麗只是祢的美麗，在祢的美麗中，

198. 「我們來欣享歡愉」……這愛和歡愉是深奧的，也是實際生活的，不只在於內在的感受，或稱讚的頌詞。這裡說的是工作、內在與外在愛的修練，所做的工作全是為了服事心愛主。

199. 「美麗」是此處神祕與抒情的經驗核心。聖十字若望說的不是一般的美麗，或我們的美麗，他說的是「祢的美麗」。這長長的一段，更好說是篇祈禱文，而非僅是敘述。當他寫註解時，重新活現自己的祈禱體驗，思想更專注於心愛主，而不是讀者。在第 5 節中，「美麗」一共出現了 26 次。顯然可見，《靈歌》從一開始，這個「美麗」的經驗和主題已經出現，參閱 5．4；6．1；11……。

我已經被同化；所以，我將在祢的美麗中看祢，祢也將在祢的美麗中看我，在祢的美麗中，我將在我內看祢，祢也要在祢的美麗中，在我內看到祢自己；所以，在祢的美麗中，我會相似祢，在祢的美麗，祢也會相似我，我的美麗就是祢的美麗，祢的美麗也是我的美麗；所以，在祢的美麗中，我將成為祢，在祢的美麗中，祢也將成為我，因為祢的美麗將是我的美麗；因此，在祢的美麗中，我們將觀看我和祢[200]。

此即天主義子的身分，聖子藉聖若望向永生聖父說的話，他們確實可以向天主說：「**我的一切都是祢的，祢的一切都是我的。**」（若十七10）因為祂是天主聖子，祂說這話是因其本質，我們說，則由於分享，因為我們是義子。所以，祂說這話，不只為祂自己，祂是頭，而且為祂的整個奧體，就是教會。在她凱旋之日，將會分享新郎的美麗，就是當她面對面看見天主時。為此，靈魂在這裡請求，在新郎的美麗中，觀看她和新郎。

上高山，下丘陵，

6. 這就是，達到對天主的黎明和本質的知識，亦即天主聖言內的認識，由於其崇高，在此以高山作為象徵，正如依撒意亞說的，召呼眾人前來認識天主聖子，說：「**我們來攀登上主的聖山。**」（依二3）另一次說：「**上主的聖殿山必要矗立在群山之上。**」（依二2）至於下丘陵，這就是，達到對天主的黃昏知識，亦即天主的上智，施行於其受造物、化工和美妙的秩序；這智慧，在此以「**丘陵**」來表示，因為它不如黎明的知識崇高。所以，靈魂在這裡請求黎明和黃昏二種知識，她說：「**上高山，下丘陵**」。

7. 那麼，靈魂對新郎說：「**在祢的美麗中觀看我和祢，上高山**」，就是說：在神性上

200. 關於最後的五個詩節，有一則軼事。某個嚴齋期間，當他路經貝雅斯（Beas）時，他問及院長方濟佳姆姆（Madre Francisca de la Madre de Dios）的祈禱態度，院長姆姆答說：「祈禱就在於仰望天主的美麗，欣喜於天主所擁有的美。」聖人狂喜於她的回答，一連數天之久，講述非常崇高和美妙的道理，訴說天主的美。他因愛而神馳，寫下五段詩節，談論天主的美麗，他這樣開始寫起：「心愛的，我們來欣享歡愉，在祢的美麗中，觀看我和祢……。」

智的美麗中，請神化我，使我與之相似，如我們說的，這神性上智就是聖言，天主聖子。至於說：「**下丘陵**」，是請求祂，也將其他次等智慧的美麗告知她，就是在祂的受造物和神祕化工中的智慧；這智慧也是天主聖子的美麗，靈魂渴望從中得到光照。

8.靈魂不能在天主的美麗中看見自己，除非在天主的上智中被神化，在其中看到自己擁有上天和下地的一切。當新娘說：「**我要到沒藥高山，上乳香丘陵**」（歌四6）時，就是希望到這個「**高山和丘陵**」。「**沒藥高山**」表示天主的明晰直觀，「**乳香丘陵**」則為受造物的知識，因為高山的沒藥，比丘陵的乳香更高級。

行到清水湧流處，

9.就是說：行到賜予理智，天主的知識和上智之處，在這裡稱為「**清水**」，因為這水使理智潔淨，清除附質與幻像，明淨，而沒有無知的煙霧。靈魂常懷有這個欲望，希望對神性真理具有清楚和純淨的理解；她愛得愈多，也愈渴望深入這些真理，為此，她要求愛的第三個特點，說：

深深探入叢林裡。

10.探入祢美妙化工和深奧判斷的「**叢林**」，這麼的浩繁，又這麼的各不相同，故能稱之為「**叢林**」；因為其中包含豐富的智慧，且這麼充滿奧祕，我們不僅能稱之為「**叢林**」，甚至更可稱為「**簇簇叢林**」，按照達味說的，「*Mons Dei, mons pinguis, mons coagulatus*」，就是說：「**天主的山是濃密的高山，是凝結的山。**[201]」（詠六七16）

201. 思高：「巴商山是巍峨的高山，巴商山是多峰的青山。」

天主上智和知識的這個叢林，這麼深奧和無限，無論靈魂獲知多少，她常能更深地探入，這麼的無限無量，其富饒深不可測，如聖保祿的吶喊，說：「**啊！天主的富饒、上智和知識，是多麼高深！祂的決斷是多麼不可測量！祂的道路是多麼不可探察！**」（羅十一33）

11. 然而，靈魂渴望探入這個叢林，及深不可測的決斷和道路，她因渴望深深徹入其中的認識，而形同欲絕；因為認識它們是無限量的歡愉，遠超所有的感覺。所以，達味論及它他們的愉悅時，這樣說：「**上主的判斷是真實的，無不公允，比黃金，比極純的黃金更可愛戀，比蜂蜜，比蜂巢的流汁更要甘甜，祢的僕人竭盡全力，喜愛並遵守這一切。**」（詠十八10–12）因此，靈魂熱烈地渴望，專心致志於這些判斷，願能更深地認識它們；為了換得這個認識，進入世上所有的困苦和磨難，及一切能達到的方法，對靈魂而言，是很大的安慰和喜樂，無論會是如何的困難和痛苦，即使是死亡般的痛苦，全是為了看到自己更深地進入她的天主。

12. 因此，靈魂在此渴望進入的這個叢林，也非常適宜指示濃密和繁多的艱苦和患難，是這個靈魂渴望進入的，因為痛苦對她來說，是最歡愉和最有益的；因為，痛苦是她更深徹入的方法，使她深深探入天主歡愉上智的叢林裡。因為最純潔的痛苦，帶來最親密和純潔的認識，從而導致最純潔和崇高的享受（gozar），因為此乃得自最深入的認識。為此，她不滿足於某個痛苦，她說：「**深深探入叢林裡。**」

意即，深入到死亡的痛苦，為能看見天主。因此，約伯先知渴望這個痛苦，為能看見天主，說：「**誰能使我的祈求能實現？願天主滿全我的希望！願使我開始的祂擊毀我，鬆手使我消滅！使我有這個安慰，在以痛苦折磨我時，祂不寬免我**[202]**。**」（約六8–10）

202. 思高：「惟願我的祈求實現，願天主滿全我的希望！願天主擊毀我，鬆手使我消滅！這樣，我仍有安慰，在悽慘的痛苦中，仍然喜悅。」

13. 啊！如果能完全了解，何以不能達到天主豐饒的叢林和上智（這是有許多方式的），除非進入多種方式的痛苦叢林，靈魂在其中安置她的安慰和渴望！又何以真實渴望神性上智的靈魂，她首先希望受苦，為能進入其中，進入十字架叢林的上智！因此，聖保祿勸告厄弗所人，「不要因所受的苦難而沮喪」，而要非常強壯，「要在愛德上根深蒂固，奠定基礎，為使你們能同眾聖徒領悟，基督的愛是怎樣的廣、寬、高、深，並知道基督的愛是遠超人所能知的，為叫你們充滿天主的一切富裕。」（弗三13，17–19）因為，為了進入這些豐饒的上智，門是十字架，這是窄門。很少人渴望經過窄門而入；然而，卻有許多人渴望來自窄門內的歡愉[203]。

203. 參閱《攀登加爾默羅山》2・7・5。

第三十七詩節

引言

1.靈魂「渴望求解脫而與基督同在一起」（斐一23），其主要的理由之一，是為了在那裡面對面看見祂，徹底了解祂降生的深奧道路和永恆的奧祕，這絕不是次等的榮福；因為，正如基督藉著聖若望，親自向聖父說：「永生就是認識祢，惟一的真天主，和祢所派遣來的耶穌基督。」（若十七3）因此，這就好像，當人長途跋涉抵達後，所做的第一件事，就是看見他最愛的人，並和他說話，同樣，靈魂達到面見天主時，最渴望做的第一件事，就是認識並享有降生的深奧祕密和奧祕，以及天主依據的古老道路（參閱耶六16；依廿五1）。因此，靈魂說完了渴望在天主的美麗中看見她自己後，接著說這個詩節：

然後，我們邁向
磐石上，高峻洞穴叢，
岩穴洞，好隱處，
我們進入其中，
品嘗新鮮石榴汁。

註解

2.促使靈魂渴望進入天主上智的這個叢林，非常深入地認識神性智慧的美麗，其中的理由之一，如我們說的，是為使她的理智在天主內，因獲知降生的奧跡，而達到結合；降生奧跡是天主的所有化工中，最崇高和愉悅的。所以，新娘在本詩節中說，當她更深地進入神性的上智後，就是說，更深入現在她已經擁有的神婚，就是將在榮福中，面對面享見天主，靈魂將和天主的上智結合，也就是和天主聖子結合，靈魂將獲知天主和人的奧祕，這是非常崇高的智慧，隱藏在天主內，靈魂進入其內認識它們，專心致志且沉浸於其內，新娘和新郎都將品嘗，因認識它們及天主的德能和屬性而來的美味和歡愉，亦即，在天主內認識所說的奧祕，諸如正義、仁慈、智慧、能力、愛德等等。

然後，我們邁向
磐石上，高峻洞穴叢，

3.這裏說的「磐石」，按聖保祿說的，就是基督。（格前十4）這個磐石上的「高峻洞穴叢」，就是在基督內，天主上智的崇高、尊貴和深奧，關於神性聖言與人性的二性一位的結合（*la unión hipostática*），世人和天主之間互相一致的結合，以及在顯示天主判決時，有關人類的救恩，天主的公義和仁慈相符的奧祕。這些事情，由於這麼的崇高和奧祕，非常適於稱為「高峻洞穴叢」；「高峻」，表示宏偉奧祕的崇高；「洞穴叢」，表示在其中天主上智的深度和深奧。因為，這就好像「洞穴叢」是深奧的，也有許多洞穴，同樣，基督內的每個奧祕都是深奧的智慧，也有許多的洞穴，就是祂對人子預定和預見的隱祕判決。為此，她接著說：

岩穴洞，好隱處，

4. 無論聖師們發現如何多的奧祕和奇事，聖善的靈魂在現世也已了悟，然而，至今仍留有大部分尚待說明，甚至有待領悟；這樣，還有許多要深入基督內的，因為就像一座豐富的礦山，蘊含許多寶藏的洞穴，無論人們如何深入發掘，總不能窮其底蘊，反而在每個洞穴中發現層層的新礦脈，蘊含著新富裕，處處皆是。因此，聖保祿論及基督說：「**在基督內蘊藏著所有隱藏的寶藏和智慧**[204]。」（哥二3）如我們所說的，如果不先經過內在和外在的痛苦窄門，達到神性的上智，她既不能進入洞穴，也無法達到這些寶藏。因為，雖然在今生能獲致基督的這些奧祕，卻無法達到，除非經歷許多的痛苦，又從天主接受許多理智和感官的恩惠，並且修行許多的神業；因為，比起基督奧祕的智慧，所有這些恩惠全是低級的，因為全是為預備人達到天主的上智。

因此，當梅瑟請求天主顯示祂的光榮時，天主回答他說，在今生，他不能看見；不過，天主將顯示給他所有的美善（出卅三18－19），亦即，在今世，所有能被顯示的。於是，天主把梅瑟放進「岩穴洞」（出卅三22－23），如我們所說的，這就是基督，顯示祂的背後，也就是給他基督人性奧祕的知識。

5. 於是，靈魂熱切渴望進入這些基督的洞穴，為能完全被吸收、神化，沉醉於這些奧祕智慧的愛內，並隱藏自己於心愛主的胸懷內。因為《雅歌》中，新郎邀請她進入這些穴

204. 思高：「在祂內蘊藏著智慧和知識的一切寶藏。」

縫，說：「起來，我的愛卿！快來，我的佳麗！我那在岩石縫中，在懸崖隱處的鴿子！」（歌二13–14）這些「岩石縫」，就是我們這裏說的「穴洞」，所以，靈魂接著說：

我們進入其中

6.其中，就是說，我們進入那些神性的知識和奧祕中。但是她不說，我單獨進入，這樣說，似乎更適當，因為新郎無需重新進入，卻說「我們進入」，亦即，心愛的和我，她藉此說明，她不單獨做這事，而是新郎和她一起；此外，由於在這個神婚的境界，靈魂和天主已經結合為一，我們說，沒有天主，靈魂什麼都不做。

至於說：「我們進入其中」，就是說：我們在其中被神化，亦即，藉著愛，我在祢內，這愛就是所說的這些神性和愉悅的決斷。因為知道義人的命運，惡人的下場，天主聖父賜給義人甜蜜的福分（詠廿4），按照這些知識，在祂的聖子耶穌基督內，靈魂會被極卓絕和親密地神化於天主的愛內。因此，她懷著至極的愉悅和歡愉，藉祂的聖子耶穌基督，再次感謝和熱愛聖父。因此，她結合基督，偕同基督，而感謝和愛慕。此讚美的風味如此巧妙，全然超乎言詞；不過，靈魂在下一詩句中說這事，她說：

品嘗新鮮石榴汁。

7.在這裡，「石榴」表示基督的奧祕、天主上智的決斷、及天主的德能和屬性，這是在天主內，透過這些奧祕和決斷的知識而認識的，其數量不可勝數。因為，這就好像石榴，有許多的小種子，在圓形小穴內形成並續存，同樣，天主的每一屬性、奧祕、決斷和德能，包含極繁多的美妙秩序和天主的巧妙事功，都存在並保留在德能、奧祕……等等圓球形的洞穴內，各有其效能。

讓我們在此注意一下，圓或球形的石榴，因為每個石榴，在這裡我們意指，任何一個天主的屬性和德能，而每一個屬性和德能即是天主的本身，因為天主無始也無終，故以圓或球形來象徵。由於在天主的上智內，有這樣無以數計的決斷和奧祕，在《雅歌》中，新娘對新郎說：「**你的肚腹是象牙，鑲有碧玉。**」（歌五14）「**碧玉**」指示所說的神性上智的奧祕和決斷，在這裡以「**肚腹**」來表示；因為碧玉是一種寶石，具有天空的顏色，當它們明亮和潔淨時。

8. 新娘這裡說，她和新郎品嚐的這些「**新鮮的石榴汁**」，意指從認識天主的屬性中，在靈魂內湧出的天主之愛的福樂和歡愉。因為這就好像，吃石榴時，從許多的石榴種子，只流出一口新鮮的果汁，同樣，所有這些天主的奇觀妙化和崇偉，傾注在靈魂內，滿溢出一份愛的福樂和歡愉，這就是暢飲聖神。然後，靈魂懷著愛的至極溫柔，立即將之獻給她的天主，她的聖言新郎。因為，在《雅歌》中，她應許給新郎這神性的飲料，如果新郎引領她達到這崇高的知識，說：「**在那裏，祢將教導我；我要給祢喝調香的美酒，和我的石榴鮮汁。**」（歌八2）她稱「**石榴**」是她的，這就是，即神性的知識，雖然是天主的，天主已將這神性的知識給予她。她將這愛情美酒內，像這樣的喜樂和福樂作為飲料，獻給她的天主；這就是所說的「**品嘗新鮮石榴汁**」。

因為，天主親自品嘗，也給她品嘗；她喝了，又將飲料獻給天主喝，所以，是雙方共同品嘗。

第三十八詩節

引言

1. 在前二段詩節中，她歌唱在那永恆的福樂中，新郎會給她的幸福；就是說，新郎以祂上智的美麗，無論是受造的或非受造的，神化她。也以聖言和人性結合的美麗，神化她，在那裡，她會認識祂，經由面對面，及從背後認識祂[205]。

現在，接下來的詩節中，她說二件事：第一，她說，她品嘗碧玉，或所說的石榴，的那個神性鮮汁的方式；第二，她把必會給她的預定光榮，放在新郎面前。

在這裏要注意，雖然說靈魂的這些幸福有先後接續的部分，它們全包含在靈魂的一個本質光榮內。所以，她這樣說：

祢在那裏將顯示給我，
那些我的靈魂所追求的，
然後，在那裏，
我的生命！祢！會給我，
那些在另一天祢已給我的。

205. 出自《出谷紀》梅瑟想要看見天主的典故；參閱《靈歌》37．4。

註解

2.靈魂渴望進入那些洞穴的目的，在於達到天主之愛的極致，這是她經常追求的，就是以純潔和成全愛天主，如同天主愛她一般，為能以這愛回報天主。所以，她在本詩節對新郎說，在那裏，祂將顯示給她這個，就是，在她所有的行動和修行中，她這麼經常追求的，就是顯示給她，以新郎愛她的成全之愛，愛新郎。她說的第二件事是，在那裏，將給她的是本質的光榮，即天主從永恆就預定給她的。於是，她說：

祢在那裏將顯示給我，
那些我的靈魂所追求的，

3.靈魂的這個追求，是與天主的愛平等，她常常渴望這個平等，無論是在本性或超性上，因為對愛人來說，如果不覺得愛和被愛一樣多，必不會心滿意足。正如靈魂的覺察，在今生，以她在天主內擁有的神化，雖然是很大的愛，仍不能達到與天主愛她的成全之愛平等，她渴望榮福的明晰神化，藉此，她將達到與所說的愛平等。因為，雖然在這裡，她擁有這個崇高的境界，有了意志的真實結合，還是不能達到愛的那些特質和能力，就是榮福的濃烈結合才會有的那個愛。因為，這就好像，如聖保祿說的，「**那時靈魂將知道，她全被天主認清**」（格前十三12），這樣，那時，她將愛天主，如同她被天主愛；因為，那時，就好像，她的理智是天主的理智，她的意志是天主的意志，所以，她的愛是天主的愛。因為，雖然在那裏，靈魂的意志並沒有失去，而是這麼強有力地和天主的堅強意志結合，天主因而愛她，她對天主的愛，就像天主對她的愛那樣強壯和完美，二個意志結合為一，只有一個意志和一個對天主的愛。這樣，靈魂以天主的意志和力量愛天主，結合這愛的力量，靈魂以這愛來愛天主；這樣的力量乃在於聖神，靈魂在聖神內被神化；藉此榮福的神化，聖神補足靈魂內的缺乏，因為聖神之賜予靈魂，乃是為給予愛的能力。雖然在此神婚境界的完美神化中，即靈魂在今世所能達到的，她滿溢著恩寵，多少仍是經由聖神而愛，因為，在此愛的神化中，聖神已被傾注（羅五5）。

4.為此，要注意，靈魂在這裏不說，天主將在那裡，把祂的愛給她，雖然真的給了她，因為這樣的話，她只表達出天主愛她，靈魂更想說明的是，在那裏，天主會顯示給她，該如何完美地愛祂，如同靈魂所追求的。既然在那裏，天主把祂的愛給靈魂，這就顯示她該如何愛祂，如同天主愛她一樣。因為，在那裡，天主除了教導靈魂純潔、自由和無私地去愛，如同祂愛我們，還使她以天主愛她的能力去愛，使她在祂的愛內神化，如我們所說的，天主將祂自己的能力給靈魂，使靈魂能愛祂，就好像天主把工具放在她的手裏，告訴她如何使用，和她一起工作，這就是顯示給她如何去愛，並且給她能力去愛[206]。

未達此境，靈魂不得滿足，來日天堂上，她也不會滿足，如聖多瑪斯在〈論真福〉的小書[207]中說的，如果，靈魂不覺得她愛天主，如同天主愛她那麼多。而且，如所說過的，在我們說的這個神婚境界，在這時，尚未擁有那樣完美的榮福之愛，但是，對那完美的境界，卻有一種鮮活的瞥見和形像，全然不可言喻。

然後，在那裏，
我的生命！祢！會給我，

206. 在第一版本中有個非常獨創的說法，但作者沒有寫在第二版本中：「因此，不只使靈魂學會愛，甚至使她成為愛的老師，和這位愛的老師（譯按，指主耶穌）結合，因而得到滿足。」《靈歌 A》37．3。

207. 這是惟一的地方，聖十字若望提及這部聖多瑪斯的偽作。除了聖經，顯然這本書對若望有很大的影響。他特引用此書於最後的這些詩節，及《愛的活焰》3．82—85。此書的作者可能是 Helvicus Theutonicus，是一位道明會士。此書來自：*D. Thomae Aquinatis Opera Omnia*, vol 28 （Paris： Vives, 1875） 。聖十字若望在此處說的部分，可在 404—26 頁找到。

那些在另一天祢已給我的。

5.靈魂在這裏說，然後，祢會給我，就是說給她本質的光榮，這在於看見天主的存有。為此，尚未續論下文之前，應該在此解決一個疑難，這就是：為什麼，既然本質的光榮在於看見天主，而不在於愛，靈魂這裡說她的渴望是這個愛，而不說本質的光榮，為什麼在詩節開始時提出這愛，後來，如同較不看重的事，再提出本質的光榮呢？

這有兩個理由：第一，因為，這就好像萬物的終向是愛，愛是屬於意志的，其特性是給予，而非接受，至於理智的特性，是屬於本質光榮的，是接受，而非給予；當靈魂在這裡沉醉於愛時，居首位的不是天主給的光榮，而是以真愛委順，把她自己給天主，毫不顧慮她的利益。第二個理由是，因為在第一個渴望中，已經包括第二個渴望[208]，在前面的詩節中，已預先作此假定；因達到對天主的完美愛情，而沒有對天主的完美直觀，這是不可能的。所以，在第一個理由中，已經解決了這個疑問的要點；因為，靈魂以愛償還對天主的虧欠，若以理智，反而是接受天主給的。

6.不過，在重返註解之前，我們來看看，這裏說的那個「另一天」，指的是什麼日子，及那個「那些」是什麼，就是在那一天，天主給她的，還有，她請求後來在榮福中擁有的是什麼。那個「另一天」，意指天主的永恆之日，對現世的日子而言，這是「另一天」。在永恆的那一天，天主預定要給靈魂的光榮，這個確定要給她的光榮，是在無始之始，靈魂受造之前，天主自由地賜給她的。至於這個「那些」是如此的特屬靈魂，沒有任何事或逆境，無論崇高或卑微的，都不足以從靈魂永遠奪去，天主從無始之始預定給她的這個「那些」，她將永無終窮地擁有。這就是「那些」，她說「在另一天祂已給她的」，現在，她渴望在

208. 這句話的意思是：第一個渴望，指的是看見天主的本質光榮，第二個渴望是愛，渴望看見已經包括了愛。

光榮中明顯地擁有。

而「那些在另一天祢已給我的」會是什麼呢？是「眼所未見，耳所未聞，人心所未想到的」（格前二9），如聖保祿宗徒說的。再者，依撒意亞說：「主，除祢以外，眼睛從未見過，祢之如此行事，等等。」（依六四3）因為，由於無名可名，靈魂在這裡說是「那些」。總之，那就是看見天主，可是對靈魂而言，面見天主，沒有比稱之為「那些」更好的名稱。

7.然而，為了不要略而不談點這個「那些」，我們說，在《默示錄》中，基督用許多的名稱、語詞和比喻，七次對聖若望說及這事，因為不能用一個字，讓人了解這個「那些」，也不能說一次就懂，因為即使用盡言辭，仍有待說明。那麼，基督在那裡說：「勝利的，我要把天主樂園中生命樹的果實給他吃。」（默二7）

可是，由於這話沒有說明白這個「那些」，祂立即換句話說：「你應當忠信至死，我必要賜給你生命的華冠。」（默二10）

可是，因為所說的這話仍不足以表達，祂再說另一句更隱晦，卻解釋得更詳細的話，說：「勝利的，我要賜給他隱藏的瑪納，也要賜給他一塊刻有新名號的白石，除領受的人外，誰也不認得這名號。」（默二17）

因為這話還是不足以說明這個「那些」，天主聖子於是又說其他的話，指出極大的喜樂和權能：「勝利的，並且到最末堅守我事業的人，我必賜給他治理萬民的權柄，他將用鐵杖管轄他們，有如打碎瓦器，正如我由我父所領受的權柄一樣；我還要賜給他那顆晨星。」（默二26－28）

祂還是不滿意用這些詞語說明「那些」，接著說：「勝利的，必要這樣穿上白衣，我

決不將他的名字從生命冊上抹去，我要在我父面前承認他的名字。」（默三5）

8.然而，因為所說的一切仍嫌不足，祂接著又說了許多話語，解釋這個「那些」，這些話語內，包括不可言喻的尊貴和崇偉：「勝利的，我要使他成為天主殿宇的柱子，決不再讓他到外面去，我還要把我天主的名號，和從天上我天主那裏降下的我天主的城邑，即新耶路撒冷的名號，以及我的新名號，寫在他身上。」（默三12）

祂接著說第七個詞語，為說明這個「那些」：「勝利的，我要賜他同我坐在我的寶座上，就如我得勝了，同我的父坐在他的寶座上一樣，有耳朵的，應聽……等。」（默三21-22）

到此為止，是天主聖子的話語，用以解釋這個「那些」。這些話語非常完美地說明這個「那些」，但仍未能說明；因為，無限量的事物是這樣的：優質、偉大又美好的所有卓越話語，都很適切，但仍然完全不足盡言，所有的話語合併一起，還是不能言盡。

9.那麼，現在我們來看看，達味是不是說了些這個「那些」。在一篇聖詠中，他說：「上主，為敬畏祢的人，祢所保留的甘飴是何等豐盛！」（詠卅20）為此，另一處，他稱「那些」為怡人的溪川：「祢還賜他們暢飲祢怡人的溪川。」（詠卅五9）而，因為達味覺得這個名稱不相符，另一處稱之為「預嘗天主的甜蜜福寵[209]。」（詠二十4）

因此，以準確的名稱說明靈魂這裡說的「那些」，即天主預定給她的幸福，尚未尋獲。

那麼，讓我們擱下這些名稱，即靈魂這裡說的「那些」，我們來解釋一下這詩句：「那些祢已給我的」；這就是，祢預定給我的那個光榮份量，啊！我的新郎！在祢的永恆之日，當祢認為決定造生我是件美事時，那時，祢在那裡會給我，在我訂婚和結婚之日，在我心靈歡樂的日子（歌三11），當我脫離肉身，在祢洞房的「高峻洞穴內」，在祢內光榮地神化我，我們將共飲甜蜜的「石榴鮮汁」。

209. 思高：「因為你已賜給了他卓越的福寵。」

第三十九詩節

引言

1.不過，由於在神婚境界中的這個靈魂，就是我們這裡說的，不能不知道一點「那些」，那麼，由於在天主內神化，她多少經歷了這事，她不願不說點這個「那些」，她已經感覺出來，這個「那些」在她內的記號和蹤跡，因為，正如在《約伯先知書》上說的：「誰能忍住他已聽到的話，而不說出來呢？」（約四2）所以，在接下來的詩節中，她歌唱那個福樂，即在榮福直觀中她將享有的，盡其可能地解釋，在那裡將會有的，「那些」是什麼，又是怎樣的。

風的噓氣，
甜蜜夜鶯的歌唱，
樹林與其靈巧秀麗，
在寧靜的夜裏，
燃燒著焚化而無痛苦的火焰。

註解

2.在本詩節中，靈魂述說和解釋「那些」，她說是新郎在真福的神化中賜予她的，用五句話來加以說明。

第一，她說，是天主聖神的噓氣，吹向靈魂，及靈魂的噓氣吹向天主。

第二，在天主的福樂中，歡欣慶祝。

第三，通曉受造物及萬物的井然有序。

第四，純潔而明晰地默觀神性的本質。

第五，在天主浩瀚無垠的愛中完全神化。

所以，詩句說：

風的噓氣，

3.這個「風的噓氣」是一種能力，靈魂說，天主將在那裏，在聖神的通傳中[210]，賜給她，以噓氣的方式，用祂那神性的噓氣，提拔靈魂到極高的境界，塑造她，賦予她能力，為使她能在天主內噓氣，就像父在子內，子在父內的愛的噓氣，此即聖神本身，在所說的神化中，聖神在聖父和聖子中向靈魂噓氣，使靈魂和祂結合。因為，如果靈魂在至聖聖三的三位中被神化，沒有以清楚和明顯的程度，這不會是真實而完全的神化。

這個，像這樣在靈魂內的聖神噓氣，天主藉此神化靈魂成為祂自己，對她，是這麼的崇高、微妙和深奧的歡愉，世人的脣舌之辭可陳，像這樣的事，人的理智也無法了悟什麼；

210. 在此，作者敢敘述有關「聖神噓氣」的崇高恩惠。之前對此相同的恩惠，在《愛的活焰》4 · 17 中表示寧可靜默不語。

因為，甚至在暫時的神化中，靈魂內裏經歷的這個通傳，是不可言喻的，因為這靈魂，在天主內結合和神化，她以神性的嘘氣，在天主內向天主嘘氣，由於靈魂已經在天主內被神化，天主在自己內向靈魂嘘氣。

4. 靈魂在今生所擁有的神化中，天主的這個嘘氣吹向靈魂，靈魂的吹向天主，次數頻繁，在靈魂內伴隨著至崇高的愛之歡愉，雖然不能如同來世，那樣清楚和顯明的程度。因為，我認為，這是聖保祿想要說的話，那時他說：「**你們是天主的子女，所以，天主派遣了自己兒子的聖神，到你們心內喊說：阿爸！父啊！**」（迦四6）來世的真福者及今世的成全者，就是像所說的這樣。

靈魂能達到如此崇高的境界，在天主內嘘氣，藉著分享，如同天主在她內嘘氣，我們不要視之為不可能[211]。因為，倘若天主恩待她，使她和至聖聖三結合，藉著分享，使靈魂神化，成為天主，她也在聖三內了解、認識和愛，或更好說，是聖三和她一起，就像聖三親自完成此舉，這怎會是不可置信的事呢？不過，是以通傳和分享的方式，天主在靈魂內完成這事；因為，此乃在聖三三位內，能力、智慧和愛的神化，靈魂因此而相似天主；為使她能達到這目的，天主按祂的肖像和模樣造生她。（創一26–27）

5. 這是怎麼回事呢？除了指明天主聖子如何為我們獲得這高貴的身份，使我們堪當處於崇高的地位，能作天主的子女，如聖若望所說的（若一12），沒有什麼知識和能力，能予以說明的。所以，藉著聖若望，祂向父祈求，說：「**父啊！祢所賜給我的人，我願我在哪裏，他們也同我在一起，使他們享見祢所賜給我的光榮。**」（若十七24）亦即，藉分享，他們可在我們內做相同的工作，就是我以本性做的事，就是在聖神內嘘氣[註]。祂又說：「**我**

211. 「不要視之為不可能……」這裡所解釋的是，這些無可比擬的神祕恩寵的根源，建基於：我們是按天主的肖像和模樣所造的，在基督內，我們是天主的兒女，分享祂的性體和繼承權，受聖神的引導……。

註　這句話的「我」，意指主耶穌，祂以本性在聖神內嘘氣。「他們」指父賜給祂的，也能在聖三內做相同的工作，就是在聖神內嘘氣。

不但為他們祈求，而且也為那些因他們的話而信從我的人祈求。願眾人都合而為一！父啊！願他們在我們內合而為一，就如祢在我內，我在祢內，為叫世界相信是祢派遣了我。我將祢賜給我的光榮賜給了他們，為叫他們合而為一，就如我們原為一體一樣。我在他們內，祢在我內，使他們完全合而為一，為叫世界知道是祢派遣了我，並且祢愛了他們，如愛了我一樣！」[212]（若十七20－23）這就是，把給予聖子的愛通傳給他們，雖然不是本性地，如同給聖子一般，不過，如我們說的，係藉著愛的結合和神化。在這裡不要認為，聖子想要對聖父說，使聖人們在本質和本性上和祂完全一樣，如同聖子和聖父，而是求使他們藉愛的結合而合一，如同聖父和聖子在愛內的結合。

6.因此，靈魂藉分享而擁有相同的幸福，聖子則因本性而擁有；為此，藉著分享，她們真的是神，和天主平等，成為天主的同伴。所以，聖伯多祿說：「願天主的恩寵與平安，因認識天主和我們的主耶穌，豐富地賜予你們。因為我們認識了那藉自己的光榮和德能，召叫我們的基督，基督天主性的大能，就將各種關乎生命和虔敬的恩惠，賞給了我們，並藉著自己的光榮和德能，將最大和寶貴的恩許賞給了我們，為使你們藉著這些恩許，在逃脫世界上所有敗壞的貪慾之後，能成為有分於天主性體的人。」（伯後一2－5）以上是聖伯鐸的話，這些話中，他清楚地指出，靈魂將分享天主自身，如我們說的，是由於靈魂和天主的實體性結合，靈魂藉著在天主內，偕同天主，完成至聖聖三的工程。這樣的事，雖然是在來世才會圓滿實現，仍在今世，當她達到成全的境界時，如我們說的達到這裡的靈魂，按照我們說的方式，她獲得了對此事的深刻預見和預知，雖然，如我們說的，這是不可言喻的[213]。

212. 這段新約的經句幫助若望，說出他很難訴諸言語的結合經驗。十字・熱羅尼莫（Jerónimo de la Cruz）是經常陪他旅行的同伴，作證說，他在路途上常會聽見他虔誠地朗誦若望福音第十七章。若望已在37・1時引用聖經中這一章的一句經文，其他地方也引用過，在此，則是大量地引用一大段，用以解說不可言喻的神性事理。
213. 參閱22・6—7；《愛的活焰》1・28。

7.靈魂哪！你們受造是為了這些卓絕尊貴，也是為此而蒙召！你們在做什麼呢？你們為何拖延不前呢？你們的渴望是卑劣的，你們所擁有的是不幸的！啊！你們靈魂眼目的可憐盲目！對這麼明亮的光明，你們是瞎子，這麼洪亮的聲音，你們是聾子，看不見你們要尋求的偉大和光榮，你們還是存留在不幸和卑劣中，對這麼多的福分，既無知也不配！

靈魂接著說第二件事，為解釋「那些」，這就是：

甜蜜夜鶯的歌唱，

8.在靈魂內生出的那個「風的噓氣」，是心愛主召喚她的甜蜜聲音，在這聲音中，她向新郎表達她快樂的歡呼；在這裡，她稱二者的聲音為「夜鶯的歌唱」。因為，就像聽見夜鶯在春天歌唱，冬天的嚴寒、多雨和多變已經過去，夜鶯傳送悅耳又舒暢心靈的旋律，同樣，在今生，新娘已擁有現在這個愛的通傳和神化，她已被保護，免受現世的所有騷擾和變化，淨除且淨化感官和心靈上的不成全、困苦和煙霧。她感受到嶄新的春天，處於心靈的自由、逍遙和喜樂中，因而聽到新郎的「甜蜜」聲音，這是她的甜蜜夜鶯，那聲音更新且舒暢她靈魂的實體，如同對待已準備好走向永生之旅的靈魂，祂甜蜜又愉悅地召喚她，說：「起來，我的愛卿！快來我的佳麗！看，嚴冬已過，時雨止息，且已過去，田間的花卉已露，歌唱的時期已近。在我們的地方已聽到斑鳩聲。」（歌二10–12）

9.新郎的這個聲音，就是祂在新娘內的說話聲，她覺察這是惡事的結束，也是幸福的肇始。在此舒暢、受保護和歡愉的感受中，她也像甜蜜的夜鶯，向天主唱出歡樂的新歌，和天主一起合唱，這是天主引導靈魂達到的。為此，天主將祂的聲音給靈魂，為使她的聲音和祂的合一，一起向天主歌唱，因為這是祂的期盼和渴望，願靈魂提高她的心靈之聲，歡樂地向天主歌唱，這也是《雅歌》中，同一新郎向她請求的，祂說：「**起來，我的愛卿！快來，我的佳麗！我那在岩石縫中，在懸崖隱處的鴿子！請讓我看到妳的容貌，聽見妳的聲音。**」（歌二13－14）

在這裡，天主的「**聽見**」，表示祂渴望靈魂以完美的歡樂聲向祂歌唱。這歌聲，但願是完美的，新郎請求靈魂歌唱，自「**岩石縫中**」傳出歌聲，這就是，在神化中，即我們說的基督的奧祕。因為，在這個結合中，靈魂偕同天主，在天主內歡樂，並讚美天主，如我們所說的愛[214]，是非常完美的讚美，又悅樂天主，因為，處於這個成全境界的靈魂，所做的工作非常完美；所以，這歡樂的聲音，對天主是甜蜜的，對靈魂也是甜蜜的。為此，新郎說：「**妳的聲音甜美可愛**」（歌二14），就是說，不只對妳，對我亦然，因為，妳和我合而為一，妳以甜蜜夜鶯的歌聲，和我同音歌唱。

10.這歌唱就是以這個方式，是靈魂在今生的神化中所經歷的，其歡愉絕不是誇張之言。不過，由於不是如同榮福生命中的新歌那樣完美，靈魂因為在這裡的體驗，而有所品嘗，透過這個崇高的歌唱，追蹤在榮福中會享有的卓絕，其優越是無可比擬的，新娘想念它，說祂會給她的「**那些**」，就是「**甜蜜夜鶯的歌聲**」。

她繼續說：

樹林及其靈巧秀麗，

11.這是第三件事，靈魂說是新郎要給她的。由於樹林中，養育許多的植物和動物，「樹

214. 見38・3—4。

林」，在這裡意即天主，因為祂養育且賦予生命給所有的受造物，萬物在祂內有其生命和根源，這就是天主顯示自己給她，親自使她認識自己是造物主。

按照這個樹林的「**靈巧秀麗**」，靈魂也因而在此向新郎請求，她不只請求，上天與下地所有的受造物，擁有得自天主的恩寵、智慧及美麗，也請求，祂在萬物中造成的，彼此相稱的智慧、秩序、優雅及親愛，這樣，無論是低級受造物彼此之間，及高級受造物彼此之間的和諧，或高級和低級受造物之間的和諧，認識這些事，使靈魂極為靈巧秀麗和歡愉。

繼續第四件，就是：

在寧靜的夜裏，

12.這個夜是默觀，靈魂渴望在默觀中看見這些事[215]。稱默觀為「**夜**」，因為默觀是黑暗的，為此，默觀也被稱為神祕神學，就是說，天主的祕密或隱藏的智慧，在默觀中，沒有言語的聲音，沒有任何身體和心靈感官的協助，處於靜默和寂靜中，於所有感官和本性的黑暗中，天主極隱藏又極祕密地教導靈魂，靈魂不知其然；某些神修人士，稱之為不知之知[216]。因為這知識不是在理智內被教導的，哲學家稱這個理智為主動的，其工作在於身體官能的形式、幻像和領悟；然而，這個知識，卻是在可能與被動的理智中導致的，可能與被動的理智，不接受這些形式……等等，只被動地接受剝除形像的實體認識，這是給予的，沒有任何的工作，也沒有其主動的任務。

13.為此，稱這個默觀為「**夜**」，在夜裡，靈魂在今生，藉著已擁有的神化，至極崇高地認識這個神性的「**樹林及其靈巧秀麗**」。

215.「這些」就是指上面所說的種種恩賜。
216.關於這方面，聖女大德蘭對默觀有個很好的敘述，請參閱《自傳》18．14。

然而，無論這個認識如何崇高，若和她在此請求的榮福知識相比，仍然是黑夜；為此，她說，請求明晰的默觀，即享有「**樹林及其靈巧秀麗**」，還有這裡說過的其餘的事，在此寧靜的夜裏已經都有了；這就是，在已是榮福和明晰的默觀中，已不再是今世黑暗的默觀之夜，而轉變成來世的默觀，清楚而寧靜地直觀天主。所以，說「**在寧靜的夜裡**」，就是說，在已能清楚和寧靜地直觀天主的默觀中。因此，達味論及這個默觀的夜說：「**在我的歡愉中，黑夜成了我的光明。**」（詠一三八11）這彷彿是說：當我欣喜於天主的本質直觀中，那時，默觀的夜，將變成白日的黎明和我的理智光明。

繼續第五件：

燃燒著焚化而無痛苦的火焰。

14.「**火焰**」，在這裡表示聖神的愛。「**焚化**」，在這裡指達到圓滿或成全之境。那麼，靈魂說，本詩節說的所有事項，心愛主都會給她，她也會以圓滿而成全的愛擁有它們，她與它們，完全專注在成全又「**無痛苦**」的愛，她述說這一切，為了指示這個愛的全然成全。因為，為了是這樣，必須有二個特點，就是：靈魂要在天主內焚化和神化；這個在靈魂內燃燒和神化的火焰，是「**無痛苦**」的，而這樣的事是不可能的，除非處於榮福之境，在那裡，這個火焰已經是溫柔的愛了；因為，在靈魂的神化中，使雙方擁有榮福的和諧與滿足；為此，沒有或多或少的各種「**痛苦**」，如同靈魂尚未達到成全之愛的能力時，火焰所導致的是痛苦。因為已經達到了此境，靈魂和天主一起，處在這麼和諧又溫柔的愛中，同在一起的天主，如梅瑟說的是：「**吞噬的烈火**」（申四24），現在祂已不是這樣，而是完成者

（*consumador*）和修復者（*refeccionador*）。這不是如同靈魂今生所擁有的神化，因為，雖然是非常成全又圓滿的愛，仍然會有些焚化和摧毀，就像火炭中的火那樣，雖然火炭焚化，和火一致，沒有未被焚化前的那個冒煙，仍然，即使煤炭在火中臻至極境，它仍被焚化而成灰燼。這是在今生，以成全的愛而神化的靈魂，所發生的事，因為，雖然和諧，但仍要忍受某種痛苦和損傷：其一，為了榮福的神化，總是在心靈內念念不忘：其二，損傷，是因為虛弱和可朽的感官，與這麼剛毅又崇高的愛同在，因而受苦，因為任何卓絕的事，對本性的虛弱是痛苦和損傷；因為經上寫道：「*Corpus quod corrumpitur, aggravat animam.*」，「**這必腐朽的肉身，重壓著靈魂**[217]。」（智九15）不過，在那個榮福的生命中，靈魂將不會感受任何的損傷，也沒有痛苦，雖然她的領悟是最深奧的，她的愛是非常無限量的，因為天主將給她能力領悟，賦予她剛毅去愛，天主使她的理智擁有祂的上智，使她的愛擁有祂的愛。

15. 因為在前述詩節，及我們解釋的本詩節中，新娘請求天主的無限通傳和知識，為此她必須有最強壯和崇高的愛，為能相稱於此知識的偉大和崇高而去愛，她在這裡祈求，願這一切都蘊含在這個圓滿、完美和強壯的愛中。

217. 因為可朽的肉身對靈魂是一個負擔。參閱 19．1，作者也引用同一經句。

第四十詩節

悄無所見，
亞米納達也沒有出現；
城垣平靜安寧，
觀望諸水，
騎兵降臨。

引言和註解

1.那麼，在這裡，新娘知道，她意志的欲望已經超脫萬物[218]，懷著最親密的愛依戀她的天主；靈魂的感官部分，以其全部的力量、官能和欲望，已經和心靈和諧一致，它們的反抗已經結束，也順服了；經過繁多又漫長的靈修操練和戰鬥，魔鬼已被征服，也遠遠離去；她的靈魂已結合和神化，伴隨著豐盈的天堂富裕和恩賜；因為，就此而言，她已完全就緒、預備妥當又是強壯的，「偎依著她的新郎」，從死亡的「曠野裡」上來[219]（歌八5），歡愉洋溢，來到她新郎的榮耀寶座，靈魂渴望新郎現在結束這事，在這個最後的詩節中，她把這事置於新郎面前，希望更感動祂去完成這些事務。本詩節說及五件事。

218. 在這最後的詩節，回顧整個靈修旅程，做了一個小小的總結，如這首詩所要呈現的。
219. 思高：「從曠野裏上來，那偎依著自己的愛人的，是誰？」

第一，她的靈魂已經超脫並離開萬物。

第二，魔鬼已經被征服和驅逐。

第三，情緒已經被馴服，本性的欲望也已克制。

第四和第五，感官和低級部分已經革新、淨化，且和心靈部分和諧一致，像這樣，不只不阻礙接受那些心靈的福分，而且調適好接受它們，因為，它們甚至按其能力，分享現在已經擁有的福分。

她說，像這樣：

悄無所見，

2.這彷彿是說：我的靈魂現在已經赤裸、超脫、單獨，且遠離上天下地所有的受造物，又這麼深入與祢相守的內在收斂，即我在祢內已擁有的親密歡愉，沒有一個受造物能夠看得見，就是說，不能打動我的靈魂，去喜愛受造物的溫柔，或因其可憐和卑賤而厭惡和擾亂；因為，我的靈魂這麼遠離受造物，和祢相守在這樣深奧的歡愉中，沒有什麼能看得見我。

不僅如此，而且：

亞米納達也沒有出現；

3.「亞米納達」（歌六11），在聖經中，以靈性的意義來說，代表魔鬼，是靈魂的敵手；牠以無數的炮彈，無休止地作戰，騷擾靈魂，阻止她進入與新郎相守的，內在收斂的這個堡壘和隱藏的處所，在這裡，她已經準備就緒，已是這麼蒙受恩待，這麼強壯，這麼凱旋得勝，充滿這裡擁有的德行，及天主的擁抱，魔鬼不只不敢來，而且恐懼不已，逃之夭夭，再不敢出現。由於修練德行，也因為已經達到的成全境界，因此，靈魂已經驅逐並得勝魔鬼，牠不敢再出現於靈魂面前。所以，「**亞米納達也沒有出現**」，牠毫無權力阻止我所追求的幸福。

城垣平靜安寧，

4.這個「**城垣**」，在這裡意指，靈魂的情緒和欲望，尚未被征服與緩和時，它們包圍著靈魂，周圍處處攻擊靈魂，為此之故，靈魂稱之為城垣。她說，城垣現在已經平靜，就是，理智內的情緒規則有序，欲望也已被克制。

那麼，如果是這樣，靈魂請求新郎，不要不通傳給她所求的這些恩惠，因為所說的城垣，已不再是阻礙。她這樣說，因為，除非靈魂的四個情緒歸向天主，她的欲望被克制和淨化，她不能面見天主。

繼續如下：

觀望諸水，
騎兵降臨。

5.「**諸水**」，在此表示心靈的幸福和歡愉，是在這個境界，靈魂在她的內裡和天主共享的。

「**騎兵**」，在這裡指示感覺部分，內在和外在的身體感官，因為它們帶有其對象的幻像和形狀。

新娘在這裡說，處於此境，觀望屬靈的諸水，這些騎兵下降；因為，在這個神婚的境界，靈魂的感覺和低級的部分，像這樣被淨化，多少是被靈化，使感性的官能和本性的力量專注，而能因此以其方式，分享和享受天主在心靈內通傳給她的偉大靈性。如達味指出的，當時他說：「**我的心靈和肉軀，歡躍於生活的天主。**」（詠八三3）

6. 還要注意，在這裡新娘不說，「**騎兵降臨**」品嚐諸水，而說是「**觀望諸水**」；因為這個感覺的部分及其官能，不能本質和適當地品嚐靈性的幸福，不只在今生，甚至連在來世也不能；而是，由於某種心靈的滿溢，能從中領受感受性的舒暢和歡愉，藉此歡愉，身體的這些感官和官能，被吸引進入內在的收斂，在那裏，靈魂喝心靈的幸福諸水，這就是「**降臨**」下來，「**觀望諸水**」，而不是暢飲它們，和品嚐它們的本體。

靈魂在這裡說，它們降臨，不說它們去，也不用其他的語詞，是為了說明，在感官部分對心靈的這個通傳中，當感官品嚐了所說的心靈部分的飲料時，其本性的作用降低，感官的作用停止，達到心靈的收斂。

7. 所有這些全德和準備，新娘將之置於她的心愛主，天主聖子面前，渴望祂將她從神婚，即在此戰鬥的教會，天主願帶領她達到的境界，遷移到凱旋教會的榮福神婚；願眾信者靈魂的新郎，最甜蜜的耶穌，樂於帶領凡呼求祂聖名的人，達此榮福神婚，願榮耀和光榮歸於祂及聖父和聖神，*in saecula saeculorum*（直到永遠），阿們。

附錄一
譯者的話

二〇〇一年，上智出版社出版了《靈歌》，十幾年過去，書已絕版。當時主要是根據英文譯本，參考西班牙文原典。如今，星火文化計畫再版，因而能趁機根據原文，重新再徹底逐字修訂，以求準確呈現原作。譯文完成了，導論[1]也譯好了，該是脫稿的時候了。星火的總編期望我寫一篇導讀，於是應邀寫點輕鬆易懂的，分享一點心得，補充一些周邊的歷史典故，算不上什麼導讀，只盼增加讀者的閱讀興致。

非常感激房志榮神父，許多年來熱誠地審閱譯稿，給譯者極大的支持和鼓勵，這份主內的厚愛情誼，豈是三言兩語足以道盡？願洞察人心的天主賜予豐盈的賞報。

美國的何瑞臣教授（Professor Richard P Hardy）知道《靈歌》即將出版，很快寫給我序言，他的序言是最早、也是最快寄來的。我能體會他的欣喜，他是一個很愛聖十字若望的學者，多次來修院為我們講解聖十字若望的著作，總不厭其煩地強調聖人靈修教導的重點：充滿動力的愛、真正的自由和喜樂、與天主結合、也與整個宇宙合一……。感謝劉錦昌牧師在百忙之中，爽快地為本書寫推薦序，他極仰慕聖十字若望，是很好的長老教會的牧師，我們的好朋友。輔大宗教系莊慶信教授特別抽空閱讀本書，欣喜地為本書作序，真的好感謝他。還有，關永中教授用心地為本書準備一篇豐富的導讀，深談傳統的靈修三路，相信

1. 是紀南・柯文諾神父在英譯本寫的，對此書做了相當好的介紹。

又是一篇精彩的學術論文，是本書的壓軸大作。

名攝影家范毅舜再次慷慨地提供封面圖，他有感於星火總編徐仲秋女士的愛主熱忱，在這樣的時代，以非營利的方式，出版天主教會古典的靈修經典。他是個好教友，非常樂於共襄盛舉，他的俠義豪情怎不令人感動又感恩呢！

深深地感念修院內每一位姊妹，如果不是她們的大力支持，單憑個人是做不了什麼的。可以說，有了她們的愛與祈禱，才會有這樣的成果。完成一本書，心中要感謝的實在太多，最大的感謝應歸於天主聖三，常自覺不堪，也不配翻譯此經典名著，是祂的無限仁慈，成就所有的一切。祈願一切留在神聖的靜默中，在我無言的感恩中。

寫於二〇一五年九月八日聖母誕辰慶日

＋　＋　＋

本書根據西班牙原文 San Juan De La Cruz Obras Completas. Revisión textual, introducciones y notas al texto：Jose Vicente Rodrigues Introducciones y notas doctrinales：Federico Ruiz Salvador. 5a Edicion Critica（Editorial de Espiritualidad, Madrid, 1993），及英譯本的《聖十字若望全集》The Collected Works of St. John of the Cross. Trans. by Kieran Kavanaugh & Otilio Rodriguez, with introductions by Kieran Kavanaugh.（Washington, D.C.：

ICS, 1991）及 The Completed Works of St. John of the Cross. Vol. II, Trans. by E. Allison Peers（Newman, Westminster, Maryland, 1953）。最後，ICS 發行的「St, John of the Cross ／ A Digital Library ／ Spanish Texts and Translations ／ Version 1.0」其中包括：1）San Juan de la Cruz Obras Completas Edited by Eulogio Pacho。2）The Complete Works of St. John of the Cross Trans. By E. Allison Peers。3）The Collected Works of St. John of the Cross Trans. by Kieran Kavanaugh, O.C.D. and Otilio Rodriguez, O.C.D.。給予譯者很大的方便。我們特別感謝美國華盛頓特區的加爾默羅會神父（Washington Province of Discalced Carmelites ICS Publications 2131 Lincoin Road, N.E. Washington DC 20002–1199 U.S.A. www. Icspublications.org）的授權翻譯②。

2. Washington Province of Discalced Carmelites ICS Publications 2131 Lincoin Road, N.E. Washington DC 20002—1199 U.S.A. www. Icspublications.org

附錄二

心靈的頌歌——聖十字若望的不朽名著

《靈歌》是聖十字若望的所有著作中，最完美和完整的一部，充滿愛與美。詩作之美極獲讚譽，成為西班牙詩壇上的不朽名著。詩歌的註解則是為加爾默羅會修女們預備神修道理而形成的。《靈歌》的內容豐富、優美，可說是聖十字若望展現文學天賦的代表之作。

隨意翻閱《靈歌》，處處都是很美的句子，滿滿的愛情畫面，讀起來，如同欣賞藝術作品。聖十字若望自己也說，他只概略地解釋詩句，因為來自神祕領悟的言詞，其實無法言喻。就是說，作者大方地留給讀者空間，彷彿欣賞藝術品時，允許個人的想像躍入無限的空間。

本文分成兩個部分，第一部分是談些關於《靈歌》的事，第二部分是和本書有關的周邊史實和軼事。為什麼說周邊呢？因為星火文化之前出版的《兩種心靈的黑夜》、《攀登加爾默羅山》及《愛的活焰》，書中的導讀已經詳細介紹聖十字若望的生平，這裡所談的是次要的史話。

第一部分：關於《靈歌》

我曾讀過很多愛情小說，也看過好多愛情故事的影片，無論故事的情節如何，扣緊的焦點總是男女主角的相遇。《靈歌》是愛的故事，以愛情的風格，採用男女對唱的田園情歌，講述新娘和新郎的相遇。新娘代表每個靈魂，我們也可以說，其實是聖十字若望本人，是他個人靈修經驗的間接透露。新郎就是「最甜蜜的耶穌」，在《靈歌》的最後一頁，若望這麼稱呼心愛的主耶穌。

聖十字若望構思〈靈歌〉[1]時，心中參考的藍本是《雅歌》，關在牢房中的他，最能撫慰心靈的聖經篇章，無非是他熟悉的《雅歌》。記得當我還不是教友時，有人給我看《雅歌》，說真的，很難相信這是聖經中的一部書，所看到的是男女的熱戀。後來逐漸體悟，這確實是聖經中很寶貴的經典，描述雅威天主和選民之間的愛，也是靈魂和天主間的愛情故事。同樣，乍看之下，《靈歌》也是情話綿綿，很容易看懂洋溢的愛情，卻不容易透徹理解其深意。難怪聖十字若望要說：「如果我們不以單純的心靈，閱讀包含於詩節中的知識和愛，它們會顯得荒唐可笑，而非合理的言辭。」（序・1）

兩個版本

聖十字若望在牢房裡寫了三十一段詩節，因貝雅斯修女們的請求，開始講解〈靈歌〉，編輯成書，《靈歌》的第一版本多了八段詩節，共三十九段詩節。但若望似乎不太滿意，再次修訂，不但增加一段詩節，而且大大調動詩節的前後順序。以下是兩個版本的順序更動表，CA是《靈歌》第一版本，CB是第二版本：

1. 《靈歌》是註解〈靈歌〉的著作，就是說，〈靈歌〉是聖十字若望寫的詩歌，而《靈歌》就是他註解其詩歌的一部書。

CA — 27	CB — 22	CA — 1	CB — 1
CA — 28	CB — 23	CA — 2	CB — 2
CA — 15	CB — 24	CA — 3	CB — 3
CA — 16	CB — 25	CA — 4	CB — 4
CA — 17	CB — 26	CA — 5	CB — 5
CA — 18	CB — 27	CA — 6	CB — 6
CA — 19	CB — 28	CA — 7	CB — 7
CA — 20	CB — 29	CA — 8	CB — 8
CA — 21	CB — 30	CA — 9	CB — 9
CA — 22	CB — 31	CA — 10	CB — 10
CA — 23	CB — 32	CA —	CB — 11
CA — 24	CB — 33	CA — 11	CB — 12
CA — 33	CB — 34	CA — 12	CB — 13
CA — 34	CB — 35	CA — 13&14	CB — 14&15
CA — 35	CB — 36	CA — 25	CB — 16
CA — 36	CB — 37	CA — 26	CB — 17
CA — 37	CB — 38	CA — 31	CB — 18
CA — 38	CB — 39	CA — 32	CB — 19
CA — 39	CB — 40	CA — 29&30	CB — 20&21

靈修三路

我們知道，寫詩和註解詩是兩回事，要求詩人解釋所寫的詩，其實是相當過分的要求，不但困難，甚至往往做不到。聖十字若望調動兩個版本的詩節順序，不外乎要把全詩納入傳統的靈修三路，雖然他沒有很成功，但已經是非常天才了，能做到如此的地步。還好，他不太成功，沒有讓所有的詩節全套入框架內，對讀者來說，是很可喜的，萬一他真的做到了，這本《靈歌》的天然神韻，也會隨之消失。

煉路、明路、合路

《靈歌》的大致順序是，從靈修的起步寫起，直到最後的神婚境界，按照傳統的靈修三路，劃分為煉路、明路和合路，不過，聖十字若望還增加一個榮福的部分，那就是在合路時，靈魂熱切期待天堂的榮福直觀。

聖十字若望套用靈修三路時，似乎碰到很大的困難，因為綜觀全書，三路的明確位置並不清楚。他說，一至五詩節是煉路，之後是走上默觀的道路，十四及十五詩節是神訂婚，第二十二詩節是神婚，最後的五段詩節是期待榮福直觀。註解詩節時，他也沒有全照這個順序，而是自由地發揮詩句的含意。

簡單地說，「煉路」是靈魂主動的修行，此時靈魂覺察的是自己的熱烈追尋、克苦修德……。是他在做些什麼，在靈魂與天主的雙向關係中，對天主的認識，一般說來，所依靠的是聽到的道理、看到的聖書及具體的榜樣、教會的各種宣道活動，以及悔悟自己的生命……等等間接地認識和渴求天主。

「明路」始於靈魂對天主的體驗是活生生的，聖女大德蘭在《靈心城堡》的第四住所提出一個很貼切的比喻：「有二個水源，各有其灌滿水的石槽。……這兩個水槽以不同的方式裝滿了水：其一是來自遠方，經由許多水管和技巧；另一則位於水源地，無聲無息地灌滿了水。」（城堡4·2·2–3）

這個比喻說明了煉路與明路的不同，處於煉路的祈禱，所經驗的是「滿足愉悅」（*contentos*），來自個人的努力所得；而明路的體驗則如同無聲無息地灌滿了水，明路的祈禱則是「享受天主的神味」（*gustos de Dios*），對天主有了直接的體會。

這樣的體驗是靈修道路上的一個重要階段，佛教修行者稱之為開悟，我覺得，這個「開悟」很能表達靈魂此時的心態，如此的開悟，聖十字若望用二段詩節作了極美的描述：

> 我的愛人是綿綿的崇山峻嶺，孤寂的森林幽谷，
> 奇異奧妙的海島，淙淙迴響的江河，撩情的微風呼嘯。
>
> 寧靜的深夜　於黎明初現之際，默默無聲的音樂，
> 萬籟交響的獨居，舒暢深情的晚宴。（靈歌14–15）

詩中的每一句都在描述對天主的經驗，這是嶄新的，歡樂的、光明的，充滿恩寵的，就如大德蘭所說的，彷佛位於水源地的石槽，無聲無息地灌滿了水。

這兩段詩節氣勢之美，常使我聯想起馬致遠②的〈天淨沙・秋思〉：「枯藤老樹昏鴉，小橋流水人家。古道西風瘦馬，夕陽西下，斷腸人在天涯。」連續堆疊九個意象，最後一句「斷腸人在天涯」，托出重點。聖十字若望描繪靈魂初遇天主，新娘說她的愛人——天主——彷彿崇山峻嶺、森林幽谷……最後一句「**舒暢深情的晚宴**」，影射耶穌基督的最後晚餐，宛如復活清晨的頌歌，既壯觀又詩情畫意的崇山、幽谷、海島、江河、微風……，全是晚宴的佈景，詩情之美，意境之高，真不愧為詩壇巨擘。

「合路」是靈魂已經和天主結合，達到神婚的境界。《靈歌》從第二十二詩節「**新娘已進入……**」開始描述神婚。在神婚的境界，天主經常通傳給新娘祂的奧妙祕密，靈魂暢飲她的心愛主，許諾作祂的新娘，她專心致志，惟獨專務於愛。新娘歡唱：「**心愛的，我們來欣享歡愉，在祢的美麗中觀看我和祢。**」靈魂在默觀的寧靜之夜，燃燒著焚化而無痛苦的火焰。

生活中的靈修三路

知道靈修的三路，不同的靈修階段，對於我們實際修行祈禱是否有什麼意義，或說，有什麼幫助呢？要如何分辨？當我深思這個問題，得到一些小小的領悟。

傳統的靈修真的很棒，當我們把這些理論放在實際的生活裡，我們會看到，如果一個人的生活，整天只有我，什麼都是我做什麼，我想什麼，或別人如何如何……這時，就是處在煉路之中，仍在黑暗中摸索，天主的光明還沒有進入。如果心中存有天主的話，遇到事情，想的是天主喜歡什麼，天主要什麼，常在這些思慮中分辨，這時，就是處在明路之中。如

2. 馬致遠：中國元代初期雜劇作家。他在元代散曲的地位，正如李白之於唐詩，蘇軾之於宋詞。這〈天淨沙〉一曲是馬致遠寫景的代表作，被評為秋思之祖。

果內心只有一個思想：尋求悅樂天主，而且時常在言語行為上，實行天主的旨意，無疑地，這是在合路之中。

就這樣，我也發現了，若有人和我談話，如果所談的話全是在人際關係中打轉，你、我、他怎樣、怎樣又怎樣，完全沒有半點天主怎樣，這時，我知道了，這是處在煉路中，所需要的是心靈的治癒，更多的初步修行。如果對我說的是，尋找天主的旨意，天主怎樣，他自己怎樣，等等，這人已走上光明坦途，他尋求依靠天主的光明來決定世事，我可以鼓勵他更上一層樓，勇敢地承行主旨。

也有一種很令我興奮的談話，話題總離不開光榮天主，對方沒有興趣談你、我、他怎樣，也不是分辨自己怎樣或天主怎樣，這些對他已經不成問題，他只專注於天主的光榮，也知道要做什麼來服事天主，這慷慨的靈魂已經在合路上了。

祢隱藏在哪裡？

「祢隱藏在哪裡？」，是《靈歌》第一詩節的第一詩句，若望對這一句的解釋，是全書中最長的，就是說，整部書中，沒有一個詩句有這麼長的註解，這部分的註解非常精彩，為此，我們來談一談這個部分。

我們可以提出兩個問題：⑴什麼叫做被天主的愛創傷？⑵天主隱藏在哪裡？

⑴什麼叫做被天主的愛創傷？

天主與靈魂的接觸，讓人受傷，是不是？《愛的活焰》談了很多愛的情傷，天主的愛像火一樣，觸及靈魂，使靈魂因愛而受創傷。當靈魂開始有了一種心靈的看見，或說，一種很深的徹悟，徹悟往昔，痛悔背離天主的日子，這愛的神祕吸引，促使靈魂離開受造物，離開自己，但不能如願地擁有天主，這種很難形容的心靈經驗，若望說是被愛創傷。

想想看，是否在自己的生命中也有這樣的經驗？一種對天主的渴望，對天主的思念？如果有，這是天主賜給的恩寵，也是天主帶領靈魂走向祂的真正起步。

(2) 天主隱藏在哪裡？

天主，祢到底在哪裡？多少人，多少次，這句話一再地被問，當若望在小牢房裡，暗無天日的悲慘時刻，他多少次發出這個疑問，隨著這句發自內心深處的感嘆，他在牢裡構思了〈靈歌〉，他的第一句就是「祢隱藏在哪裡？」

我們說，天主處處都在，無所不在，這個答案非常正確。然而，在現實的靈修生活裡，我們看不見，聽不到祂，祂不是我們的感官可以直接接觸的。為註解此一詩句，若望提出以下的重點：A）這個靈魂在尋求的是天主神性本質的顯現；B）聖三以祂的本質和親臨，隱藏在靈魂的最深存有內；C）為什麼我找不到隱藏在我內的天主？D）妳要在信德和愛德內尋找祂。

A）這個靈魂在尋求的是天主神性本質的顯現：新娘說：祢隱藏在哪裡？她求問的是聖言，天主聖子隱藏在什麼地方，聖史若望說，祂隱藏在聖父的懷裡，對人類的理智是隱藏的。因此，聖十字若望清楚地告訴我們：「一個靈魂，在今生，無論擁有對天主多麼崇高的通傳和親臨，對天主的認識多麼高超和卓絕，本質上，這些都不是天主，也和天主無關，因為，真實地，對靈魂而言，天主仍是隱藏的……。」（1．3）

他更進一步說：「如果一個靈魂感受到崇高的靈性通傳、情感或認識，不要為此就應該確信，所感受的那些是清楚和本質地擁有或看見天主，或那些感受，雖然多麼的不凡，也不表示她更擁有天主，或更在天主內。」（1．4）那麼，我們一定會問，祂到底在哪裡呢？若望肯定地回答了這個問題說：

B）聖三以祂的本質和親臨，隱藏在靈魂的最深存有內：十字若望說：「凡希望找到祂的靈魂，都該離開所有涉及其情感和意志的事物，在最深的收斂中進入自己內，視萬物彷彿虛無不存。」（1．6）

「靈魂啊！所有受造物中最美麗的！妳這麼渴望知道祢心愛主在什麼地方，為了尋找祂，並和祂結合！現在，我們告訴妳，妳自己就是祂居住的房間，祂的隱密內室和隱身處……這是令妳極感滿足和欣喜的事，看到妳的所有幸福和希望這麼接近妳，彷彿就在妳內，或更好說，妳不能在祂之外。」（1．7）

C）為什麼找不到隱藏在我們內的天主？聖十字若望直接回答提出的這個問題說，因為天主是隱藏的，我們卻沒有也隱藏起來，為能尋獲祂和感受祂。（1．9）

D）要在信德和愛德內尋找祂：那麼，我們要如何尋找隱藏的天主呢？聖十字若望清楚地指出，要以信德和愛德尋找。

「不渴望滿足、品嘗或理解任何不是妳應該知道的事；這兩者（即信德和愛德）有如瞎子的服務員，它們會引導你，經由妳不認識的地方，達到天主的隱藏處所……因為信德，……是靈魂邁向天主旅途的雙足，愛德則是指路的嚮導。」（1．11）

「千萬不要像許多愚蠢的人，按照他們對天主的膚淺想法，認為當他們不理解祂，也沒有品嘗或感受祂時，天主就是在遙遠之處，和非常隱藏的，其實，適得其反：她們愈不清楚分明地理解天主，則愈親近天主。」（1．12）

聖十字若望的結論是，在信德和愛德內尋找天主，這是最穩妥的方法，帶領人找到隱藏的天主，祂就在我們靈魂的深處。我們找不到祂，是因為我們不但沒有隱藏起來，也沒有以信德和愛德尋找。

旅途與相遇

聖十字若望留下四部較大的著作：《攀登加爾默羅山》、《黑夜》、《靈歌》和《愛的活焰》。四部書中，不變的主題是指導靈魂達到與天主結合，然而，各有其發揮的導向。《攀登加爾默羅山──黑夜》：這本書的主題是靈修生活中的淨化，外、內感官和心靈的主動和被動的淨化。《靈歌》：談論靈修生活中的進程，靈魂如何經歷煉路、明路和合路達到神婚，等待圓滿的榮福境界。《愛的活焰》：更深地發揮已達神婚者的結合特質。

所以，我們可以說，《靈歌》是旅途，從新娘尋找新郎開始，這是愛的故事，整部書的關鍵字之一是「相遇」。

「祢在哪裡？心愛的」是新娘渴望相遇。到了第十三詩節，新郎真的出現了，祂說：「歸來，鴿子，受傷的雄鹿開始出現在高崗上，因妳飛翔的微風，取得舒暢。」（13）第一次的相遇使靈魂飛出，這個相遇的描述實在傳神。靈魂飛出去，是因為第一次真的看到天主，就是指人第一次和永恆連線的興奮經驗，但新郎卻說，回來！回來！時候還沒有到！在這裡，靈魂因為真的遇見心愛主，上達另一境界，也停止對天主的哀怨嘆息。

新娘繼續前行，祈求克服障礙，新郎來幫助她，驅逐各種阻礙，保護靈魂，新娘終於進入「殷切渴慕的怡心花園」。這是更深的相遇，是結合，是不再分離的相遇。

翻閱此書時，無論那一頁，幾乎談的都是新娘和新郎的相遇。靈修的進展是雙向的，是靈魂和心愛主互相交往的旅程，每一個相遇都是高峰經驗。優美的《靈歌》在第二十二詩節出現一個轉折，追尋的旅程中，新娘焦急奮力地尋找，追尋那遙遠又隱藏的心愛主，然而，聖十字若望告訴我們，事實恰恰相反，追尋者是天主，新娘反而是逃避和隱藏者。天主是出去尋迷羊的新郎，新娘是迷羊。新郎深深渴望完成的，是從感性和魔鬼的掌握中，釋放並解救她的新娘。

為度默觀生活者辯論

除了解釋靈修的進程之外，《靈歌》涉及靈修學中許多相關的課題，有時說些很深的感觸，例如在解釋第二十九詩節時，聖十字若望為度默觀生活者大力辯護：

……少許這樣純潔的愛，在天主和靈魂面前，都是更寶貴，也更有益於聖教會，雖然看起來好像無所事事，實則遠勝於其他所有工作的總和。（29．2）

……那些非常活躍，自認為能以他們外在的事工和宣道贏得世界的人，請在這裏留意一下，雖然他們尚未達到像那樣的高境，如果至少用那些時間的一半，以祈禱和天主在一起，除了所樹立的善表，他們更有益於教會，也更悅樂天主。……雖然從外面看來，好像做了蠻多的事，實質上，是一事無成；毫無疑問地，真能完成善舉的，惟有天主的大能。（29．3）

……靈魂答覆所有評擊她神聖悠閑的人，那些人希望全部都是工作，金玉其外，閃閃發光，滿足眼目，卻不知水流泉湧，百果豐饒的祕密根源。

他從經驗中得知，純潔的愛更有益於聖教會。因為他知道，正是這純潔的愛使靈魂能徹底回應天主的召喚，甘心效法被釘的基督，達到和天主親密的結合。也因為「除了愛，天主不做別的事，……祂只悅樂於靈魂愛祂；因為愛的特性，正是使愛人和所愛的對象平等。」（28．1）

另一個現代的辯護者

二十世紀舉世聞名的耶穌會士威廉．強斯頓（William Johnston，一九二五—二〇一〇），在《無聲之樂》中說，科學的實驗和研究，使「科學界明白加爾默羅修會、加都仙隱修院、印度的迦藍和禪宗的廟宇都不是無事可為的人的避難所。他們正產生著大量高級而寶貴的能力。它們的歸向如何，如何被利用，是另一回事。我本人相信它是更高的，不可測量的精神能力在這世界上的物質基礎。」[3]他是另一位默觀生活的辯護者。

3. William Johnston，《無聲之樂》，劉河北譯（光啟，台中，1979），149 頁。

《無聲之樂》的書名 *Silent Music* 取自《靈歌》十五詩節，而且書中多次引述「高山、幽林、深谷、奇異的島嶼，無聲之樂……」，在提到天主，所愛者，作者不直稱天主，而說「高山、幽林……」，這個詩句彷彿全書的主旋律，反覆出現，無疑地，他深深熱愛聖十字若望的這部《靈歌》。

聖女小德蘭與《靈歌》

小德蘭的最愛

蘇雪林教授翻譯的《一朵小白花》中，小德蘭描寫十四歲時得到聖誕夜的特恩之後，敘述她和賽琳一起在德行上努力前進，引述《靈歌》第二十五詩節：

追隨祢的行蹤，眾少女沿途飛奔；
火星的觸動，香醇的美酒，
流溢神性的香油。

聖女以此詩節形容姊妹倆一起奔向耶穌，飛快地追隨。主耶穌以火星觸動她們的心，賜給她們愛情的美酒，小德蘭說：「祂把那甘飴而濃烈的酒給我們喝，喝過後，我們的眼睛對於世俗暫存之物便視若無睹了，我們唇間呼出的氣息也純是愛的馨香了。」④

4. 聖女小德蘭，《一朵小白花》，蘇雪林譯（聞道，台南，1997），88 頁。

當小德蘭快寫完第一部分的《自傳》，述說自己的靈修進程時，她坦承既不求痛苦，也不求死亡，吸引她的單單只有「愛情」，領導她的只有「委順主命」。她說，她敢詠唱會父聖十字若望的詩歌：

酒室深深處，暢飲我心愛的主，
出來時，經過遍地山谷，不復知曉任何事，
昔日追隨的羊群也消逝。（靈歌26）

我的靈魂已專心致志，
用盡豐盈秉賦為祂服務；
羊群已不看守，
雜務也沒有，
現在，惟獨愛是我的專務。（靈歌28）

引述詩句之後，小德蘭承認自己是聖十字若望的超級粉絲。她說：「聖十字若望的作品，給予我的光照是不可勝數的。當我十七、八歲時，除了他的作品，便無其他神糧了。」⑤由此可知，聖十字若望對聖女小德蘭的靈修有很深的影響。

5. 同上，162-163 頁。

黑夜中的燦爛光輝

《一朵小白花》中，聖女寫給大姊瑪麗修女的信裡，為了滿足大姊的請求，寫出一生最感安慰的好夢。她敘述的好夢竟然是看見安納姆姆，多麼美妙的巧合，這正是《靈歌》卷首提及的安納姆姆，聖十字若望題獻此書給她。相信讀者對這個夢會深感興趣，我們來聽聽小德蘭自述的夢境：

（一八九七年）五月一日，曙光乍露之時，睡思朦朧中，覺得自己與院長姆姆漫步廊下。忽然間，不知從哪裡來了三位穿著外袍、披著大紗的聖衣會修女；我終於明白她們是從天而降的。啊，我想：「倘若能看見她們中一個的面貌，我將會怎樣的快樂呢！」我的心願好像被發覺了，三位聖女中身裁最高大的一位向我走來；我跪下了。喔，真幸福！她揭起面紗，也可以說，她揭起面紗，罩在我頭上，將我蓋住了。

我立刻認出她是可敬耶穌安納姆姆，法國聖衣院的創始者。她面容美麗，然並非物質之美，並無半點光芒向外發越，不過，包裹著我倆的面紗雖然是這樣厚，我仍可看見她那張天人般的臉龐煥發著一種光彩，含有永不泯滅的柔和，似乎是從她身上放射出來的。

這位聖女給我許多愛撫，我見自己蒙她這樣優待，便大膽地問她道：「喔，我的姆姆，懇求您告訴我，天主是不是願意長久留我在世上，還是很快便來收我去呢？」她慈祥和靄地微笑著說：「很快，很快，我應允您。」我接著說道：「好姆姆，請再告訴我，是不是好天主除了我這些卑微的小工夫和我的志願以外，再不要求我什麼，祂是否滿意於我呢？」

當此時，這位可敬姆姆的臉映發著一種新的光彩，她的表情在我眼裡真是溫柔無比了。「好天主對您並不要求別的東西，祂滿意於您，祂非常滿意於您！」她雙手抱著我的頭，說不盡溫存親愛地撫慰我。我的心浸於喜樂之中，但我憶及諸姊，想代她們乞求一些恩寵……可惜得很，我竟遽然醒來了！⑥

這個夢是小德蘭暗夜中一道光芒，她說：「我靈魂裡狂風暴雨，吼個不停；惟五月裡的一天，在我沉沉幽夜裡，祢閃耀出一線聖寵的純潔光輝。」

可敬的安納姆姆與《靈歌》有緊密的關係，接下來的第二部分，我們將會詳述安納姆姆，介紹這位加爾默羅會初期的聖女。

第二部分：周邊的史實和軼事

聖十字若望帶著寫詩的小筆記本逃離監獄，首先逃到托利多聖女大德蘭革新的隱修院，修女們在那一天聆聽了他的詩作。後來，聖十字若望下到南方，貝雅斯隱修院的修女，不只聽他吟詩，還要求他把筆記本借給她們抄寫複本。《靈歌》從一開始，就清楚地標示題獻給安納院長，她是誰？若望為什麼題獻給她？這些都是饒富趣味的史話。這部不朽名著

6. 同上，232-233 頁。

的完成，有其獨特的環境和歷史背景，很值得介紹給讀者，窺其究竟。

在牢房開始寫詩

一五七七年十二月初，聖十字若望遇難，被非赤足的兄弟以武力挾持，後來被關在托利多修道院的牢房。被監禁的九個月，處在暗無天日，深沉的心靈黑夜中，他的靈魂喊出了：「祢隱藏在哪裡？心愛的」揭開了〈靈歌〉的序幕。我們很驚奇地發現，受盡肉體的折磨，竟是若望開始寫詩的戲劇化背景。

〈靈歌〉是聖十字若望的心靈頌歌，他深受舊約聖經《雅歌》的影響，在此聖經傳統的背景下，他譜出個人生命的《雅歌》。在那無法呼吸，幾乎存活不了的境況下，〈靈歌〉中的詩句支持他，那是他與心愛主的神祕相遇，強烈地表達出愛的渴望、追尋、相遇和結合。當若望在牢房中度過了五個月後，換了一位同情他的守門兄弟，對他寬容友善，若望從他得到了紙和筆，寫下已記在心內的詩句。⑦

帶著〈靈歌〉驚險逃獄

一五七八年八月十五日，聖母升天節，若望已拿定主意逃離牢房。他做了周全的準備：把毛毯撕成布條，互相打結，連成長長的布條，當做繩索；他也取得一個油燈的掛鉤，是不久前他向守門人借用的。那天晚上到了，守門人送來他的晚餐，可是忘了帶水給他，當

7.　參閱《攀登加爾默羅山》，（星火文化，台北，2012）p.379—383。那裡詳述了若望在牢房內的黑夜經驗。

他下去取水時，若望以最快的速度，鬆開掛鎖的螺絲。守門人送畢晚餐，帶上門，再度上鎖，絲毫不覺有異。

當時的天氣非常悶熱，修院中每個窗戶都敞開，甚至通往若望小牢房的那間客房，在那一夜，也是半開著的。有兩位貴賓神父就住在這裡，床靠在門邊，使走道的涼風能吹進來。這兩位會士已經上床，但仍繼續談說了好一陣子。若望在小牢房警覺地守著。

到了半夜兩點，四周寂靜，若望肯定客人已經睡著，他輕輕推開牢門，「鏘」一聲，掛鎖掉落在地。客人驚醒，其中一位應聲說：「*Deo Gracias* ⑧，誰啊？」若望屏息不動，客人再度睡著。若望走出他的小牢房，小心翼翼，躡手躡腳，緊緊抓著預備逃難的布條和掛鉤，經過熟睡會士的床邊，跨出客房的門，直走到供窗邊。

掛鉤上緊繫著布條，固定好掛鉤的位置，把布條從窗外拋下。這時，若望脫下會衣，順著布條的方向丟下去，劃個十字聖號後，爬出窗外，用手和膝蓋夾住布條，順勢下滑，到了布條的盡頭，他的腳離地面還有五、六呎，縱身跳下，正好落在城牆上。這是一個窄牆的頂上，沒有城垛，而且還有石塊和一些建築材料堆在那裡。要是不小心，掉在二呎之外，可能會摔得粉身碎骨，慘死在達吼河的岩石岸上。事實上，次日早上，當會士們去查看他逃離的現場，驚奇地發現，掛鉤怎麼可能支撐毛毯和若望的重量？更離奇的是，掛鉤勾住的木板沒有釘牢，為什麼木板沒有掉下來。總之，若望奇蹟般地安全跳下。

雙腳一著地，若望趕緊穿上會衣，沿著牆頂前行，行到轉角處，他想已經離開男修院的範圍，不疑有他，往下一跳，才發現，這是個沒有出口的院落，四面繞著高牆。他在那裡走來走去，尋找出路，他很快覺察這是什麼地方了，原來是一座修女院的庭院，他想起

8. 在修道院中，自古以來的習慣是，如果有人敲門時，要答說：「*Deo Gracias*」，意思是「感謝天主」。

守門人曾對他說過。若望開始著急萬分，萬一到了早晨，被人發現他在這裡，這是多麼恐怖的事⑨，要是被非赤足的會士發現，那更是必死無疑。他急得像熱鍋上的螞蟻，到處搜尋出路，終於發現牆角處有些破洞，他使盡渾身解數，爬上高牆，再沿著牆頂轉向前行，直到向下望見一條小巷，環顧周圍，無人路過，他從牆頂上跳了下來。

走在路上，現在他感到安全多了，但是要往哪裡走呢？托利多的街道他完全不認識。沒走幾步，看見燈光，也聽到酒館傳出來的聲音，舉目一望，是修道院旁的一間酒館。人們看到他，想必是因為太晚了，修道院不給他開門，所以招呼他進來說：「神父！請進！您可以進來休息，等到天亮，因為現在已經太晚了，他們不會給您開門的。」若望謝謝他們的挽留，立刻飛也似地逃命。

他穿越索科多貝爾（zocodover）廣場，站著打瞌睡的市場婦女們，看見這位會士經過，光著腳，沒有頭帽，一身破爛的會衣，她們發出粗俗的言辭辱罵他，直到看不見他。若望不想遇見任何人，以免留下行蹤，另一方面，他又必須問路，才能找得到托利多修女院。這時，他看見有一道開著的門。往內探望，有位騎士手正握著出鞘的劍，旁邊站著高舉火把的僕人，若望開口請求他說：「騎士先生，我請求您容許我暫留在這個門廊，在長石椅上過夜，因為太晚了，修道院不會給我開門。天一亮，我就走。」那位騎士答應了。若望進去裡面，單獨地留在長廊，躺在石椅上休息。天一亮，若望急促地敲裡面的門。已經八點鐘了，若望難免感到焦急，有位僕人來為他打開街門，他走出去，逢人就問路，好心的路人告訴要他怎麼走。

9.　在當時，女修院是禁地，如果發現有男人在裡面，是件很大的醜聞。

〈靈歌〉的首次發表會——托利多聖若瑟隱修院聖堂

當他找到了聖若瑟隱修院時，外面的門還關著，若望敲門，幫助修女照顧外界的一位婦女來開門。進到隱院內，他再敲轉箱的門，轉箱修女雷奧納（Leonor de Jesús）從裡面問是誰，若望回答：「女兒，我是十字若望會士，我昨夜逃出牢房，請告訴院長姆姆。」雷奧納報告院長天使．安納姆姆（Ana de los Ángeles），院長隨即跑到轉箱。若望請求避難，因為如果再被非赤足的兄弟抓去，他們會把他剁成碎片。那時，正巧有位修女，天主之母的安納（Ana de la Modre de Dios）生病，她請求有神父進來聽她的告解。院長認為若望可以為此目的進入隱院，於是開門讓他進來。

若望告訴院長，非赤足的兄弟隨時都可能來搜尋，院長聞言，馬上採取對策，改換一位善於應變的修女伊沙貝爾（Isabel de San Jerónimo）擔任轉箱修女。不消幾分鐘，兩位會士就出現在門口，他們仔細地詢問，有沒有叫十字若望的會士在這裡，伊沙貝爾修女答道：「如果你們看得到有什麼會士在這裡，那可是個奇蹟！」他們在隱院外界細心搜尋，一無所獲，就離去了。

隱修院內，修女們圍繞著十字若望，驚奇地看到他的可憐模樣，面容消瘦憔悴，全身髒兮兮，幾乎站不住。若望用微弱的聲音述說，這些日子來的牢獄生活，及如何逃出來⑩。修女們極力關心照顧他，但若望非常虛弱，吃了九個月的麵包、清水和沙丁魚，現在的胃已無法吃什麼好食物，所以，醫護修女德蘭（Teresa de la Concepción）帶來摻著肉桂煮好的水梨。有的修女幫他清洗和整理會衣，這時他穿上一件舊的長袍，是過去駐院神父所穿的。

10. 後來十字若望列真福品時，他的敘述成為修女們提供的證詞。

到了中午，彌撒已結束，外面聖堂的門關起來之後，若望經由一道小門，從裡面出去外界，他整個小午在聖堂裡，倚著經堂的格窗。他在外面，修女們在裡面，聽他輕聲唸出在牢房裡所寫的詩⑪。很難想像，這就是〈靈歌〉的首次發表會，當若望慢慢地唸詩時，有位修女隨即抄錄下來。修女們後來說，「聽他唸詩，是天堂的喜樂。」

晚上到了，若望不能留在隱修院過夜。院長做了一個很好的安排，請來了聖十字架醫院主管，貝德羅神父（Don Pedro González de Mendoza），他是修院的恩人，院長告訴他整個事件的來龍去脈，於是他把十字若望帶回醫院，非常友善和細心地照顧他。醫院離修女院不遠，也很靠近他逃離的男修院，若望在醫院療養時，竟然還可以望見修院的窗戶，及他逃出的那個窗口，還有他幾乎陷於絕境的那個修女院的庭院。

奧默多瓦會議

十字若望在醫院休養療傷的時間並不長，十月九日男會士在奧默多瓦（Almodóvar）召開大會，聖十字若望抱病出現會場。雖然醫院的貝德羅神父大力挽留，若望還是決定前去與會，貝德羅神父派了兩位僕人護送若望南下去開會。

此時，革新修會正處於風雨飄搖之際，之前的一年保護修會的奧曼尼多（Ormaneto）大使逝世，接任的謝加（Philip Sega）大使敵視革新的修會。一五七八年九月間，若望還在醫院療養時，革新修會已和謝加大使起了初步的衝突。他們為了力挽頹勢，緊急召開奧默多瓦大會，會議中，做了一些決議，其中之一是任命聖十字若望擔任埃加爾瓦略（El

11. 聖十字若望在牢房內不只寫〈靈歌〉，還有其他幾首名詩，因不在我們談論的範圍內，故略而不提。

Calvario）會院的院長。會議之後一個星期，謝加大使聞訊大怒，嚴懲所有參加開會的會士，革新修會的發展達到最艱辛的高潮。後來，國王斐理伯二世介入調停，經過一年多的紛紛擾擾，革新修會終於得到平反，一五八〇年六月二十二日，獲准成為獨立的會省。幸好，十字若望早已啟程南下，避開了這些衝突與紛爭，在寧靜的埃加爾瓦略曠野，他的靈魂和肉身得到徹底的休息，也開始他的寫作。

貝雅斯隱修院

一五七八年十月底，若望出現在貝雅斯隱院，距離他要前往的埃加耳瓦略（El Calvario）只有七英里。貝雅斯隱院是之前三年，聖女大德蘭在安大路西亞創立的第一座女隱院。修女們面對受盡折磨、骨瘦如柴、面色蒼白的小會士，散心時，院長耶穌．安納姆姆（Ana de Jesús）安排路西亞和方濟加（Srs. Lucía de San José、Francisca de la Madre de Dios）兩位修女唱歌愉悅若望，她們選唱當時出名的隱士貝德羅會士（Fray Pedro de San Angelo）作的曲子：

在今生充滿痛苦的幽谷
凡不知受苦者
對美好事物必一無所知
也品嚐不到愛
因為受苦是愛人的裝扮。

方濟加修女作證，當若望聽見所唱的歌詞，深受感動，淚流不止，他一手緊握格窗，另一手示意停唱，整個人出神了一個小時，沉浸在痛苦中。等若望返回己身時，他說天主使他明白了，為天主受苦蘊含極大的美善，他之所以痛苦，是因為他「所受的苦很少，以致不能獲知這美善」。

若望在貝雅斯停留一段時日，安納院長並沒有認出若望的靈修深度，因為首次在會客室和修女們談話，提到聖女大德蘭時，若望說德蘭姆姆「真是他的女兒」。安納姆姆很不喜歡這句話，對她的女兒們說：「十字若望會士看起來人很好，但是稱我們的會母為『我的女兒』實在太年輕了。」她用同樣的話寫信給會母，同時又抱怨沒有好神師。會母德蘭急速而肯定地回答她：

我的女兒！妳那極不合理的抱怨，多麼令我驚訝！因為有十字若望會士和妳在一起，他是個充滿神性和天上氣息的人。女兒啊！我可以告訴妳，自從他離開了我，全卡斯提我再找不到相似他的人，沒有人如他一樣，在指導人奔向天堂的路上獲得如此豐沛的恩寵。妳必定無法相信，他的離去讓我感到如何的孤單。妳該仔細想想，在那聖善的人身上，妳擁有一份極大的寶藏。因此，全院的修女都該去看她，並開放她們的心靈。那時，她們會明瞭所得的是何等的美善，也會發現她們在神修生活和全德上的大進步，因為我們的主在這方面給了他特殊的恩寵。

我可以向妳保證，我極願在此保有十字若望會士，因為他真是我靈魂的父親，是我所交往過，帶給我極大益處的人之一。我希望妳和妳的女兒們能極坦誠地和他交談。因為我可以向妳擔保，妳能和他談話，就如妳和我一樣，妳和她們都會獲得極大的滿足，因為他是非常具有靈性且極有經驗學識的人，所有受他教導過的人都極想念他。要感謝天主把他安排在妳的近邊。我正要寫信告訴他，請他照顧妳。我知道，由於他的非常良善，任何時候有所需要，他都不會拒絕的。

我們可以想像，當安納姆姆閱讀這封信時的驚訝，會母不但說「他真是我靈魂的父親」，同時強調他是最卓越的神師，無人可與之相比！聖女大德蘭所說的話句句真實，安納很快就證實了會母所說的話，從十字若望得到非凡的神修寶藏，也成為聖人的密友。

耶穌・安納姆姆的故事

《靈歌》開始時，若望清楚地說：「本書因革拉納達聖若瑟赤足加爾默羅會隱修院院長，耶穌・安納姆姆的請求而著述。寫於一五八四年。」這位安納姆姆是怎樣的一個人呢？

童年與聖召

一五四五年十一月二十五日，安納・羅貝拉・多雷思（Ana de Lobera y Torres）生於梅地納（Medina del Campo），父親是狄耶各・羅貝拉（Diego de Lobera），母親方濟加・多雷思（Doña Francisca Torres）。安納出生於貴族家庭，但並非富裕的貴族之家。

安納出生後沒幾個月，父親過世。她從小既聾又啞，直到七歲時，有一天，突然開口說話。滿九歲時，母親也撒手人寰，安納遂成了孤兒。她有個哥哥，名叫克里斯多巴（Cristóbal），後來成為耶穌會士。

母親過世後，安納和外婆住在一起。小女孩漸漸長大，她的身材高，容貌雅麗，天生的強烈個性，賦予人的印象是冰冷的貴族美女。年約十四時，追求者開始出現。安納完全無動於衷，她已拿定主意，不走結婚的道路，將來要進入修會。

十五歲時，安納為了避開一個追求她的年輕人，請求和哥哥與叔叔同行，前往普拉森西亞（Plasencia）父親的家族。和奶奶同住的結果，如同在梅地納一般。奶奶一見長得又高又美的孫女，看在眼裡，樂在心底，立即開始盤算她的婚事。為此，安納很高興避開奶奶，和叔叔一同到處拜訪家族的人。然而，無論行到何處，她總是引人注目。

安納的親戚中，有位富有的貴族深深地愛上她，開始熱烈地追求她，天天來拜訪和送禮。安納下定決心，要一次而永遠地斷絕家人安排她的婚事。那時，她的一位堂兄要慶祝他的晉鐸，安納選了這個大好機會。

晉鐸彌撒結束後，親朋好友齊聚羅貝拉家的廳堂，家人吩咐她回房間，改換參加彌撒的素黑裝扮，穿上奶奶特別為她挑選的華貴衣裳。安納二話不說，隨即回去房間，待賓客全到齊，她非常戲劇性地出現，身穿黑衣，剪掉頭髮，臉上蒙著頭紗。

我們可以想像當時的情景。家人生氣的表情和責備；老奶奶失望的嚴詞漫罵；那位追求她的貴族先生，憤怒地發出冷漠高傲的目光，無疑地，隨著賓客對這個家族的觀感，有些人吃驚地低聲細語，有些人則露出覺得好玩的微笑。只有安納面不改色，公然宣佈，依靠天主的助祐，按她的能力，她願意跟隨這位親戚，將來入會修道。勇氣十足，聰明果斷的安納，將成為聖女大德蘭的第一傳人。

入會修道

安納等到二十五歲，終於肯定她要加入的修會。有一天，她悄然離家，於一五七〇年八月一日進入亞味拉聖若瑟加爾默羅隱修院。聖女大德蘭展開雙臂，歡迎她進入修院團體。德蘭姆姆很快看出這個新聖召是天主賞賜的寶貝。自從那年，大德蘭認識安納，直到一五八二年逝世，德蘭姆姆不但賞識、而且極信任她的這個寶貝女兒。甚至還說，為了大家的益處，她非常樂意讓安納取代她的位置。

一五七一年，當安納仍是初學生時，大德蘭送她到新創立的撒拉曼加（Salamanca）隱院[12]，命她為初學生之長。一五七五年，安納三十歲，大德蘭帶著她創立貝雅斯隱修院，任命她為首任的院長。三年後，十字若望出現在她的修院，如前文所述，大德蘭的來信糾正她對若望的錯誤觀念，從此她和聖十字若望成為親密好友。

有位修女追憶說，當聖十字若望來到隱院，安納姆姆會讓若望代理院長，使修女們來向若望請求各項許可，使得若望有機會更明瞭修女們的真實生活。到了革拉納達，彼此間的連繫更是頻繁，《靈歌》卷首的題獻之詞，足以印證聖人對安納院長的尊敬。

衆院長之長

這位氣慨英勇、不畏艱難困苦且富有領導能力的安納院長，大德蘭曾經稱她是「眾院長之長」（*Capitana de las prioras*）。一五八六年，她離開革拉納達，前往馬德里創立新院。

12. 1570 年 11 月 1 日創立。

聖女大德蘭在世時，一直希望能在首都建立隱院，終其一生，這個願望未能實現。現在終於得到許可，而首選的院長就是安納姆姆。兩年後，聖十字若望也離開革拉納達，返回卡斯提，擔任塞谷維亞修院院長兼總會參議。他與安納姆姆持續保持連繫。

在馬德里時，安納姆姆得到路易斯．雷翁（Luis de León）的協助，積極地出版聖女大德蘭的著作。路易斯會士也題獻他的《約伯傳註釋》給安納姆姆。安納姆姆把聖十字若望的著作給他看，這位奧斯定會的大師，對若望的作品極力讚美。因他的支持，得到教宗頒布詔書，確保會母寫的《會憲》不被更改，雖然如此，她卻觸怒了多利亞會長神父，引發一段很痛苦的修會史。

痛苦的修會歷史

一五八九年至一五九四年，在赤足加爾默羅會的會史上，是一個很痛苦的起步階段，而安納姆姆首當其衝，面對修會當局行政管理上的紛歧，及領導者多利亞神父的野心。

一五八六年九月六日，安納姆姆抵達首都馬德里，擔任將於十七日創立的隱院首任院長，二十日教宗西斯篤五世（Sixtus V）頒佈詔書，確定赤足和非赤足加爾默羅修會分開，赤足加爾默羅成為獨立的會省，雖然還不是獨立的修會⑬，已不再受非赤足修會的管理。次年，七月十六日，教宗再頒詔書，允許赤足修會建立五個會省，成立總參議會，選舉代理總會長⑭。

當時，多利亞神父是修會領導者，他開始做出一些新計畫來管理隱修女，安納姆姆覺察會母聖女大德蘭的《會憲》可能會被修改，為了忠於會母的精神，一五八八年十月十三日，

13.　正式成為獨立修會的詔書頒布於 1593 年 12 月 20 日。
14.　代理總會長（Vicar−General）：因為尚未成為正式的修會，故以此名稱作為區分。

修女們得到教廷大使的批准，會母的《會憲》恆久確定，不得撤消。安納姆姆還是不放心，她想，除了教宗，沒有人能擔保《會憲》的恆久性。因此，安納姆姆先和四、五位曾經和大德蘭生活過的院長們商量後，預備以赤足加爾默羅隱修會的名義，向教宗提出申請。

她也請教首都裡的幾位神長，特別是路易斯・雷翁。同時，她不願沒有總會長多利亞的授權，趁著多利亞神父來修院探訪，在馬德里隱院的會客室中，話題轉到管理修女時，多利亞神父興奮地表示，即將成立諮詢團（*the Consulta*），讚揚這個團隊將給予革新修會很好的服務。安納姆姆在眾修女面前說：「神父，我恐怕，諮詢團的神父們會更改會母留給我們的《會憲》和法規。請您不要同意這事，因為我們從經驗得知，在這些隱院中，我們遵守會母留給我們法規是多麼滿足的事。」多利亞神父有些不悅，回答說：「天哪！姆姆！不要怕，如果有什麼改變，那是不重要的事。」安納姆姆接著說：「因為我們的《會憲》，已得到教廷大使的批准，具有更大的約束力，如果您同意，向至高的宗座請求一份詔書，給我們確認，這不是一件好事嗎？」總會長神父答道：「非常好，姆姆！」多利亞神父離開談話室之前，安納院長再說：「那麼，神父，我是否了解您所說的，關於我們的《會憲》，從羅馬得到一份詔書是很好的？」多利亞神父回答，如果沒有人去取得詔書，他會親自、並且赤足步行去取得。最後，安納姆姆對眾修女說：「女兒們，我們總會長神父所說的話，妳們是我的見證人。」

一五八九年初，安納姆姆向教宗請求，她沒有經由修會的長上多利亞，而是透過古嵐清神父的一位親戚，除了請求恆久確定《會憲》，還要求指定聖十字若望擔任修女們的長上。一五九〇年，六月五日教宗頒布詔書，允許她的第一個請求，至於第二個請求，教宗給予很寬大的認可，為修女們建立一個總視察員的職位，直屬總會長，只在一人之下，其他的省會長、院長，甚至總會諮詢團都不得管轄赤足隱修女。詔書如下：

「我們制定只有該（赤足加爾默羅）修會的代理總會長，是該會隱修女的長上，每三年……他要指定該會的一位男會士，年長、明智審慎、虔誠熱心且富有知識，管理該會隱修女及其隱修院。他……在總會議中應有選舉權，他的地位僅次於總會長……該總視察員具有完全的管轄權和職權……，他能夠且必須視察、糾正和改善該隱修女會……為此之故，我們禁止其他所有的省會長和會士，無論是誰，諮詢團或修會的參議，或教區主教，無論以任何藉口，干涉該隱修女及隱修院的管理。」

這件事大大觸怒了多利亞，他嚴詞責備修女們的作為，詔書頒布不到一個星期，隨即召開總會特別會議，尋求對策。但這時候，六月二十七日，教宗派兩位專員即路易斯·雷翁和依凡拉（Evora）主教德奧多尼歐·布納加撒（Teotonio de Braganza），執行詔書的命令。由於多利亞頑強的抗拒，結果一事無成。

八月二十七日，教宗西斯篤五世逝世，更助長多利亞的氣勢。多利亞更進一步，明言放棄馬德里安納姆姆的隱院，並且恐嚇修女們，凡接受馬德里隱院領導的任何其他隱院，他一概棄而不管。他再轉向國王極力申訴，得到國王的支持，這麼一來，多利亞堅持立場，毫不退讓，整個情勢陷入僵局。修女們和多利亞雙方都向國王陳情申訴，結果，多利亞占了優勢。他請求國王訓示安納姆姆要服從長上，同時透過教廷大使，力勸新教宗國瑞十四世廢止前教宗的詔書。

聖女大德蘭的好友、道明會的道明·巴臬斯（Domingo Báñez）神父也前來調停。然而，多利亞仍然無動於衷，即使這位道明會士告訴他，如果把修女們逐出修會，道明會將接受她們。

一五九一年四月二十五日，教宗國端頒布詔書給男會士和隱修女，按教宗的決議是，隱修女仍隸屬於總會，也批准多利亞提出的《會憲》修訂。從羅馬頒布的詔書，到了七月傳到西班牙，這是多利亞的勝利，現在他可隨心所欲的懲罰「背叛者」——古嵐清神父、安納姆姆和聖十字若望。

六月一日，在馬德里召開總會大會時，聖十字若望清楚表明立場，他不同意多利亞的修憲，棄置修女們，因為大德蘭姆姆之建立革新的男修會，其目的是幫助修女們。聖人也針對多利亞報復古嵐清神父的事件，不表贊同，傳記上記載，他痛心於總會長沒有詳細明察，卻以敵意抹黑古嵐清神父。他對這事的後果得到一個啟示，事情是這樣的：開大會前不久，有一天，若望．伊凡哲立斯大（**Juan Evangelista**）發現聖人在塞谷維亞的斗室內凝神祈禱，本想找他，卻發現他在出神之中，只好悄悄離開。後來，伊凡哲立斯大神父不斷追問發生什麼事，聖人終於告訴他：「我命令你，只要我還活著，不准告訴任何人。我得到的顯示是，我們的代理總會長神父和參議們都走進大海，我對他們放聲大叫，不要走進去，否則會被淹死。我看見水到了他們的小腿，到了他們的膝蓋，水到了腰部，我繼續大叫他們不要走進去。完全沒用，他們一直向前走，也都會被淹死。」

我們知道，開大會的結果是聖人被貶，十二月十四日病逝於烏貝達。當安納姆姆接獲聖十字若望病逝的消息時，多利亞神父的嚴厲懲罰已臨於她，她被撤除長上職，罷免其選舉權、被選權和發言權，並不得領聖體，達三年之久。除了聖十字若望的病逝，同年八月二十三日，支持她、協助她出版會母著作的路易斯．雷翁也病逝，再來的一五九二年二月十七日，古嵐清神父被多利亞逐出修會。面對這一切的事故，安納的內心受到何等的煎熬，但同時，我們也深信，那是「在寧靜的夜裡，燃燒著焚化而無痛苦的火焰。」（靈歌39）

謙虛與寬恕

馬德里隱院必須重新選院長，多利亞要修女們選其他隱院的修女，全院的修女非常反彈。安納姆姆完全了解整個情況，她主動要求多利亞讓她向修女們說話。從這件事上，我們看到安納姆姆的謙虛和寬恕，她所顧念的只是修會的益處。她的惟一心願是，幫助修女們選擇合適的人選，具有審慎明辨的智慧，能隨時穩定當前的狀況。安納姆姆說服修女們，選亞味拉的院長姆姆，瑪利亞．聖熱羅尼莫（María de San Jerónimo），因為，一方面，她是大德蘭的真正女兒，另一方面，她沒有參與向羅馬的申請。安納的無私精神贏得修女們的支持，瑪利亞姆姆獲選，多利亞也深覺滿意。

忠心耿耿

當安納幽居馬德里隱院時，多利亞還是寧可她離開馬德里，他的目的在於不要有反對他或可能反對他的人靠近宮廷。因此，他設法要安納姆姆回到撒拉曼加，這是她誓發聖願的母院。但在這事上，他碰到很大的阻礙，因為國王的妹妹、瑪利亞皇后（Empress María，神聖羅馬帝國馬克西米連二世的孀婦）深愛安納姆姆，皇后不只極力反對，甚至要她轉入皇家保護的另一修院，安納回答，她絕不離開修會，即使遭受比這事件更嚴厲的對待。這是安納對修會的忠誠，是她對聖女大德蘭的真心追隨，也是她高貴人格的流露。

多利亞費盡心機，周旋於皇家和羅馬教宗之間，儘管得到教宗的背書，眼看著，他就要成為赤足加爾默羅會的第一任總會長，人算不如天算，就在他前往選舉總會長的途中，一場斑疹傷寒奪去他的性命，一五九四年五月初病逝。隨著他的過世，修會的發展納入正軌。

同年，來自亞味拉的瑪利亞姆姆，在馬德里隱院的任期屆滿，她要返回亞味拉，安納姆姆也切願回去撒拉曼加隱院，雖然皇后極力挽留，安納請求她不要阻礙她的離去。得到新任總會長的許可後，她和瑪利亞姆姆一同上路，在兩位男會士的陪同下，首先抵達亞味拉。安納姆姆停留數天後，前往奧而巴，因為離開馬德里之前，她已獲准打開聖女大德蘭的棺墓，安納姆姆見證說：「她的遺體柔軟而鮮活」。一五八二年，當會母大德蘭在奧而巴逝世時，安納姆姆遠在革拉納達，這是第一次機會，來到深愛的導師與摯友的遺體前致敬。

一五九六年，安納姆姆再次被選為院長，同時組織在西班牙所創立的新隱院。一六〇四年，六十歲的安納接受新的挑戰，前往法國建立新隱院。她創立了巴黎和狄榮兩座隱院，為了維護修會的靈修精神，忠於聖女大德蘭和聖十字若望的教導，她得面對強勢的貝路樞機（Cardinal Bérulle）而不屈服。之後，轉往法蘭德斯[15]，創立了布魯塞爾（Brussels）隱院，繼而魯汶（Louvain）、蒙恩（Mons）、安特衛普（Antwerp），甚至遠至波蘭的克拉科夫（Krakow）。除了創立新院，擴展德蘭加爾默羅隱修院於歐洲，她不遺餘力地出版聖女大德蘭和聖十字若望的著作。一六二一年三月四日，安納姆姆逝世於布魯塞爾隱修院，享年七十五歲。一八七八年被宣封為可敬品。

15. 即現今屬法國、比利時和荷蘭一帶。

在聖女大德蘭列真福品的過程中，安納姆姆直言不諱地說：「我和耶穌．德蘭（即聖女大德蘭）親密地談話，她也同樣對待我，無論是和她本人同在時，或以寫信的方式……關於她的每一件事，我幾乎都知道。」

永遠的祕密

數年後，聖十字若望的列品案推出時，她一定可以說同樣的話，甚至說得更多。然而，她不發一言；她什麼都不願說。她的告解神師伊拉里歐．聖奧斯定（Hilario de San Agustín）雖然堅持要她說，卻毫無所獲。伊拉里歐神父說：「當（列品案的）訊問者來找耶穌．安納（即安納姆姆），以為她會回答有關我們可敬十字若望神父的聖德及神祕恩惠。顯然她知道許多關於他的極美好之事，她拒絕對我們說出，而且裝成彷彿什麼都不知道。」

她的神師問她，明明知道，為何什麼都不說。並且力勸她，這麼做會愈顯主榮，有助於教會，榮耀修會和她在基督內深愛的十字若望神父。安納姆姆回答，她不敢說那些事，因為害怕這麼做會顯耀她自己，及透露她曾經得到的恩惠。她讓神師明白，當她去向聖十字若望辦告解時，天主經常顯示通傳給他們倆的祕密。「如果安納姆姆選擇講述彼此的關係，今日的她必是若望聖師內在生活的特優見證人。」[16]

無疑地，這是一個永遠的祕密，聖十字若望和安納姆姆之間確實有許多神聖的經驗，但是至極謙虛的安納選擇靜默，或許，他們曾互相約定保持靜默，因為他們是這麼的自由，這麼互相信任地談論天主的恩惠。事實上，「安納姆姆有個極高貴的秉性，凡博人好感的言詞文字，她一概銷毀；別人論斷她的批評則流傳後世。」[17]她的非凡超脫流露無餘，她選

16. P. Frederico Ruiz OCD，《聖十字若望的生平與教導》，上智，台北，2000，4 頁。
17. 同上，51 頁。

擇只為天主而生活。她就是聖女小德蘭夢中的安納姆姆，閃耀著天堂無與倫比的光輝。

參考書目

1.聖十字若望，《（兩個）心靈的黑夜》，加爾默羅聖衣會譯（星火文化，2010，台北）。

2.聖十字若望，《攀登加爾默羅山》，加爾默羅聖衣會譯（星火文化，台北，2012）

3. Frederico Ruiz OCD，《聖十字若望的生平與教導》，台灣加爾默羅隱修會譯（上智，2000，台北）

4. William Johnston，《無聲之樂》，劉河北譯（光啟，台中，1979）

5.聖女小德蘭，《一朵小白花》，蘇雪林譯（聞道，台南，1997）

6.陳文裕，《天主教基本靈修學》，（光啟，台北，民 77 再版）

7. Winifred Nevin, *Heirs of St. Teresa of Avila*, （Bruce, Milwaukee, 1959）

8. *God Speaks in the Night ～ The Life, Times, and Teaching of St. John of the Cross*. Kieran Kavanaugh, OCD. trans. （ICS, 1991, Reprint, 2000. Washington, D.C.）

9. *The Collected Works of St. John of the Cross*. Translated by Kieran Kavanaugh & Otilio Rodriguez, with introductions by Kieran Kavanaugh （Washington, D.C. ∴ ICS,1979&1991）

10. Crisógono De Jesús, *The Life of St. John of the Cross*, Translated by Kathleen Pond,（H&B, New York, 1958）

11. E. Allison Peers, *Handbook to the Life and Times of St. Teresa and St. John of the Cross,*（Burns Oates, London, 1954）.

12. Marcelle Auclair, *Saint Teresa of Avila.* Trans. Kathleen Pond（Pantheon, New York, 1953）

附錄三

柯文諾神父的《靈歌》導論

主題和本詩的緣起

雖然詩情畫意的《靈歌》中，聖十字若望沒有明確提及基督，不過，按照他的註解，他詠唱的是發生在靈魂和新郎基督之間愛的交往。無疑地，這個靈魂代表若望本人，詩節所流露的愛情對話，必是發生於他與基督之間。

我們問，為什麼若望要以詩來表達這愛的交往？在他的序言中，我們找到解答的線索。在那裡，他說這些詩節是從神祕領悟湧現的愛情言詞。第二十五詩節，他述說心愛主如何能藉愛的觸動使靈魂著火，如同從火中躍出一道熾烈的火星。那時，意志被灼燃於愛、渴望、讚美、感激天主之中。新娘稱這些行動為「**流溢神性的香油**」。神祕領悟來自，在若望的靈魂內，星火觸動時所得到的通傳，那麼，這些詩節或頌歌，彷彿天主芬芳香液的湧流或滿溢。

聖女大德蘭在她《自傳》第十六章中，清清楚楚地述說，一個神祕家如何得到寫詩的衝動，即使她可能缺乏詩人的天賦，卻想以詩歌來表達很深的心靈經驗。

「天主啊！幫助我吧！處於此境的靈魂是怎麼回事！我願全然化為唇舌，好能讚美上主。吐訴千言萬語，神聖的痴話連篇，不斷尋求取悅現已佔有他的那位。我知道有個人，雖然不是詩人，突然間寫下一些感觸深刻的詩句，動人地表達出她的痛苦。」（自傳16．4）

無可言喻

儘管這些頌歌來自豐盈神祕領悟的愛之湧流，還是不能完全說清楚其領悟或經驗。因為「誰能描寫，那些傾心迷戀的靈魂，天主居住其內，她們所領悟的呢？誰又能用話語來說明，天主傳達給她們的體驗呢？最後，誰能解釋，天主給她們的渴望呢？的確，無人能夠；確實，連領受的人也不能。」（靈歌序1）如若望在第七詩節的解釋，總是有個「我不知是什麼」的，仍有待吐訴，某些更深入的要說，某些不知道的，還沒有說出的，及天主的卓然行蹤，已揭示給神祕家，卻仍然尚未探究的。致力於表達這些經驗的內容時，反而成為純粹的咕咕噥噥。

面對無法清楚地表達他們的經驗，同時感受到切望表達於外的愛情衝動，這些人說出的祕密和奧祕會顯得荒唐可笑。然而，這些看似荒唐可笑的詩歌象徵和比喻，確實是比理性的解釋更有力的方式；對於其內容能提示得更多。事實上，若望指出，他所用的是聖神的表達方式，祂「不能以普通的言語，表達其圓滿的意義，而以奇妙的象徵和類比說出」，如在《雅歌》中一般。

事實上，《雅歌》是《靈歌》的主要根源。在這部聖經的著作中，他找到表達自己深奧經驗的方式，也找到場景、畫面和話語，即使有時不同於他的環境，他用來創造成自己的作品。

詩歌的形像和比喻，論及基督和十字若望之間，不可言喻的愛情交往，這是比普通的話語更合適的表達，但這並不是說，每一個神祕家都必須是詩人。像這樣的藝術作品，是詩人而不是神祕家的創作。然而，神祕的領悟和經驗，無疑地，對詩人的創作是一個撞擊。詩歌可能湧自神祕領悟的衝動，或者也可能寫於，神性火星的觸動已過去幾天，卻仍存留在其愛內時。這個愛，若望說，與其效果一起持續較長的時間，有時是一天、兩天或許多天，雖然並不總是以相同的強烈程度。

一首愛的故事

本詩歌採對唱牧歌的格式，述說一對情侶，新娘和新郎之間愛的故事。這故事藉著互相對話展開。這樣，若望多少有些神祕地，詳述他愛基督的歷史，這愛是回應基督對他的愛。基本上，這是充滿動力的愛之歷程，這愛向前進展，標示出若望靈修生活的程度或境界，這進程與愛平行發展，也有賴於愛。愛的行動貫穿全詩，給予詩節方向和架構。雖然藉著描述愛的進程，詩節揭示一個人的故事，但並沒有明確地說明與基督共融的每一個時刻。也沒有述說準確的短暫現象；詩節沒有呈現持續不斷的先後時間順序，並非一句又一句，一詩節又一詩節，前後接連。更好說，本詩是以分成幾組詩節來述說這個進程，專注在神性之愛的生活中，某些特別動人的時刻。

全詩中，新娘說了三十一段詩節，新郎七段詩節，受造物一段。這些詩節不只敘述，而且懇求。新娘說她焦急地尋找她的心愛主，述說她和祂相遇，心愛主的特質，她從祂得到的禮物。她懇求心愛主委順和顯示祂自己，解救她免於仇敵、障礙、及阻擋和祂結合的所有繫絆；最主要的，她祈求和祂更深入的結合。

新郎在詩中的三個地方說話，都是在轉換之處。祂的話實現新娘所尋求的結合，具有轉化的力量。在平安、孤寂和無保留的愛中，以祂的話給出祂自己。

前十三段詩節，指出一個焦急和趕快尋找的階段。接下來整整兩段詩節，堆疊許多的形容詞及沒有行動的動詞，表達結合的喜樂。然後，詩人轉向不安寧的畫面，傳達尚未完全的結合。從第二十二詩節開始，有了完全的結合，韻律緩慢下來，畫面轉而向內：床、內在的酒室、花園。詩的進展處於兩個極端之間，一是轉向整個自然界，另一則是專注於極微小處。首詩節突然發出質疑和行動，最後詩節則呈現出完全平安的景象；事實上，這是漸降法，讓人感受到放鬆、終結和安息。

更明確地說，在成組的詩節中，四個行動階段說的是：

1–12詩節：新娘奔向高山和水崖，尋找她心愛的主，學習許多有關祂的事，但從未感到滿足；這一切知識徒增她對心愛主的思慕，以更深的愛創傷她。

13–21詩節：經過如此深切的思慕渴求，新娘看見祂出現在高崗上，她的處境改變了；對她來說，祂就是：綿綿的崇山峻嶺、孤寂的森林幽谷、奇異奧妙的海島、默默無聲的音樂、寧靜的深夜。然而，新娘和她的心愛主仍未完全擺脫障礙，還有狐狸、蕭條枯瑟的北風、猶太女娘、翱翔的飛鳥、獅子、雄鹿、黑夜的恐怖，這一切都想要擾亂愛的交往。

22–35詩節：最後，新娘進入了殷切渴慕的怡心花園，頸項斜倚在愛人的甜蜜手臂裏，在深深酒室內，暢飲她心愛的主。在那裏，祂給新娘祂的胸懷，也在那裏，教給她愉悅的知識，在群眾的聚所，不再看見或發現新娘。

36–40詩節：到結束時，新娘渴望和心愛的主上高山，下丘陵，更深地探入叢林，然後邁向磐石上的高峻洞穴叢。在那裏，祂將顯示給新娘，新娘將看見祂在光榮中的美麗。

本詩的整體計劃，具體表達在愛的生活中四個主要的方面。從基督與靈魂間愛的共融來看：⑴懷著焦急的愛尋找心愛主；⑵第一次和祂相遇，稱為神訂婚，不過，與祂結合的生活，仍受到許多外在和內在的阻礙；⑶與新郎完美的結合，或說是神婚，相互和完全的自我給予，各式各樣愛的共融；⑷渴望和心愛主在榮福中完美結合。

這愛情的進展以詩的形式敘述，說明靈魂得自心愛主的慈惠禮物。這些禮物是知識與愛的通傳，就是恩惠、拜訪、創傷和愛的接觸。藉著增加對新郎的崇高知識和愛，實現了與天主更深入的親密共融。首先，這個愛的知識來自思量受造物；其次湧自沉思顯示於信仰奧跡中的天主工程，尤其是降生奧跡；第三，源自至高神性知識的接觸。當靈魂對天主充滿愛的認識愈深入和有力時，她會避開每一個違背神性新郎聖意的情感。

寫作的日期

拘禁在托利多的狹窄的小牢房中，若望必須向內尋找闊展的感受。幫助他的是，已熟記心中的《雅歌》畫面：高山、深谷、河流、水泉、花朵——所有在外面，在自由開闊的田野，我們能聯想的。重新排列這些影像，若望根據它們，開始創作他的詩歌。結果是寫下〈靈歌〉前三十一詩節。後來，因為看守監牢的修士同情他，供給他紙和筆，他遂用這些文具寫下這些詩節，及在那裡寫的其他詩歌。若望夜裡逃出牢房之後不久，貝雅斯加爾默羅隱修院的修女，讀了他寫詩的小筆記本；她們立刻抄寫複本。後來有幾年，若望在不同的時候增加更多的詩節。

關於最後的五段詩節，據說，當若望擔任革拉納達的院長時，路經貝雅斯時，他問及方濟佳姆姆（Madre Francisca de la Madre de Dios）的祈禱態度。她單純地回答說，就在於注視天主的美麗，欣喜於祂所擁有的美。若望狂喜於她的回答，數天之久，他講述非常崇高和美妙的道理，訴說天主的美。他因愛而神馳，寫下五段詩節，談論天主的美麗，他這樣開始寫起：「心愛的，我們來欣享歡愉，在祢的美麗中，觀看我和祢。」

關於註解

最先讀到〈靈歌〉的是貝雅斯加爾默羅會修女，詩詞之美令她們驚嘆。知道其中蘊含著驚人的深奧。對有些人看來彷彿可笑的這些話語，到底隱藏著什麼呢？她們請求詩人開示詩意。隱藏在豐富象徵內的深奧道理，修女們單憑一己之力，怎麼足以探究其底蘊呢？於是，十字若望會士開始他的註解。先是在他的神修講道中，繼而書寫下來，解釋蘊含在詩內的寶貝。最後，因耶穌．安納姆姆（Madre Ana de Jesús）的請求，他編輯成一部完整的註解。

在註解中，這位加爾默羅會士所做的，無非是以解釋其象徵，大略地說明詩中的含意。逐句解說詩中的比喻，他揭曉蘊含在詩中的基本道理，此即他向我們保證的，相稱於本詩作者的個人經驗，根據這首詩的整體計畫，也相稱於一般達到靈修完美境界的途徑。序文中，他除了計劃註解本詩之外，還答應要採用士林神學，更詳細地論述祈禱及其效果。

然而，對這位靈修大師來說，要將註解和詩詞渾然配合，編排成冊，並非易事。因為詩人的抒情創作，不必涉及神學家的邏輯要求。最後，聖人為了循序解析靈修生活的進展過程，終於導致重新編排詩節，使之能更明確的順序。修訂初版的註解時，他重新排列詩節，因此，流傳至今的《靈歌》有二種不同的修訂版本。

有些人認為，調動節的前後次序，破壞了這首詩的自然詩境和靈感。無論這是不是真的，在第二修訂本中，道理的基礎得以強化。雖然加以改善後，詩節的順序仍是有些不準確。為了要解釋詩句中的次序，若望說，靈魂以修練克苦和默想作為開始，這是在前四段詩節中談論的，然後經過愛的途徑和窄路，直到十三詩節。不過，最前面的二段詩節，並沒有說及克苦和默想。它們清楚地談到痛苦、思慕和愛的窄路。前二段詩節提及的處境，是「焦急無耐的愛」。如果這些詩節中有談到克苦和默想的，那是第三和四詩節。在第七詩節，若望談到至高神性認識的一個接觸，這個恩惠更應該屬於詩節中，描述更高的靈修生活階段的那些詩節。第二十二詩節談及神婚，在他的教導中，是遠超過神訂婚的境界。到了二十七、二十八和三十詩節，我們發現，若望再度隱約地談及神訂婚。

詩節本身不必受嚴格的限定，扣押在註解的指定階段，表達「焦急無耐的愛」，不必只限用於初步的尋求；處在靈性訂婚的境界，因心愛主的不在而痛苦，由於更強烈的愛，痛苦更大時，什麼也不能阻止她們再說這樣的話。述說在靈性訂婚時得到很豐富的通傳，也可以用於神婚時所得到的通傳。

凡想斷定詩節所指的是什麼靈修階段的人，要注意，這困難所牽涉的是，企圖把藝術的詩作塞進註解的邏輯架構，即使這些階段，在開始時的「主題」及第二十二詩節，做了明確的指示。

構成註解的因素

構成本註解的主要因素如下：

⑴概論詩意：在列舉每一詩節之後附上解釋，概論詩節的涵意，這個概論點出詩節的內容，及與前後詩節的關係。

⑵詳細解釋：詳細解釋每一行詩句，說明詞句的字意，及與全詩節的關係。專注於詩中所指的靈修生活中不同的階段，可能是教義的解釋，也可能無關。

⑶教義的解釋：教義的解釋，尋求以神學合理化的包含在詩句解釋中的教導；此外，也尋求使所教導的，盡可能符合靈修生活的真正發展。由於採用聖經的經文和理論的推理，相當地擴大了這單純註解中的教義範圍。留意這些教導是非常重要的，因為它們與詩句中置於眼前的靈修階段，往往並不是一致的。有時，這些解釋顯然是離題旁論，說些和詩句的註解毫無關連的事。它們成為序言中所承諾的，「談論祈禱的一些論點與效果時。」比較常見的是直接與詩節的用字和教義的內容有直接的關係。在這些情形下，所作的闡明和

詩中描述的靈修階段非常配合；同時也建立不完全只屬於此一境界的普遍原則，例如第一詩節，4－11。

(4)引言：最後是引言。引言被置於大部分詩節的前面，使詩節成為一個有系統的整體。除了第十三和十四詩節註解前面的引言之外，這些引言是第二版本的《靈歌》註解所特有的。在第二版本中，在引述完全部詩節之後，若望也增加幾個段落，題名為「主題」，概括地說這些詩節和靈修生活傳統的階段（譯按，指煉路、明路和合路）有何關連。然而，要記得構成註解的所有因素，在那被指明為某境界的詩節中，我們能期待，也會發現其他特殊靈修階段的道理。

註解的兩個版本

《靈歌》的兩個不同版本，通常分別為《靈歌A》（Canticle A）和《靈歌B》（Canticle B）。無論在詩節的前後次序和編號上，這兩個不同版本都不相同。此外，第二版本《靈歌B》的註解篇排得更詳細。《靈歌A》共有三十九詩節；《靈歌B》則為四十詩節，多出來的是第十一詩節。在兩個版本中，前十四詩節的次序是一樣的；最後的七個詩節，也是順著相同的次序。重新編排的是中間部分的詩節，從《十六詩節（即《靈歌A》十五）到三十三詩節（即《靈歌A》三十二）。

從來沒有人刻意質疑過第一版本的真確性，然而，第二版本遭到爭論，雖然學術上的論據已指證，是無法否認的。現在已經沒有理由懷疑，重新修訂的是若望本人的作品。在手抄本和見證上的歷史文件，豐富又可靠地印證十字若望本人是作者。作品完全是若望的風格、言語和思想，是別人無法模仿的。企圖把作品歸於其他作家的話，若不是缺乏具體的歷史根據，就是連文章風格的最小相似性，也無法找到。

若望可能重新閱讀自己的著作，加以增刪、修訂，這是不足為奇的。我們找到一個極優的實例，在聖路加抄本（*Codex of Sanlúcar de Barrameda*，是《靈歌A》的一個抄本）中，他就是這麼做的。在這裡，邊緣的空白處和字裏行間，有許多若望親筆的修正、更改和增刪，這是為他《靈歌》的第二版本及其中的進展鋪路。

所有保存下來的二種版本都明確地說，這註解是因革拉納達聖若瑟赤足加爾默羅隱院院長，耶穌．安納姆姆的請求而著述，寫於一五八四年。至於第二版本，大約寫於一五八五至八六年，在《愛的活焰》第一版本之後，因為在修訂本的第三十一詩節中，聖人提及這本書（譯按，即《愛的活焰》第一版本）。

由於第二版本的註解更清楚明瞭，編排得更好，從教義的觀點來看更有價值，適用於此若望全集的目的。本（英）譯本依循哈恩抄本（*Codex of Jaén*），此為第二版本中最可信靠的複本。

《靈歌》可以這樣劃分：

第一詩節到第十二詩節：

＊突然開始詠唱詩歌；新娘哀嘆新郎不在

＊靈修生活的第一步

＊焦急無耐之愛的渴慕和憂心忡忡

第十三詩節到第二十一詩節：

＊愛情結合的相遇

＊急迫渴望完全的自由，免於內在和外在的阻礙

第二十二詩節到第四十詩節：

＊在神婚中，相互、完全的委順和給予自我

＊比較現在和過去

＊結合的愉悅，及渴望榮福直觀

紀南・柯文諾 Kieran Kavanaugh OCD

附錄四

從《天階體系》到《靈歌》——托名狄奧尼修斯與聖十字若望的理論交融

關永中

為閱讀聖十字若望《靈歌》的讀者而言，也許會自然而然地聯想起兩本名著：其一是，舊約聖經的《雅歌》[1]（*Song of Songs*），其二是，托名狄奧尼修斯（Pseudo – Dionysius）的《天階體系》（*Celestial Hierarchy*）[2]。

舊約《雅歌》所寫活的景與物，不論是麋鹿的遁逃、鴿子的媚眼、花草樹木的美緻、山河大地的壯麗、甚而新郎新娘的互喚，都無不推陳出新地一再重現於聖十字若望《靈歌》的吟詠中。

然而，《雅歌》所諷誦的人、神相戀，卻進一步地在《靈歌》中鋪陳為一段跨越「邂逅、訂婚、神婚」的經歷，相應著狄氏《天階體系》所劃分的「煉路、明路、合路」⋯⋯

十字若望闡述《靈歌》主題上說：

1. 有關聖十字若望原作，本文主要參閱英譯 *The Collected Works of St. John of the Cross*. Translated by Kieran Kavanaugh & Otilio Rodrigues（Washington, D.C.：ICS Publications, 1979）. 中譯文句，參照下列譯本《攀登加爾默羅山》加爾默羅聖衣會譯（台北：星火文化，2012 年），以下簡稱《登山》。《（兩種）心靈的黑夜》加爾默羅聖衣會譯（台北：星火文化，2010 年），以下簡稱《黑夜》。《愛的活焰》加爾默羅聖衣會譯（台北：星火文化，2015 年），以下簡稱《活焰》。《靈歌》加爾默羅聖衣會譯（台北：上智，2001 年），以下簡稱《靈歌》。

這些詩節是從一個人開始起步事奉天主寫起，繼續寫到他抵達成全的圓滿極境——神婚。詩節中論及三個神修階段或道路（即煉路、明路、合路），……（《靈歌》〈主題〉．1）

此數語響應著狄氏《天階體系》的提示：

每一位理性存在者，無論是天界的還是人間的，都有自己的一套上、中、下秩序和力量，……都分有那潔淨之上的潔淨、那超豐足的光，那在一切完全之先的完全；……（《天階》10．3）

誠然《天階體系》不曾以男女纏綿的意象來描述天人之愛，而《雅歌》也不明顯以漸次進階的方式來交代相戀始末，十字若望《靈歌》卻把二者接合得如此地天衣無縫，致使讀者在細讀之下無不為之動容。我們在陶醉於聖人詩句的搖曳之際，也不妨放眼於其繪畫的靈修歷程。

壹、十字若望《靈歌》脈絡鳥瞰

《靈歌》一詩以愛侶的戀慕為經，以景物的鋪陳為緯，編織出人神間相愛的「起」、「承」、「結」，並引用舊約《雅歌》的辭彙，來繪畫「愛者的黝黑」（《雅歌》1：5／《靈歌》33）、「雄鹿的隱遁」（《雅歌》2：17－3：3／《靈歌》1）、「鴿子的眼神」（《雅

2. 有關托名狄奧尼修斯原作，本文主要參閱英譯 *Pseudo － Dionysius* ： *The Complete Works*．Translated by Colm Luibhead，*Classics of Western Spirituality*（New York ： Paulist Press，1987）．中譯文句，參照托名狄奧尼修斯著，包利民譯《神祕神學》（香港：漢語基督教文化研究所，1996）其中涵括：《論聖名／ *On Divine Names*》，以下簡稱《聖名》。《神祕神學／ *Mystical Theology*》，以下簡稱《神祕》。《天階體系／ *Celestial Hierarchy*》，以下簡稱《天階》。《教階體系／ *Ecclesiastical Hierarchy*》，以下簡稱《教階》。《書信集／ *Letters*》，以下簡稱《書信》。

歌》1：15－5：11／《靈歌》13＆34）等意象，沿用典故中尤吐露靈魂思慕上主的情傷與淒美。

在聖人神思妙筆的揮灑下，《靈歌》一詩尚給我們描繪神修者的心境與經歷，其中分辨三個階段：

第一至十二詩節陳述初階情狀，被名為「煉路」（Purgative Way），意謂滌淨罪疚、革面洗心。

第十三至二十一詩節則交代進階境況，取名為「明路」（Illuminative Way），意即修業進德，迎向光明。

自第二十二詩節起，進而鋪陳成全究竟，命名為「合路」（Unitive Way）是為人神在世結合的高峰，唯有來生全福境界始能有更崇高圓滿的突破。

一、煉路

按聖人同名著作的闡釋，我們可提綱挈領地體會若干要點如下：

（一）感召與覺醒

第一詩節自起始即流露一份感嘆：

祢隱藏在那裡？
心愛的，留下我獨自嘆息，
祢宛如雄鹿飛逝，

於創傷我之後；
我追隨呼喚；卻杳無蹤跡（《靈歌》1）

《靈歌》第一詩節在字裡行間有這樣的暗示：人進入靈修之初，是由於神的感召與人靈的覺醒；神碰觸人靈，使她剎那間感受到神的甘飴；她在充滿感動中渴望追隨神的芳蹤，熱衷於投奔向祂。換言之，靈修之路、同時牽涉神的邀請、與人的回應；靈修不純是個人單方面的努力，更是神的恩賜與助祐。

（二）隱遁與尋蹤

然而，超越的甜蜜，卻如同曇花一現般瞬即消逝，留下個人的落寞與惆悵。誠然，當人靈一旦品嚐到神的慰藉，則沒有任何事物可與之比擬；人靈切慕透過各方面的人、地、事、物來追蹤祂。為此，《靈歌》第二詩節如此地說：

牧羊人，你們去，
越過羊棧登高岡，
如蒙寵遇，看見
我最心愛的，
請對祂說，我生病、痛苦、欲絕。

（三）滌淨與割捨

進而、人靈開始洗心革面、痛改前非，勉力去除先前的陋習，而邁上一段艱辛的煉淨，如《靈歌》第三詩節所言：

尋找我的愛，
我要奔向高山和水崖，
花兒不摘取，
野獸不怕懼，
我要越過勇士和邊際。

人在起步跟隨神蹤之始，尤倍感上主的聖潔、與自己的不肖，從自慚形穢中深自嘆息，如在太陽底下、我是黑的，因為太陽曬黑了我（cf.《雅歌》1：5／《靈歌》33）

（四）懸殊與虔信

隨著，第四至第十一詩節就直接或間接地從美的眼光欣賞世物，先後遊走於山河大地、花間草木、鳥獸遊蹤，它們都在一定程度上反映出造物主的美善，以致第五詩節有云：

他傾下千般恩寵，
獨以其形象，
替萬物穿上美麗衣裳。

然而，受造物一旦與造物主相較，則顯得如此地遜色，致使人靈在面對其中的懸殊而倍感神傷，轉而切慕超越的至美，且在第十一詩節中深自詠歎道：

請顯示祢的親臨，
願看見祢及祢的美麗
致我於死地；
若非祢的真像和親臨
不能治好相思病情。

至此，人靈終於意會到：唯有舉心向上，生活於對上主的凝念，以信德的眼光來前進，這才是更穩妥的做法，為此，第十二詩節強調：

啊！宛如水晶的清泉！
若在你的銀輝水面，
突然凝視
我渴望的双眼，
將速描於我深深心田！

總之，《靈歌》一至十二詩節繪畫了靈修煉路的大略。

二、明路

煉路的初步淨化，讓人靈日進於德，人神關係漸入佳境，修行步伐愈見精勤，此之謂明路的進程，《靈歌》以十三至二十一詩節來做交代。在此期間，愛的出神，可不時出現，而奇恩異寵也蔚為奇觀，然而靈性的波動也相對地顯得激烈，其中涵括：

（一）、光與焰的交替（13詩節）
（二）、愛與慾的對峙（14－15詩節）
（三）、聖與俗的拉鋸（16－17詩節）
（四）、感官與心靈的黑夜（18－21詩節）

茲概述其中境況如下：

（一）光與焰的交替

為十字若望而言，靈修者進入默觀，其理智和意志的交互運作可有三種不同的配合：

其一，理智獲光照，意志卻枯燥無味（《黑夜》2·17·12《活焰》3·49）
其二．理智處於黑暗，意志卻充滿愛火（《黑夜》2·12·7；《靈歌》26·8）
其三，理智獲得光照，意志也充滿愛火（《黑夜》2·13·2）

這三種形態，可表列如下：

	一	二	三
理智（Intellect）	光照（Light）	黑暗（Dark）	光照（Light）
意志（Will）	枯燥（Dry）	愛火（Love）	愛火（Love）

在較低程度的默觀，第二種形態比較常見。

在較高程度的默觀，第三種形態比較頻密。

理由是：除非理智經受煉淨，否則不能接受赤裸而被動的知識，靈魂在全煉淨之前，其在獲得超性知識的觸動比較少，愛的激情反而比較多，因為意志不須徹底煉淨即可感受對上主的愛火（《黑夜》2・13・3）

基於上述的理由，聖十字若望遂在《靈歌》第十三詩節的註釋上指出：靈魂……

> 被吸引更靠近祂，……更強烈地經驗天主不在的真空，…只要天主沒有從祂自己通傳某些超性的神光，對她而言天主是無法忍受的黑暗（《靈歌》13・1）
>
> 當靈魂表現強烈的愛情渴望和熱情期間，心愛的主時常貞潔、體貼又懷著強烈的愛情拜訪新娘（《靈歌》13・2）
>
> 在妳卓越而急速的默觀、灼燃的愛情、深度的單純中……，崇高認識的時刻尚未來到，在我通信給你的這個神魂超拔中，妳要適應這較卑微的認識（《靈歌》13・8）

此等語句出現在《靈歌》對第13詩節的註釋上，正好交代明路較低程度默觀的狀態，藉此強調理智的光照和意志的愛焰兩者步伐的不一致；默觀的肇始寓意著意志的愛火較多被觸動．而理智的靈光卻相對地顯得較為疏落，雖然情況隨後會有所改變。

（二）愛與慾的對峙

靈魂在經歷一番磨練後，終於獲得主愛的垂顧，她在出神中體會神的湛深臨在，也獲得更多助力去敏捷地修德立功。聖人稱此際遇為神訂婚（Spiritual Betrothal），他的意思是：出神狀態雖屬次要現象，但所蘊含的愛之冥合卻是神秘經驗的顯著因素；為此，聖人在第十四詩節作這樣的提示：

> 心靈的飛翔，指示一崇高境界和愛的結合，……這境界稱為：靈性訂婚。……天主把自身的崇偉事蹟通傳給靈魂，以崇偉和尊貴美化她，以恩賜和德行裝飾她，給她穿上天主的知識和榮耀（《靈歌》14－15．2）

再者，靈魂尚且能在愛的熾熱中多次領受神聖的光照、超越普通思辨智巧的瞭悟，聖人遂能繼續詮釋道：

> 由於靈魂在天主內看見這些美妙的新奇事物，及奇異奧妙的知識（與普通知識相差甚遠），她稱之為「奇異奧妙的海島」（《靈歌》14－15．8）

然而，神訂婚的高妙，並不能因而阻止感官情慾的干擾，或邪魔的突擊，以致聖人有如此的叮嚀：

這個寧靜指的只是高級部分（非等到抵達神婚以後，感官部分從來不會完全失去惡習留下的碎屑，……）……靈魂仍會遭遇心愛主的隱退，及感官和魔鬼的騷擾與苦惱（《靈歌》14－15．30）

（三）聖與俗的拉鋸

俗世的感官情慾、和邪靈的威逼利誘，此起彼落地困擾著神修者；靈魂深感卑弱，唯有求助於吾主和天使。聖人如此說：

魔鬼深懷惡意，……使出一切詭計加以騷擾，……從感官的慾望討取便宜，……在想像中製造許多形象。……非等到主派來祂的天使，這些騷擾不是單憑一己之力能夠解除的。……靈魂向天主尋求……恩惠，並求天使…協助她擊敗魔鬼（《靈歌》16．2）

此時，上主有時還似乎隱而不顯，如同沈睡於風浪中的基督一樣，靈魂在憂苦之餘，更懇切祈求神眷念，以克服神枯；聖人指出：

靈魂在這裡做二件事：第一，她藉繼續不斷的祈禱和虔敬，關閉神枯的門戶，……第二，她祈求聖神，……支持並增強她對新郎的愛情，……引導靈魂深入內在的德行修煉（《靈歌》17・2）

（四）感官與心靈的黑夜

靈魂在修行中所經歷的試煉，可被濃縮為「黑夜」一辭，其中尚可細分為「主動的感官之夜」、「主動的心靈之夜」、「被動的感官之夜」、「被動的心靈之夜」四者（《登山》與《黑夜》全書）茲以圖表示意如下：

｛主動的／被動的｝｛感官／心靈｝之夜

感官包括：眼、耳、鼻、舌、身「外五官」和想像力、幻想力「內二官」，心靈涵括意志、理智、記憶力「三司」，各有其「主動」與「被動」的煉淨；「主動」意謂人能藉本性的能力而作克修，「被動」則意謂經由神的力量來施行洗滌，人只能配合，而不能助長（《登山》1・13・1）

大致上說，默觀程度愈初步，則主動之夜的比率愈頻繁（《登山》1・1・2－3）；反之，默觀程度愈湛深，則被動之夜比重就愈激烈，尤其是心靈的被動之夜，會愈來愈白熱化，直至人靈徹底地煉淨為止（《黑夜》2・9・3）

聖人在《靈歌》對第十八至二十一詩節所給予的闡釋雖不及《攀登加爾默羅山》與《黑夜》來得詳盡，但至少也約略地對感官和心靈之夜作了一些提點；感官之面，聖人說：

她（新娘）瞭悟（新郎給的）這個幸福能被騷擾，……她請求下層的官能和感官的作用與行動靜息，不要越過感官範圍的界線，干擾或騷動上層的心靈部分（《靈歌》18．3）。

再者，聖人也直接或間接地提及心靈之夜：

由於（靈魂）其虛弱境況，感官部分不能忍受一個靈性的豐沛通傳而不昏迷。因此使心靈受苦又被折磨（《靈歌》9．1）。

誠然，當人的靈修程度愈高，則愈被動，相對地，神的作為愈活躍。要知道，人神之間的距離太懸殊，如果神不主動地協助人靈，人光靠己力是無法達成與上主冥合的地步。上主把人靈帶至「黑夜」，叫她學習離棄一切感官與心靈上的迷戀與執著，甚至學習跳出自我中心，好能「死於自己，活於天主」。尤其是被動的心靈之夜，它是一個非常痛苦的煉淨階段，有如黑夜中見不到光明一般叫人難受，然而，這是一個無可避免的過程，上主是純神，人如果要接近上主，必先離棄一切執著。這一段黑夜究竟需要延長多久，則視個人的需要而定。一旦成功地渡過這一個階段後，會達到與上主心靈的高度契合。

從明路過渡到合路，意謂著人靈已經歷了主動和被動的煉淨，去除了一總的不成全，感官和心靈的一總功能都和諧一致，完全順從正直理性的領導，藉此全然翕合上主的心智與意願，適合徹底成為吾主的新娘。聖人在《靈歌》第二十和二十一詩節的註解上如此說：

新郎——天主聖子——在這二首詩節中，賜給靈魂新娘平安和寧靜的產業，藉下層部分和上層部分的和諧一致，潔淨她的一切不成全，把本性的官能和動機帶到理性的管理下，⋯新郎阻止和命令幻覺和想像的無益飄蕩，⋯祂使理智管理先前頗使靈魂憂煩的二個本性能力，憤怒和慾望。還有，在今世可能的範圍內，祂成全（記憶、理智和意志）三官能的相關對象。甚至，祂阻止和命令（快樂、希望、怕懼和悲傷）四情緒，從現在開始，要受理智的安撫和管理（《靈歌》20－21．4）。

人靈經歷了徹底的煉淨，遂達成「神婚」（Spiritual Marriage），在主內獲致「神化」（Divinization），聖人稱之為合路。

三、合路

聖人說：「神婚是（靈魂）在心愛主內的全然神化。⋯這是今生中能達成的最高境界。」（《靈歌》22．3）吾主（新郎）殷勤地向靈魂顯示自己的奧祕，讓被愛者（新娘）充分分享自己的生命（《靈歌》23．1）；靈魂所獲得的湛深喜悅，誠非普通話語所能言詮，況且，其在受寵幸的甜蜜神醉中尚且有其延續性，「有時是一天或二天，或許多天，雖然不是經常以相同的強度，因為其強與弱不在靈魂的能力範圍內。」（《靈歌》25．8）

神婚的境界，寓意著人靈在此世能和天主達致現世所能達致的最崇高結合，只有來世的「全福」始可超越它。為此，聖人說：

靈魂在天主內的神化中，天主以神妙的光榮通傳祂自己。在此神化中，二者化為一體，如同窗子和陽光的結合，或碳和火的結合，或星光和陽光的結合。但此結合不如來世的那樣實質和完美。（《靈歌》26．4）

至此，人靈已全然由神的心智所帶領，即使這並不妨礙其個體的行動自由，到底她是「從心所欲、不踰矩。」（借用《論語．為政．四》之語）。如同聖十字若望所言：

天主親自單獨地在靈魂內工作，且通傳祂自己，沒有天使的介入，也沒有本性能力的介入；……無論外感官、內感官或所有的受造物，甚至連靈魂本身，能作的少之又少。不是靈魂本性的才能和工作，或勤勞的蒙超性大恩，而是天主獨自賜予她的（《靈歌》35．6）。

總之，《靈歌》二十二至三十五詩節交代合路究竟，提示成全的人靈在徹底被神化當中與天主成為一體，如保祿宗徒所指：「那與主結合的，便是與祂成為一神。」（*I Cor.* 6：17／cf.《靈歌》22．3）人靈在被神化當中仍不失去其個別位格，即使她已在舉手投足之間完全吻合神的心意，如同保祿所言：「我生活，不是自我生活，而是基督在我內生活。」（*Gal.* 2：20／cf.《靈歌》22．6）

四、展望全幅

作為尾聲，《靈歌》三十六至四十詩節主要闡述合路中人對來世全福的展望；提綱挈領地說，聖人在此凸顯了四個重點如下：

（一）、合路中人仍有進展的餘地（36－37詩節）
（二）、愛與智唯有到來生始得圓滿（38詩節）
（三）、合路意謂全福的預嚐（39詩節）
（四）、合路中人得蒙五種祝福（40詩節）

茲分述如下：

（一）、合路中人仍有進展的餘地

達至合路的聖者仍有進展的餘地，即其對神的愛與知識並沒有停頓，只要她一息尚存，則有增無已，因為其所結合的神是無限的美善，以致她所浸潤的氛圍不可限量。為此，聖人提示：

> 天主上智和知識的叢林，如此深奧和無限，無論靈魂獲知多少，她常能更深入地探入。其叢林無限無量，其富饒無法理解（《靈歌》36．10）。

聖人又說：

基督好像一座豐富的礦山，蘊含許多寶藏穴洞，無論人們如何深入發掘，總不能窮其底蘊（《靈歌》37．4）。

⋯⋯於是靈魂熱切渴望進入這些基督的洞穴，為能完全被吸收、神化，並沉醉於這些奧祕智慧的愛內，且在心愛主的胸懷內隱藏她自己（《靈歌》37．5）。

（二）愛與智唯有到來生始得圓滿

人即使已臻至合路，到底靈魂對神的愛和認知仍然有所進展，其永不息止的切慕，唯有到達來世的全福狀態始獲得徹底的憩息。聖人強調：

在今世，藉著靈魂在天主內的神化，即使他的愛是極大的，仍不能與天主對她的完美愛情平等，她渴望顯明的榮福神化，她將在此榮福中達到這平等（《靈歌》38．3）。

在來世全福的狀態中，愛和意志將出現這樣的局面：

靈魂的意志在那時要成為天主的意志，所以她的愛也將成為天主的愛。靈魂的意志在那裡並沒有被毀滅，而是堅定地結合於天主意志的力量，⋯⋯二者意志如此相結合，致使只有一個意志和愛（《靈歌》38．3）。

至於認知和理智方面，聖人也做類似的提示：

在那永恆之日，天主預定靈魂享受榮福，……（那）是眼所未見，耳所未聞，人心所未想到的（格前二9）如同聖保祿宗徒所說的。依撒意亞也說：「主，除祢以外，眼睛從未見過，祢之如此行事，等等」（依六四4）。（《靈歌》38．6）

(三) 合路意謂全福的預嚐

合路中人既已擴充了源自神的恩寵，並響應了神的召喚，她已在主內成為「分享的神」，如同伯多祿宗徒所指：「成為有分於天主性體的人。」（伯多祿後書1：5）在現世達成聖果的人，其所享有的幸福與愉悅，即使尚未能與全福相比，到底是全福的預嚐，為此，十字若望說：

由於靈魂和天主的實體結合，靈魂藉著在天主內，偕同天主，完成榮福聖三的工程，靈魂將分享天主自身。雖然此一分享將在來世圓滿完成，當靈魂仍在此塵世達到成全之境時，…這靈魂…正預嚐且預見其形跡（《靈歌》39．6）。

(四) 合路中人得蒙五種祝福

凡臻至合路的靈魂，她至少得蒙五種祝福如下（《靈歌》40．1）：

其一、靈魂已超脫萬物

人不再受世物所羈絆，而可「物物而不物於物」，且自由自在地「隨心所欲、不踰矩」。

其二、魔鬼已被征服而遁逃

靈魂已獲得凱旋勝利，以致魔鬼不敢再來干擾。

其三、情緒與慾望已被馴服

一總意欲情念無不聽命於平正理性的指揮下，以致個體整體和諧一致，有如〈中庸〉所指：「喜、怒、哀、樂之未發謂之中，發而皆中節謂之和。…致中和，天地位焉，萬物育焉。」

其四、感官脫胎換骨地淨化

其五、心智得心應手地順暢

第四和第五種祝福意謂感官與心智和平共存，各安其份，合作無間。

概括地說，《靈歌》全詩構思於聖人在托利多（Toledo）被囚的日子，眾詩節卻斷續地在不同的時候下筆書寫，詩中的句子即使並非一下子就被造就，但其靈感卻是首尾一貫，主題以愛侶的相戀，來象徵人神的「邂逅、訂婚、神婚」；全詩長達四十詩節，可被劃分為「煉路、明路、合路」三個段落：

「煉路」涵括第一至十二詩節，描繪靈修者初嚐聖愛感召而心靈覺醒，起而追尋神踪，卻落寞於神跡的隱遁，然這份感召足以讓她洗心革面，痛改前非，滌淨中飢渴慕義，割捨迷執，深感塵世和聖界間的懸殊，進而舉心向上、活於信德。

「明路」以第十三至第二十一詩節來做交代，陳述靈修人日進於德多得神益，而所獲的奇恩異寵，尤以神魂超拔、為愛主而出神這一環節，被寓為神訂婚。其受上主的提拔誠屬蔚為奇觀，然心靈的動盪、也相對地顯得激烈，其中尚包括「光與焰的交替」、「愛與慾的對峙」、「聖與俗的拉鋸」、「感官與心靈的黑夜」，直至一總不成全被壓服為止。

「合路」藉第二十二至第四十詩節的吟詠而反覆提示成全者的神化結合，並引用陽光與玻璃一體、烈火與烘碳交融等意象，來寓意神婚的達致，和五重祝福的湧現。人靈逍遙於天地之間，隨心所欲而不踰矩，是為人間修行的頂峰，唯有全福的圓滿始能超過其界限；人在展望來世的切慕中，其愛與智尚有增無已地擴充，直至離世與主同在為止。

全詩的來龍去脈，可方便地藉下頁圖示意：

誠然，任何歷程都有其「起、承、結」，靈修蹊徑也不例外，以致有所謂「煉路、明路、合路」。天主教神修學上能在這方面集其大成者，固然缺少不了聖十字若望《靈歌》一書；若問及這說法的起源，看來它源遠流長，似難確定地指出一個確定的日子與創始人③；然而，開始作其有條理的鋪敘者，應數托名狄奧尼修斯的《天階體系》；我們藉聆聽狄奧尼修斯的述說，再回來配合聖十字若望的《靈歌》，在雙題並論下，靈修進境的來龍去脈會顯得更為整全與細緻。

在此值得一提的是：十字若望並非對狄氏著作無知，他往往提及狄氏之言，尤對其「否定神學」（Negative Theology）說法有深深的認同④。如此說來，我們可穩妥地先後考量狄氏和十字若望所談的靈修路徑，進而做一個全盤的檢討，以體會靈智存有者回歸本源的征途。

3. Bernard Patricia McGinn , *Early Christian Mystics : The Divine Vision of the Spiritual Masters* (New York : A Crossroad Book , 2003) , chapter 9 : ” Unknowing Knowing ----Dionysius “ , p.182, “This triple pattern of purification , illumination , and perfection of union , which appeared earlier in Origen and Evagrius , was to remain one of the most common ways to understand the mystical itinerary . “ 按包利民中譯本提示：「作者承認，對九個《聖經》中的名字進行三組安排⋯，是由哈爾羅修斯（Hierotheus）先做出的。」《神祕神學》p.115 , note 44 , 以致應是五世紀產物。

4. Cf.《登山》2・8・6；《黑夜》2・5・3；《靈歌》14-15・16；《活焰》3-49。

- 煉路（1至12詩節）
  - 邂逅 → 聖愛感召、心靈覺醒 (1-2 詩節)
  - 滌淨 → 痛改前非、割捨迷執 (3 詩節)
  - 切慕 → 跨越塵世、饑渴慕義 (4-11 詩節)
  - 虔信 → 活於信德、唯主至上 (12 詩節)
- 明路（13至21詩節）
  - 訂婚 → 日進於德、愛主出神 (13 詩節)
  - 特寵 → 奇異恩典、蔚為奇觀 (14 詩節)
  - 動盪 → 光焰交替 (13 詩節)、愛慾對峙 (14-15 詩節)
  - 神夜 → 聖俗拉鋸 (16-17 詩節)、身心煎熬 (18-21 詩節)
- 合路（22至40詩節）
  - 神婚 → 神化結合、火炭交融 (22-26 詩節)
  - 自由 → 逍遙自在、隨心所欲 (27-25 詩節)
  - 愛智 → 一息尚存、有增無已 (36-38 詩節)
  - 展望 → 全福預嚐、五重祝福 (39-40 詩節)

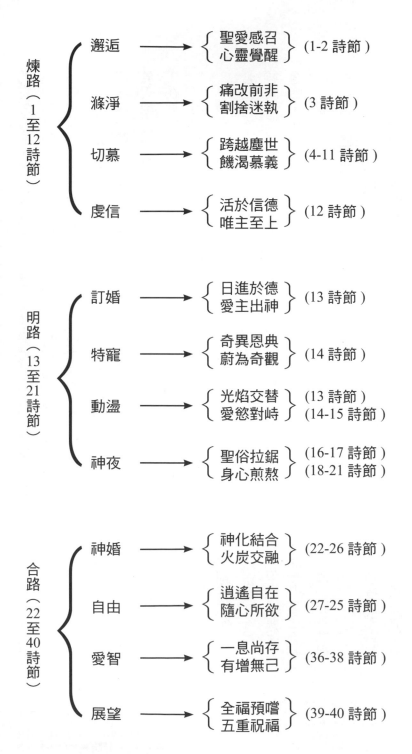

貳、托名狄奧尼修斯藉《天階體系》所剖析的靈修歷程

托名狄奧尼修斯《天階體系》明顯地談論天使學及其階層分野，但骨子裡卻暗示著人間修行階段與究竟。標題中「階層體系／Hierarchy」一辭，由希臘文「神聖／*hieros*」與「源頭／*arche*」二字所組合，寓意著體系之有其神聖起源，並分層級序列。

一、概說

（一）有關狄氏三分法

顧名思義，靈界蘊含神聖秩序，溢出自神的本源，按階層高下而各分不同的靈智狀態，在超昇中愈發與神聖源頭肖似（《天階》3・1）。同等級天使物以類聚，儕儕一堂，互相扶持，上下溝通，一起努力邁進；而等級愈高，愈近似神，愈能協助較低層次躍升；天界靈體就此動態地愈趨圓滿，愈發認同於神，愈與祂融合為一。

這提升歷程可劃分為三大等級，各細分三小品位，共計九品天使，寓意著靈智體進昇之三大層次，命名為「煉路、明路、合路」（《天階》10・3）；此等分法。適用於天界與人間。較廣義地說，數字「三」意謂「眾多」，象徵大全之數⑤。較狹義地說，狄氏喜用「三」之數字來提示神聖界域。

有關等級三分之說，看來我們須在此權宜地從一個較寬濶的幅度來透視狄氏作品。狄氏全集，除了若干書信外，為首的計有《論聖名》（*On Divine Names*）一書，站在肯定神

5. 例如，空間分「長、寬、高」三度，時間分「過去、現在、將來」，歷程分「起、承、結」，等級分「上、中、下」等。Aristotle , *Du Ciel* , 268a 11-13 , “For , as the Pythagoreans say , the universe and all that is in it is determined by the number three , since beginning and middle and end give the number of the universe , and the number they give is the triad . “

學（Positive／Cataphic Theology）立場，借用世間事物之美善，來稱謂神之美善。繼而，狄氏藉《神祕神學》（*Mystical Theology*）一書，來凸顯其否定神學（Nagative／Apophatic Theology）取向，強調神之不可名言（Ineffablilty），沒有任何辭彙可充分道出神的究竟；人唯有在超越名相知識之緘默中攀升，使得以冥合神那超越言說的奧祕，這是《教階體系》（*Ecclesiastical Hierarchy*）和《天階體系》（*Celestial Hierarchy*）所要帶出的訊息[6]。如此一來，全部作品呈現了一個「三合一結構」（Triadic Structure），寓意著萬物「溢出」（*Exitus*）自神，始終要「回歸」（*Reditus*）於神，藉著無言的「超昇」（Anagogy）來往上邁進，經歷「煉、明、合」三路，以投奔那「三一神源」（Triune Thearchy）。

（二）有關象徵說法

狄氏三分法富含象徵意義，他自己甚至提示：連聖經也往往採用象徵說法來陳述，因為人缺乏直截洞悉靈性奧蹟的能力，以致須用間接方式來述說（《天階》2．2）；然而象徵語言有其限度，未必能暢所欲言，致使人在陳述與理解尚須經歷一個辯證如下（《天階》2．3）：

正：先用自然界事物做類比，例如、天使有翅膀，其行疾如飛；
反：自然界事象不能充分表達神聖奧祕；
合：象徵語句可刺激聯想，讓人藉此躍昇至靈性玄觀。

總之，以物理意象作為梯階，有助於讀者攀登至超性奧理，只不過我們不可執著於形象字句，以免捨本逐末，誤失天機。

6. 《教階體系》談教會禮儀（Liturgy）和聖統制，《天階體系》談九品天使，都牽涉較低階層超昇至上主的歷程。

（三）有關九品天使之名

談及九品天使之名，其沿出自新舊約聖經的不同章節，只是聖經並沒有給它們刻意排序而已，況且某些名字尚用來稱謂黑暗勢力，此點容後討論，茲率先把名次及出處表列如下：

二、天階層級個別檢視

天階體系中處最高層級者有三：熾愛者天使、明慧者天使、上座者天使。此上三品最親近天主，永遠環繞著天主，毫無中介地與祂結合，沒有任何存有者比他們更肖似神，也沒有任何眾生比他們更直截接受最原初啟示（《天階》6．2）。

（一）上三品天使

(1) 熾愛者天使

上三品為首者乃熾愛者天使，命名「色辣芬」⑦。

上	Seraphim	熾愛者天使	依撒意亞 *Isaiah* 6：2 ｜ 6
	Cherubim	明慧者天使	厄則克耳 *Ezekiel* 28：14,16； 創世紀 *Genesis* 3：24
	Thrones	上座者天使	哥羅森書 *Colossians* 1：16
中	Dominations	宰制者天使	哥羅森書 *Colossians* 1:16； 厄弗所書 *Ephesians* 1:21； 伯多祿前書 *I Peter* 3:22
	Authorities	掌權者天使	厄弗所書 *Ephesians* 1:21
	Powers	異能者天使	哥羅森書 *Colossians* 1:16；2:10; 厄弗所書 *Ephesians* 1:21；*I Peter* 3:22
下	Sovereignties	率領者天使	*Colossians* 1:16；2:10；*Eph*. 1:21；3:10
	Archangels	總領天使	得撒洛尼前書 *I Thesalonians* 4:16
	Angels	天使	伯多祿前書 *I Peter* 3:22

7. Seraphim 又譯名撒拉弗，此名出現於 *Isaiah* 6:2-6。

按希伯來文義，意謂造火者、傳熱者，即充滿愛火，被神寵愛與還愛於神，並把愛普及眾生靈，以至宇宙萬物。狄氏說：

「撒拉弗」（Seraphin）之名確實表示一種永恆地環繞神聖者的運行，滲透暖熱，一種從不出錯、從不終止的運動滿溢熱量，……他們公開而無減損地保有他們得到的光和給出光明的能力。它意味著驅逐與消除昏暗陰影的能力（《天階》7．1）。

⑵**明慧者天使**

上三品居中者乃明慧者天使，命名「革魯賓」⑧，寓意著充滿知識。顧名思義，意謂從全然地認同上主中一併獲得其智慧，以致聰敏地瞭悟神的心意與作為，包括其創世、贖世、眷顧世人及萬物等一總知識。為此，狄氏說：

「基路伯」（Cherubim）之名意謂著認知和看見上帝的力量，接受祂的光的最大恩賜與觀照原始力量之中神聖榮光的力量，充滿帶來智慧的恩賜（《天階》7．1）。

⑶**上座者天使**

上品中居第三位置者乃上座者天使，具名「最崇高的寶座」（Thrones）⑨，蘊含尊貴高尚、眼光凝仰、以上主為追隨的最高目標等意涵，以致狄氏解釋道：

8. Cherubim 又譯名基路伯，此名源出於舊約聖經多處，計有 *Genesis* 3:24；*Exodus* 25:18-22 , 37:6-9；*Numbers* 7:89；*Psalm* 18:10 , 80:1 , 99:16。
9. 上座者天使之名出自新約《哥羅森書》*Colossians* 1:16，按包利民中譯 p.117，註 49：「雖然基路伯可擔任寶座（詩 80:1 , 99:1），《哥羅森書》一章 16 節把「寶座」（亦譯「有位的」）描寫成天界存在者之一種。」

這一稱號表明……對一切塵世缺陷的超越，……他們朝向極項上昇，……並全然專注地，永遠地保留在真正的最高者面前。……完全適宜於接受神聖的巡視（《天階》7．1）。

總括前三品天使的共性，他們最能彰顯的特徵有三，即「潔淨、光明、完全」三者（《天階》7．2－3）：

潔淨——一塵不染、聖潔無瑕

他們……是徹底「潔淨的」，…沒有任何塵世缺點和一切污染，……完全超出了一切弱點和一切較低的神聖級別。…他們不知道任何趨向低下事物的減損，……他們擁有永不動搖、永不變動和全無侵染的基礎（《天階》7．2）。

光明——明鑑洞照、智慧超凡

他們也是「觀照的」，…他們充滿著超出任何知識的超級光芒，……不是通過在形式中反映上帝的工作的神聖形象，而是通過真正地靠近祂，最先分有從祂發出的聖光的知識（《天階》7．2）。

完全——完美無缺、恆久成全

他們是「完全的」，……因為他們有最先和最高的聖潔化，……直接從上帝本身受…指導，有被直接提昇至上帝的能力，……他們僅次於完全和永久的純淨（《天階》7．1）。

(二) 中三品天使

按照狄氏之排列，中三品天使計有「宰制者天使」、「掌權者天使」、「異能者天使」三者。究其實，此等名字是保祿宗徒採自當時所盛傳的有關靈界鬼神的稱號，其中若干名稱尚且用來稱謂黑暗權勢⑩，保祿並不對他們作嚴格區分，只強調靈界眾勢力都拜倒在基督的權限下而已⑪。

(4) 宰制者天使

宰制者天使，希臘文為 *kyriotēs*，拉丁譯文稱作 *dominatio*，英譯計有 Domination，Dominion，Lordship 等，意謂主治者；狄氏釋：

> 「主治者」……它自由、不為塵世傾向所束縛，不嚮往任何處於粗鄙統治的暴君的不相似的品行。……它仁慈地、……接受那主治者的相似物。它拒絕空洞的外表，徹底回歸向真正的主（《天階》8．1）。

言下之意，他不以力服人，卻以德服眾，能力足以管治萬民，才德足以凌駕四方。

(5) 掌權者天使

10. e.g. *I Cor.* 15:24；*Col.* 2:15；*Eph.*6:11-12 . C. Leslie Mitton , *The New Century Bible Commentary : Ephesians* (London : Manshall , Morgan & Scott Publ. Ltd , 1973) , *Eph.* 1:21 , p.72 , "… here at (*Eph.*) 1:21 they are listed as rule (*archai*) , authority (*exousiai*) , power (*dynameis*) and dominion (*kyriotēs*) . These correspond very closely to those named in *Col*. 1:16—dominion , principalities , authorities , and thrones—although in that context they are not specifically charaterised as evil . "
11. Mitton, *Ephesians*, p.72 , "All these are somewhat imprecise terms and it is futile to try to draw any sharp distinction between them . "

掌權者，希臘文 *exousiai*，意謂足具權威。狄氏釋：

> 「掌權者」的稱號，指的是……豪邁而不可撼動的勇氣。……拋棄一切疏懶與軟弱，……有力地提昇自己去模仿上帝。……有力地向祂回歸（《天階》8．1）。

換言之，他勇毅精勤，排除萬難，向掌權者天主效法，努力往本源回歸，並藉此凸顯其權威，足以作眾生楷模。

(6) 異能者天使

異能者，希臘文為 *dynameis*，拉丁文譯作 *virtus*，英譯 Power, Dynamism, Virtue，意謂活力充沛、德能兼備；狄氏釋：

> 他們能以和諧不亂的方式接受上帝，並表明天界和理性的權威的本序本性。……並且充滿善心地把低於他們的等級與他們一道向上提昇（《天階》8．1）。

按狄氏的體會，異能者的德能，尤在於其有條不紊、先後有序，並敏於作上承下達的中介者，以扶持後進、共同提昇。

更廣義地說，中品級天使既處於居中地位，自然一方面接受上品級天使的協助，另一方面又提攜下品級天使的超昇，好能一起努力達至最終的完成。為此，狄氏解釋：

最先的理性完善、照亮、潔淨較低級別者，使後者通過他們而被提昇，…第二級的存在者通過第一級的存在者而從上帝接受啟示（《天階》8．2）。

(三) 下三品天使

談及最末等級之天使，狄氏也給他們劃分三品：「率領者天使」、「總領天使」、「天使」。

(7) **率領者天使**

「率領者」，希臘文為 *archai*，拉丁文譯為 *principatus*，英譯計有 Sovereignties，Principalities，Rulers 等[12]，寓意著「首領」；狄氏釋：

「天界首領」指那些擁有與上帝相像的君王般的領導權，…並像王一樣領導其他人朝向祂（《天階》9．1）。

(8) **總領天使**

「總領天使」，希臘文是 *archangelos*，拉丁文譯作 *archangelus*，寓意著「天使長」；狄氏釋：

天使長……居中。……他們與最聖潔的首領級和聖潔的天使級交通著，……向自己的超越原則（泉源）回歸，……對由前面的力量所得到的神聖啟示進行解

12. Cf. *Col*. 1:16 , 2:10；*Eph*. 1:21 , 3:10 , etc.

說……，大方地把這些告訴天使，並通過天使而告訴我們（《天階》9・2）。

(9) **天使**

「天使」，拉丁文 *angelus* 轉捩自希臘文之 *angelos*，蓋「七十賢士本」（LXX）用此辭來翻譯希伯來文之 *mal'ak*，意謂「使者」（Messenger）。狄氏釋：

> 天使結束了天界理性的全部等級排列。在所有天界存在者中，他們擁有的天使品性最少。他們與我們最近。……這一等級更專注於啟示工作，而且與世界更近。……首領、天使長和天使的啟示等級在他們自身中統治著人的階層體系，以便使向上帝的提昇與回歸、交通與統一能根據合宜的秩序而發生（《天階》9・2）。

三、天階層級綜合檢討

綜合地談論九品天使所象徵的深層義，《天階體系》一書即使明文地論述天界靈體的階級分野，究其實在暗寓世人修行的要旨和經歷，其中尤向我們提示以下的一些重點。

（一）等級意謂動態修行

如上述，「階層體系」一辭綜合自「神聖」與「源頭」二字，意指萬物「溢出」自神聖源頭，終須「回歸」一己之根，以完成愛的大團圓。含心智意識的天使與人尤凸顯一段修行歷程，以與神聖本源結合。我們可較細緻地分三點來陳述，它們是：

- (1)**等級有分高低**
- (2)**等級高低意謂動態轉化**
- (3)**轉化目標指向至善根源**

茲分述如下：

(1)**等級有分高低**

靈智存有者，不論是天使或人，在靈格上有分上、中、下序列與德能（《天階》10．3）。換言之，靈智者在靈性修維上有分高下，以致在品位上有分尊卑。

(2)**等級高低意謂動態轉化**

靈智者品位之高低，乃以至善之神作為最終判準；愈肖似神，則等級愈高（《天階》3．1），愈敏捷地提昇（《天階》10．3）。這意謂著階層體系並非為一套靜態境況（Not Static States），而是為一套動態轉化（Dynamic Transformation）；「轉化」一辭可正面地意謂著提昇，負面地暗寓著退步的可能。

(3)**轉化目標指向至善根源**

靈智者上、中、下品位之分辨，在活躍變動中蘊含昇降，以最終目標——至高上主——作為究極依歸。靈智者努力修行，經歷煉路、明路、合路，以祈與聖潔根源合一。

（二）上品天使綜合寓意

繼而，上三品天使之名可啟發眾多聯想如下：

⑴眾德以愛為先

最上品天使——色辣芬——原意為造火者、傳熱者，象徵熾愛，被安置於眾天使之先，意謂「愛」為諸德之首，保祿宗徒以之為一切法律的滿全（*Rm.* 13：8－10）；若徒有諸德而無愛，則百行皆缺乏價值；信、望、愛三超德尚且以愛為最大（*I Cor.* 13：1－13）。從較消極面說，愛有滌淨作用，足以消除很多罪過：罪婦眾罪都蒙赦免，因為她愛的多（*Lk.* 7：47）。從較積極面說，愛使人更肖似天主，因為天主是愛（*I Jn.* 4：8）。

⑵熾愛與明慧相輔相成、但分先後

再者，色辣芬／Seraphim 與革魯賓／Cherubim 之名綜合起來，意義既深且廣。革魯賓凸顯著智慧義。《天階》5．1指出：「高級別者擁有在下者所擁有的光明與力量。」若把色辣芬和革魯賓相提並論，至少給我們投擲出三個重點如下：

其一、愛蘊含知識

其二、愛超越知識

其三、愛與知識是我們少數能帶進天國的財寶

(a)愛蘊含知識

真誠的愛並非意謂著盲目，而意謂著更深度的知識。《創世紀》稱男女愛的結合為認識對方（《創世紀》4：1；19：8）。歷代哲人都在這方面提出其證言；例如，佛洛姆（Erich Fromm）提示：「知識有許多層面，唯獨藉愛而獲致的洞察不停留在表面，而直指本心。」[13]此外，謝勒（Max Scheler）也說：「真愛開啟人的靈眼，讓我們發現被愛者的更高價值。它容許人有洞察，而不叫人盲目。」[14]

(b)愛超越知識

色辣芬與革魯賓名列前茅、數一數二；然以色辣芬排名先於革魯賓，寓意著以愛為優先。保祿宗徒強調：「我若……明白一切奧祕和各種知識，……但我若沒有愛，我什麼也不算。」（*I Cor.* 13：2）此外，巴斯噶（Blaise Pascal）又說：「心有其理性，為理性所不識。」[15]此等話語都在見證：愛超越知識，知識須在愛的前提下始取得其完整性。換言之，熾愛與明慧相輔相成，然以愛為重。

(c)愛與知識是我們少數能帶進天國的財寶

固然，話須說回來，愛與知識即使排名有分先後，到底綜合起來都是最值得我們追求的價值；況且，天主同是愛與智慧，凡生活在愛中的人，就是生活在天主內，且在主內獲得智慧；以吾主作為嚮往的最終目標，自然重視愛與知識[16]。按雷蒙・穆迪（Raymond A. Moody , Jr.）的研究，有過瀕死經驗的人們，都會異口同聲地強調：此生的要務就是須力恆

13. Erich Fromm , *The Art of Loving* (New York : Bantam , 1956) , p.24 , "There are many layers of knowledge , the knowledge which is an aspect of love is one which does not stay at the periphery , but penetrates to the core . "
14. Max Scheler , *The Nature of Sympathy* (New York :Yale Univ. , 1954) , p.157 , " …… true love opens our eyes to ever-higher values in the object loved. It enables them to see and does not blind them . "
15. Blaise Pascal , Pensées , § 277 , in *European Philosophers from Descartes to Nietzsche* (New York : Random House , 1960), p.124 , "The heart has its reasons , which reason does not know."

不懈地行愛與求知，唯有它們是能讓人帶回靈界的珍寶。⑰

(3)上三品天使的圓融啟發

上三品級者尚剩「上座者天使」。其被強調為位於「上座」，崇高超越，與色辣芬、革魯賓同列上品而位居第三，不失其明愛與慧心，以致能穩佔寶座，得以親近天主。以「上座者」為借鏡，我們所獲得的啟發是：所謂「近朱者赤」，愈接近神，愈肖似祂，愈不走回頭路（《天階》7．2）。

「熾愛者」、「明慧者」、「上座者」合起來，寓意著靈修愈以上主為馬首是瞻，愈浸潤於愛與知識，則進步愈神速，後退機會愈少。狄氏說：

> 第一組永遠環繞著上帝、……毫無中介地與上帝統一。這當中有最聖潔的「寶座」和據說有許多眼睛（*Ezekiel* 1：18）、許多翅膀的（*Isaiah* 6：2），……稱為「基路伯」和「撒拉弗」的天使。……直接環繞著上帝，享有…最大親近。……沒有任何存在者比他們更與神聖者相像，或更直接地從上帝接受最初的啟示（《天階》6．2）。

第一等級的天使比別的天使更多地擁有火的力量和被傾注於他們的聖潔智慧。在神聖光照之下對最高者的知識，以及總結於「寶座」一詞中的表明他們接受上帝的特別力量的那種能力（《天階》13．3）。

16. Raymond A . Moody , *Reflections On Life After Life* (New York : Bantam , 1977 , pp.94-97 , “ I gather from the tone of the persons who reported these (near-death) experiences that the kind of love they have in mind is…… *agape* , ……an overflowing , spontaneous , unmotivated kind of love ……given to others regardless of their fault . …… My impression from listening to stories of near-death experiences is that kind of knowledge people mean has more to do with theoretical and factual kinds of things (i.e. , *episteme*) , …… knowledge of basic things , causes of things …… that hold the universe together , …… deeper knowledge … related to the soul , ……wisdom (*sophia*) , …… *sophia* and ‘wisdom’ alike have…… an ethical dimension as well as a factual one . The wise man … would not only possess knowledge but would be able to apply it in a morally accumulation of knowledge . “

(三) 中品天使綜合寓意

繼而，中三品天使分別以「宰制者」、「掌權者」、「異能者」為名。顧名思義，尤凸顯其充滿權威，肖似著萬軍上主的威能；狄氏同時標榜其能力之在於慈愛，如同上主在廣施仁愛中流露出其聖潔莊嚴一般，使人既受「吸引／*mysterium fascinosum*」、又蒙「戰慄／*mysterium tremensdum*」[18]。總之，中三品天使在這方面反映著神的尊威，中品天使的威能也不在於以力服人，而在於以德服眾。換言之，他們的存有寓意著神聖威能不在霸凌，而在仁愛寬厚。……

(1) 愛與寬恕比任何力量更大

有關掌權者不以殘暴而以寬仁來凸顯其力量一事，看來《論語》對此有相應的發揮；例如：

導之以政，齊之以刑；民免而無恥。
導之以德，齊之以禮；有恥且格(〈為政〉．三)。
子為政，焉用殺？子欲善，而民善矣。
君子之德風，小人之德草；草上之風必偃(〈顏淵〉．十九)。
因民之所利而利之，斯不亦惠而不費乎？
擇可勞而勞之，又誰怨？欲仁而得人，又焉貪？

17. Raymond A . Moody , *Life After Life : the Investigation of a Phenomenon—Survival of Bodily Death* (New York :Bantam , 1975) , pp.92-93 , "Almost everyone has stressed the importance in this life of trying to cultivate love for others . …… In addition , many others have emphasized the importance of seeking knowledge . …… No matter how old you are , don't stop learning . …… For this is a process , I gather , that goes on for eternity . "
18. 茲借用奧圖（Rudolf Otto），*The Idea of the Holy* , 1917 之辭彙。

君子無眾寡，無小大，無敢慢；斯不亦泰而不驕乎？

君子正其衣冠，尊其瞻視；儼然人望畏之；斯不亦威而不猛乎（〈堯曰〉．二）？

再者，「寬恕仁愛之為真正德能」一議題，也容易讓人聯想起先前謝勒對尼采（Friedrich Nietzsche）的辯駁：

——尼采指 { 愛只是記恨的伸延，寬恕只是奴隸性的屈服；

猶太人打不過仇敵，{ 遂轉悲憤為仁愛，化報復為寬恕：

此等表現，都只是卑弱、恐懼、無能的表徵而已[*Towards a Genealogy of Morals*（1887）, part I, sec. 8, 10, 14][19]。—對此，謝勒的駁斥是：

寬恕仁愛才是真正強者的德行！這意謂著勇於包容、富於慈愛，不管能否反擊，絕不以暴易暴，唯有強者能為之〔*Ressentiment*（1912）〕[20]。

(2) **藉中品級天使體會愛的雙面向度**

此外，中品級天使的位置，尤尖銳化地凸顯其「中介」意義；狄氏在不同章節中多次強調這一點，例如：

下面一級級存在者通過他們的上級的中介，而依次接受自己的一份聖潔光芒。……

19. 英譯本參閱 Friedrich Nietzsche , *Towards a Genealogy of Morals* (New York : Anchor Books , 1956).
20. 英譯本參閱 Max *Scheler , Ressentiment* (New York : Free Press of Glencoe , 1961) , pp.43-45 , 72-73 .

他們充滿善意地把他們的下級別者盡量提昇為自己的平輩。他們毫無怨言地告知下級他們自己領受到的榮光，使下級能向更下一級者傳遞這光。這樣，在每一層次上，在先者都向後來者傳送他接受到的一切聖光，聖光便按上帝所意願的比例傳遍一切存在者（《天階》13．3）。

中品級天使所凸顯的「中介」義——傳遞與接受，無疑給我們提示了愛的双面向度——施與和接受。愛一方意謂著無條件的施與，另一方面又意謂著被愛的接受；羅樂梅（Rollo May）對此有精闢的見解：「徒能施而不能受，則形同控制；徒能受而不能施，則無從將愛內化於生命」[21]。

(3) 藉中品級天使體會修行的昇沈

中三品天使，位居天界靈性團體的中央，既無上三品天使的便捷，又有下三品天使的趨促；尤給我們更迫切凸顯修行的危機意識：即修身寓意「動態轉變」，須「正視目標」，而「避免沉淪」，與「努力提昇」。

所謂「動態轉變」，它意謂只暫處當下境況，而心存更高嚮往。

所謂「正視目標」，它意謂切勿自以為是，而以主寵為究極力量。

所謂「避免沉淪、努力提昇」它意謂修行如同逆水行舟，不進則退，以致須仰賴主恩，而敬慎處事。

21. Rollo *May , Love and Will* (New York : Norton , reprinted 1984) , p.311 , “ If you cannot receive , your giving will be a domination of the partner . Conversely , if you cannot give , your receiving will leave you empty. “

（四）下品天使綜合寓意

談及最末三品天使之名稱，我們可能多少體會到其中的吊詭，「率領者天使」、「總領天使」、「天使」三者，綜合了「領導」與「聽令」二事，也就是凸顯了「發號施令」和「執行命令」的一體兩面，寓意著能執行命令，就有資格發號施令。換言之，領導人貴在謙下服侍他人。

⑴ **非以役人，乃役於人**

末三品天使尤以履行使命來反映其品格的清高；此點讓我們聯想起福音的話（*Matt.* 20：26－28）：

誰若願意在你們中成為大的，就當作你們的僕役；誰若願意在你們中為首，就當作你們的奴僕。就如人子來不是受服事，而是服事人，並交出自己的生命，為大眾作贖價。

主耶穌還以給宗徒們洗腳來強調這一重點（*John* 13：13－18）。

⑵ **愛貴在踐行**

再者，下三品天使的特色既在於履行使命，這無疑地給我們提示出愛之貴在踐行；即愛與其在乎說中聽的話，不如說更在於實踐愛德，身體力行地廣施慈愛。聖依納爵（St.

22. *Spiritual Exercises*，聖依納爵著，王昌祉譯《神操》（台中：光啟，1960再版），《聖愛瞻想》（預誌），p.101.

Ignatius Loyola）《神操》（§230）就有這樣的一句名言：「愛更是在工作中，不只在言語中。」㉒一份忘我的愛，無形中讓施者與受者都獲得造就。當母親忘我地為子女付出，她無形中把自己塑造成慈母，也給子女帶來建樹。同樣地，天使們也樂於在愛中協助我們，雖然他們並不為求什麼回報，到底在他們施愛中，以及我們在樂於接受愛中，雙方都藉此而在生命中獲得提昇。茲借用魏斯醫生／Dr. Brain L. Weiss 的話語來作一補充：

> 知性知識：必要催化劑就是行為實踐。沒有行動，觀念就會萎縮、褪色。 智慧是很慢才能得到的，……容易吸收的知性知識，必須藉實踐轉化為 情緒的、或潛意識的……，一旦轉化好了，這種印象就是永久的㉓。

言下之意：徒然懂得愛的意義，不足以造就為愛者，人仍須藉愛的實踐來把愛內化於己，類比著藉實踐來把知性知識轉化為智慧；究其實，愛與智慧互相維繫，恰如色辣芬和革魯賓互相關連一樣。

（五）人可加入天階體系

至此，我們尚可多加一個重點：人可藉修德成聖，而加入天使的行伍，以與他們一起投奔上主。狄氏說：

> 我應該對天使的階層體系獻上一曲讚美歌。我以超越此世界的目光凝視《聖經》

23. 魏斯著，譚智華譯《前世今生》（*Many Lives, Many Masters*）（台北；張老師，1992），p.182.

所歸屬於它的聖潔形式，以便我可借助這些神祕的表現而被提昇至它們神聖的單純性（《天階》4．1）。

看來狄氏欲作這樣的暗示：天階體系並不必然是天使們的專利，人只須恆心修德，活於愛中，以上主為嚮往的最終目標，那麼，你將與天使們看齊，跟他們一起同聚愛的大團圓。反之，你也可因罪業深重而與邪魔為伍。

昔者，厄則克耳先知弔提洛王（King of Tyre）哀歌中就曾如此地詠歎（*Ezekiel* 28：14－16）：

我曾立你為革魯賓，作光耀的守衛，在天主的聖山上，在烈火的石中往來。從你受造之日起，你的行為原是齊全的，直到你犯了罪之時。因你生意興隆，你就充滿了欺壓，犯了重罪，因此我從天主的山上將你趕走，從烈火石中將你這作守衛的革魯賓剷除。

言下之意：人可因聖德超卓而置身於天使行列，位居上品，也可因惡貫滿盈而從天使的隊伍中墜落，難以自拔。況且，人身難得，既可快捷進步，也可迅速沉淪，務須兢兢業業，仰賴主寵，接受天使們協助，以勉力提昇。

茲引用下列圖表作撮要：

靈智層級，動態昇沈

- 上三品
  - 熾愛者 (Seraphim)：熱情如火、真愛不渝
  - 明慧者 (Cherubim)：明鑑洞照、智慧超凡
  - 上座者 (Thrones)：愛慧兼備、具體而微
  - 綜合寓意 → 愛為諸德之首；愛與智均值得珍惜；近朱者赤則義無反顧
- 中三品
  - 宰制者 (Dominations)：以德服眾、足以為君
  - 掌權者 (Authorities)：勇毅精勤、威震四方
  - 異能者 (Powers)：有條不紊、德能益彰
  - 綜合寓意 → 神聖力量在於寬仁；愛兼含施與受；修行如逆水行舟
- 下三品
  - 率領者 (Sovereignties)：出類拔萃、德表出眾
  - 總領天使 (Archangels)：身先士卒、鞠躬盡瘁
  - 天使 (Angels)：執行使命、不辭勞苦
  - 綜合寓意 → 非以役人，乃役於人；愛貴在實踐，非徒空言；上承下達，樂於協助

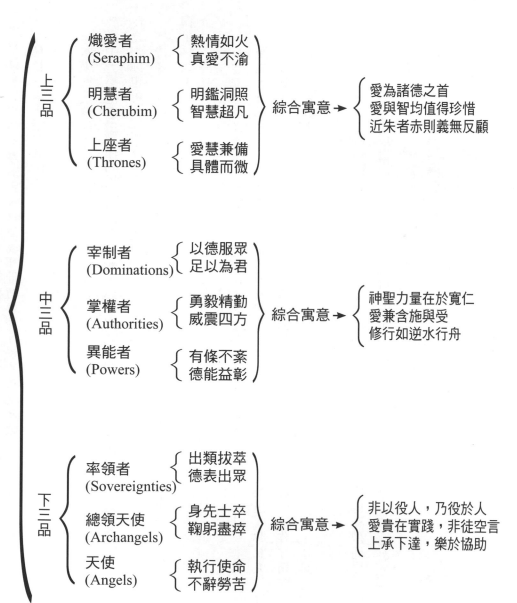

參、《天階體系》與《靈歌》的綜合論述

先後聆聽了十字若望《靈歌》和狄氏《天階體系》的個別鋪陳後，我們也許會在這兩篇風格迴異、內容參差的名著中感到有點眼花撩亂，即使深明它們都在企圖交代靈修歷程的起、承、結，並提點各階段的特色和理想，到底掩蓋不住其中能有的異同，茲給它們做一綜合反思如下。

一、表面的張力

兩書年代不同，筆者各異，表面張力，自是在所難免，茲作若干提點如下。

（一）有關煉路、明路、合路的稱號

煉路、明路、合路之名，先於二書而早已面世，卻在二書中奉為經典，一路走來，逐漸演變成靈修過站的既定稱謂。究其實，二書所描繪的內蘊，在涵義上未必完全一致。

《天階》（10：3）以靈智者「**都分有那潔淨之上的潔淨，那超豐足的光，那在一切完全之先的完全。**」狄氏之意是：靈智者溢出於神（*Exitus*），保有潔淨（Purification）、光照（Illumination）、完成（Perfection）的潛能，以致能回歸本源（*Reditus*）：「煉、明、合」三辭同時蘊含共時性（Synchronic）與貫時性（Diachronic）二向度：共時性地、它們意謂靈智者正在開發之潛能，按修維的高低而享有不同等級的煉淨、光明、和完美；貫時性地、它們意謂靈智者的修行過程，以初階活躍於滌淨、中階臻於明心見性、高階陶醉於深度冥合。

反之，《靈歌》（主題）則偏重於貫時性向度；十字若望以煉路之為初學者的滌除罪疚、割捨迷執，以明路之為進階者的空靈明覺、奇恩異寵，以合路之為完成者的結合於神、達於巔峰。他雖不排除共時性的潛能義，卻側重於貫時性的歷程義。為此，在「煉、明、合」三辭意的交代上，狄氏比十字若望要來得週延。

（二）天階與人間的對比

我們閱讀《天階體系》和《靈歌》二書，至少在比對天界與人世當兒，多少體會天上與人間的落差、動與靜的懸殊、主僕與愛侶的分辨等異別，茲逐一交代如下：

(1)天上與人間的落差

首先，讀者不會錯置二書的視域，《天階體系》談天使團體，《靈歌》講人間修行；雖然《天階》不忘提示其論述相應人士，到底並非正題的話語。

(2)動與靜的懸殊

再者，《天階》指出靈界序列動態昇沈、不進則退；《靈歌》則展望天鄉圓滿，靜候息勞歸主，止於永安。一動一靜，分別互見。

(3)主僕與愛侶的分辨

此外，《天階》申述靈界之愛，以「主僕型態」出之，天使是神的使者，效命於主，連革魯賓也遵令防守樂園（*Genesis* 3：24）。反之，《靈歌》闡釋天人之愛，卻以「愛侶型態」來歌頌，從邂逅及至神婚，新娘備受寵幸，為天使所豔羨。

此等張力，不勝枚舉，雖不構成背反矛盾，到底讓比較者疲於協調其中節拍上的分歧。

（三）「本性」、「超性」二概念的義理演繹

上述的某些張力或許可以歸究到二書年代背景的不同，以致在義理上出現若干落差。首先，狄氏處在五世紀年代，基本上深受新柏拉圖主義和希臘教父思想薰陶，著重動態觀點看萬物，倚助神的提拔，天助自助，往更高層次邁進，以致「本性」（Natural）與「超性」（Supernatural）二面向一體圓融、互不對立。

反之，十字若望處在十六世紀的西班牙，宗教裁判（Inquisition）之風熾盛，排除異端之舉雷厲風行，在教義上談生死，被限定在「萬民四末」——死亡、審判、天堂、地獄——的框架上立論，尤對「本性」、「超性」間的懸殊做嚴格區分。

於此，我們可方便地藉追溯「本性」與「超性」二概念的義理發展，來探索《天階》和《靈歌》二書間張力的內在緣由。

從歷史發展的眼光看「本性」與「超性」二概念的對比，公元十六世紀可以說是一個分水嶺；十六世紀以前，「本性」與「超性」是同一回事的兩面；自十六世紀開始，它們則變成兩個不同的層面。茲對這一演繹做一追蹤如下：

1.本性界與超性界二辭有其久遠的歷史淵源

24. *Phusis* 為名詞，意義多元，最普遍的字義是「大自然」。*Huperphues* 是形容詞，其副詞（Adverb）是 *huperphuos*，意謂「奇異地、神奇地」。*Phusis* 與 *huperphues* 二者意義並不對立。Cf. G.W.H. Lampe , *A Patristic-Greek Lexikon* (Oxford : Oxford University Press , 1961) , p.1441.

25. 拉丁文 *natura* 是希臘文 *phusis* 的翻譯。至於「超凡」一義，在多位古羅馬學者如 Cicero , Tacitus , Seneca 等，他們引用 *divinitus , supra naturam , excedens* 等辭，意謂超乎尋常的效果；然在古羅馬學人中，並不遇見形容詞如 *supernaturale*、或副詞如 *supernaturaliter* 等字。Cf. J.P.Kenny , “Supernatural” in *New Catholic Encyclopedia* vol.13 (New York : McGraw-Hill , 1967) , p.812 . Cf. Henri de Lubac , “Remargues sur l’ histoire du mot surnaturel “ dans *Nouvelle Revue Theologique* 61 , (1934) , p.226 .

我們可從古希臘與羅馬世界（Greco － Roman World）的背景說起。

⑴ **古希臘、羅馬世界**

有關上古西方文化談「本性」與「超性」二義，我們瞥見：

（a）、古希臘有分 *phusis*（大自然）與 *huperphues*（龐大、超凡）二者㉔

（b）、古羅馬則分 *natura*（自然）與 *supra naturam, divinitus, etc.*（超凡效果）二者㉕

然而，我們並未從中看出「本性」與「超性」是有關連的字，那就是說，兩者不見得是彼此對立，也不見得是兩個獨立的存在層面。

⑵ **教父時代**

時至教父年代（Patristic Period），眾哲賢㉖談救恩史，都異口同聲地把「創造／Creation」與「救贖／Redemption」相提並論，以它們為上主同一份作為的兩面、或同一個救恩史的兩個時份，以致被創造的「大自然／Nature」，蘊含著救贖與聖化的「超性面／

26. Cf. Boethius , Cassiodorus , Isidore of Seville , Hugh of St. Victor *(Didascalion)* , etc.

Supernatural Aspect」㉗；也就是說，為教父們，尤其是希臘教父，浸潤在新柏拉圖主義與基督精神的對話，無不以「本性」、「超性」之為一體兩面、互相融貫；而托名狄奧尼修斯的作品，就是經由這年代的薰陶而孕育的成果，無怪乎他也在標榜世界的「溢出」與「回歸」為同一歷程的兩極㉘。

⑶以多瑪斯為代表的十三世紀

十三世紀是為士林哲學蓬勃的年代，學者們仍沿襲自教父以來的大方向，以「本性」和「超性」之為一體兩面，配合無間；用聖多瑪斯（St. Thomas Aquinas，1225 – 1274）作為代表，他主張人本性主要是向著上主開放，擁有一股動力推駛著人心去渴慕上主，永不息止地超越一切世物，而至少隱然地在嚮往著神，唯有在投奔到神的懷抱內始獲得絕對的憩息㉙，為此，人本性地就有其「溢出／*Exitus*」與「回歸／*Reditus*」兩面向；「本性」不是純粹地本性，「本性」蘊含「超性」；「本性」與「超性」是為同一事實的兩面㉚。

2.二界斷裂的來龍去脈

然而，「本性」與「超性」二義的融貫，在漫長的歷史傳承中，卻漸漸變質，至十六世紀而演繹成兩界斷裂的畸形狀態。其中的因由可被交代如下。

⑴前因後果

（a）聖奧斯定的說法

27. Cf. W.Lossky , *In the Image and Likeness of God* (New York : St. Vladimir 's Seminary Press , 1947).
28. Pseudo-Dionysius , *Divine Names* 4 , 4-35；5 , 10.
29. Thomas Aquinas , *Summa Theologiae* I-II , 3 , 8 .
30. Cf. Henri de Lubac , *Augustinianism and Modern Theology* (London : Geoffrey Chapman , 1969) , p.196 .

首先，在聖奧斯定（St. Augustine , 354 – 430）的反思下，萬物在受造之初都是聖善的，為神所鍾悅（*De Civitate Dei* 11,17），這論點固然依隨著傳統的大方向。然而，在進一步反省人類的墮落時，他卻標榜原祖的犯罪導致人性的敗壞，不能以己力接觸超性界，須藉神的救贖來獲救[31]。這種說法徒然給人一個錯覺：以為原罪以後，人性被貶抑成純粹本性，失去超性成份，無法從本性中發顯潛力來自拔。

（b）奧坎的推波助瀾

時至十四世紀，奧坎（William Ockham , 1285 – 1349）出而為「唯名論者」（Nominalists）的代表人物。奧氏談「人性」（Humanity），以之為「人之所以為人／Man in so far as he is man」[32]，又說：上主以其「絕對能力」，可以創造只有純粹本性的人，與聖寵可以沒有關連；換言之，神能力有分「絕對能力／*potentia absoluta*」與「一般能力／*potentia ordinata*」，後者意謂神在日常狀態下於自然現象和一般恩寵中的實際表現。如此一來，他無形中又給人錯覺，以為神的超越表現是純屬超性層面的事理，與本性狀態無關。

（c）文藝復興與自然主義

及至十六世紀的文藝復興期，學界對「本性、超性」的對比有新的觀點：人的世界是目前我們所能經驗的世界，知識起自經驗，世間孕育一系列科學如醫學、天文學、物理學等，其進步一日千里；至於天國的事，不是科學家們所要關心的對象。也就是說，「啟蒙」（Enlightenment）思潮以自然主義掛帥，超越界事理被認為是遙不可及，以致處在日常生活

31. *Confessiones* 3 , 7；*Enchiridion* 40；*De moribus ecclesiae Catholicae* 2 , 2 , 2 , etc .
32. William Ockham , *Summa totius logicae* 1 , 8 .

的世人不欲理會，也不暇兼顧[33]。

(2) 十六世紀神學的轉向

十六世紀神學家響應文藝復興期的新人觀，

以「人性」之為純粹人的本性，
以「超性」之為「外在因素／the Superadded」，純粹外在於人性。

聖寵等超性事理只是從外面加諸於人，並不發自人的本性。為此，「本性」、「超性」成了兩個對立的概念，甚至知識也分「本性知識／Natural Knowledge」與「信仰知識／Knowledge of Faith」，後者由啟示得來。

這批神學家中，可以卡耶登（Cajetan，詳名 Thomas de Vio Caietanus, 1468 – 1534）作代表。

卡耶登在閱讀到聖多瑪斯《神學大全 I – II, Q.1, a.1》的一句話：「**人對上主有自然渴求。**」覺得有點不順眼；但多瑪斯是既定權威，其文句不容駁斥或修正；於是卡耶登遂給予註解道：人本性只渴望世上的事，至於多瑪斯所指的「對上主的渴求」，那只是「被動潛能／Obediential Potentiality」而已，須等待上主的引動始能有力量投奔上主；換言之，人只被動地服從神的牽引，其潛能只是服從的潛能[34]。

如此一來，在卡耶登的詮釋下，「本性」、「超性」已不再是同一事物的兩面，而是兩個不同的存在層面，彼此對立、互相見外；「超性」本身超離了「本性」，只從外加諸於「本性」之上[35]。

33. Cf. Jan H. Walgrave, O.P., Geloof en theologie in de crisis (Kasterlee : De Vroente, 1966), pp.137-147
34. Cajetan, *Commentarium in Summam Sti. Thomae*, Prima secundae qu. 1, a, 1, n. 9. Obediential Potentiality 意謂「純被動狀態 /Mere Passive Disposition」、「純接受狀態 /Mere Receptivity」。
35. de Lubac, *Augustinianism and Modern Theology*, p.188 .

聖十字若望生於十六世紀，看來他至少在措辭上沾染了當時神學語言的若干色彩。

（四）聖十字若望因措辭而引發的張力

沒有人會懷疑聖十字若望是聖多瑪斯的傳人，深得多瑪斯神哲學的神髓。然而，聖十字若望在用語上卻逃避不了十六世紀的色彩。

1. 措辭上的多重比對

聖人至少在有意無意之間把「本性」與「超性」二辭對立起來看待，以致行文呈現多重比對如下：

(1) **「下」比對「上」**——「超性的就是說超越本性之上；因而本性必然處於其下。」（《登山》2．4．2）

(2) **「感性」比對「靈性」**——「如果是屬靈的，感觀必無法領悟。」（《登山》2．17．5）

(3) **「本性之光」比對「超性真理」**——「信德使我們相信天主啟示的真理，這真理超越本性的所有光明。」（《登山》2．3．1）

(4) **「主動」比對「被動」**——「理智其能力指導本性的知識；……當我們的主願意時，能把理智帶進超性的行動。」（《登山》2．3．1）

上述寥寥數語，至少流露著十六世紀神學的若干口吻。但話總須說回來，固然行文與內容互為表裏，然而作者仍可引用當時術語來創造個人思想，以致單執著文詞的外貌，容易給人錯覺。如此一來，以五世紀的狄氏作品來比較十六世紀十字若望的文章，多少會導致若干表面張力。

2.《天階》與《靈歌》二書行文的拉鋸

回顧上述所列舉的一些出入，《天階》與《靈歌》兩書至少互相糾纏在

——「煉、明、合」三路之共時性與貫時性義的偏重
——天界與人間的落差
——動與靜的殊異
——主僕與愛侶的辨別

於此，我們尚可剋就「本性」與「超性」二辭的對峙，來進一步凸顯《天階》和《靈歌》二書的三重拉鋸，

其一是、天助自助比對聽候提拔
其二是、一體圓融比對上下懸殊
其三是、再上層樓比對修成正果

茲申述如下。

(1)**天助自助比對靜候提拔**

狄氏標榜靈智者天助自助，「溢出」自神，嚮往著神，勉勵提昇，「回歸」太一。十字若望強調靈修愈高、愈趨被動；神秘恩寵、非能揠苗助長，唯靠神的施予，靜候提拔。

性」。

(2)一體圓融比對上下懸殊

為狄氏言，「溢出」與「回歸」一體兩面，「本性」和「超性」一體圓融；「本性」蘊含「超性」，「超性」在「本性」中閃耀。

為十字若望言，「本性、超性」，上下懸殊，人須割捨迷執，藉信德生活。

(3)再上層樓比對修成正果

狄氏指謂天階體系，層層昇進，不因處在靈界而一勞永逸。

十字若望卻意謂若撕破三層薄紗（《活焰》1．29），歸返天鄉，則功德圓滿。

凡此總總，足以給人一份年代隔閡、語句分歧的困擾。

然而，話須說回來，狄氏與十字若望之間即使在行文上呈現若干表面的張力，到底卻掩蓋不住《天階》與《靈歌》這兩份著作的深層諧協。

二、深層的諧協

究其實，狄氏和十字若望的作品有著更多深層的諧協，不因年代的阻隔而有所轉移。我們可借助下列的提示來佐證。

(一)默觀之為黑暗之光

十字若望曾有四次[36]引用狄氏「默觀之為黑暗之光」一語[37]來指出灌注默觀超越一般智巧所能理解，也無從透過日常語言來充分道破。在這重點上，十字若望和狄氏的意見是一致的。

36.　《登山》2．8．6；《黑夜》2．5．3；《靈歌》14-15，16；《活焰》3．49.
37.　托名狄奧尼修斯《神祕神學》C . 1# 1 :PG3 , 999 .

(二)「煉、明、合」三辭既寓意理想也闡釋進階和成就

有關「煉路、明路、合路」三辭，即使狄氏和十字若望二人說法各有偏重，到底並不抹煞兩者的共識，即它們圓融地指謂——潔淨、光明、冥合——在靈修蹊徑上

既是初階者的理想
也是進階者的歷程
更是成全者的成就

(三)、默觀之為祕密的愛的知識

當十字若望認同狄氏「默觀之為黑暗之光」的當兒，也一併地翕合了後者所默認的默觀定義——默觀之為祕密的愛的知識，維繫著理智和意志二者。十字若望說：

> 天主經由這個默觀傾注自己給靈魂，…同時傳達了光和愛，這是超性之愛的認識，…因為那光同時也激起愛；…如聖狄奧尼修斯說的，對理智而言，是黑暗的光明。…由於天主是神性的光和愛，在通傳給自己的靈魂時，祂等量地以認識和愛傳達給…理智和意志。(《活焰》3．49)

(四)「聖化」意謂「神化」

狄氏和十字若望都異口同聲地提示：靈修的最終境界在於「神化／Divinization」，即與主湛深地結合而成為「分享的神」。

狄氏說：「成聖就在於盡可能與上帝相像以及與上帝統一。…階層體系…由盡最大可能與『一』相像的完全和『一』本身的聖靈鼓舞的分有所構成。」（《教階體系》1．3）

十字若望說：「（靈魂）越過本性的界線，進入天主的境界，…在天主內神化了。…如同聖保祿說的：凡與天主結合的，便是與祂成為一神（格前六17）。」（《登山》3．2．8）

上述的提示都是基督宗教信理和靈修的基本論點。在這些論點上一致，則表面的張力就顯得很次要。

三、合觀的豐益

《天階》與《靈歌》的合觀，誠然是難能可貴的對談；對談的宗旨並不在乎說服對方，也不在乎指出誰對誰錯，而在乎分享與融通，從理論交流中讓彼此都變得更為豐益、更有內涵㊳。若從靈修的前提上聆聽狄氏和十字若望的聯合教誨，我們可以獲得一個更為豐富的完型如下。

（一）、靈修初階

修道之初，類似下三品天使一樣，貴在實務，踐行愛德，盡忠職守，身體力行地進入

38. Gabriel Marcel, *The Mystery of Being, Vol. I, Reflection & Mystery* (Indiana : Gateway Editions, 1950), p.74, "……a discussion about ideas in which both the conversationalists are so interested in their topic that each forgets about himself, …… The very soul of such discussions is the joy of communicating, not necessarily the joy of finding that one's views agree with another's, …… Truth is at once what the two conversationalists…… are aware of striving towards……" *Ibid.* " it offers spiritual nourishment……, and they in their turn help on the growth of what one might call its spiritual substance."

主動的感性與心靈之夜，受教於德高望重的神師，也甘作後學的守護天使，好能一起進步，往上提昇。

（二）靈修中階

修行步伐，漸入佳境，空靈明覺，威能顯赫，此時更應虛懷若谷，上承下達，接受指導，提攜後進，樂於從「施」與「受」當中共同提昇，也敬慎領受感官和心靈的被動之夜，勿執著標奇立異經驗，反而須活於信、望、愛三超德。

（三）靈修高階

修行之巔，有如上三品天使一般，熾愛、明慧兼備，得獲上座，仰合天道，義無反顧，臻至從心所欲不踰矩。然三重薄紗尚未撕破，則不可自以為是，因為連革魯賓也可下墜沉淪[39]，連撒羅滿也會辜負聖恩[40]，連路濟弗爾也會如同晨星殞落、陷入魔道[41]。為此，誰敢自負自誇，鬆懈放縱！

這是我們能從狄奧尼修斯和聖十字若望所獲得的共同開示，願與同儕們分享；至於《天階體系》與《靈歌》的綜合看法，可藉下圖來作撮要：

39. *Ezekiel* 28:14-16 .
40. 聖女大德蘭《靈心城堡》7・4・2
41. *Isaiah* 14:12 , "How did you come to fall from the heavens, Morning Star , Son of Dawn ? "拉丁文聖經（Vulgate）以「晨星 /Morning Star」譯名為「路濟弗爾 /Lucifer」。*Luke* 10:18 , " He (Jesus) said to them , 'I watched Satan fall like lightning from heaven . "

《天階體系》&《靈歌》的邂逅

表面的張力

（一）煉、明、合（三路）
- 狄氏強調→共時義
- 若望標榜→貫時義

（二）
- 狄氏：天階體系，動態昇沈
- 若望：人神相戀，靜候天鄉

（三）本性 Vs. 超性
- 狄氏謂→一體兩面
- 若望謂→上下懸殊

（四）措辭拉鋸
- 年代差異
- （十六世紀作分水嶺）

深層的諧協

（一）煉、明、合（三路）
- 既寓意理想
- 又闡釋進階

（二）默觀 —之為→ 黑暗之光

（三）默觀 —之為→ 祕密的愛的知識

（四）聖化 —意謂→ 神化

（深層諧協既如此基本，則表面張力顯得次要）

合觀的豐益

（對話
- 不在乎辯駁
- 而在乎分享
）

（一）、靈修初階
- 實踐使命，專務愛德
- 進入感性、心靈主動之夜

（二）、靈修中階
- 以恆毅、寬仁活出→權威、異能
- 接受感性、心靈被動之夜

（三）、靈修高階
- 愛慧兼備，得獲上座
- 薄紗待破，莫負聖恩

等待天使...

國家圖書館出版品預行編目資料

聖十字若望的靈歌／聖十字若望（St. John of the Cross）作．
加爾默羅聖衣會譯
-- 初版，-- 臺北市：星火文化，2015 年 11 月
面；　公分．--（加爾默羅靈修：11）
ISBN 978-986-90324-9-0（平裝）
譯自：Cántico Espiritual
1. 天主教　2. 靈修

244.93　　104021332

加爾默羅靈修 011

聖十字若望的靈歌

作　　者	聖十字若望（St. John of the Cross）
譯　　者	加爾默羅聖衣會
執行編輯	徐仲秋
封面設計	Neko
內頁排版	Neko
總 編 輯	徐仲秋
出 版 者	星火文化有限公司
地　　址	台北市衡陽路七號八樓
電　　話	（02）2331-9058
營運統籌	大是文化有限公司
業務經理	林裕安
業務專員	馬絮盈
業務助理	李秀蕙
企畫行銷	徐千晴
	讀者服務專線：（02）2375-7911 分機 122
	24 小時讀者服務傳真：（02）2375-6999
香港發行	豐達出版發行有限公司
	Rich Publishing & Distribution Ltd
	香港柴灣永泰道 70 號柴灣工業城第 2 期 1805 室
	Unit 1805, Ph. 2, Chai Wan Ind City, 70 Wing Tai Rd,Chai Wan, Hong Kong
	電話：21726513 傳真：21724355
	email：cary@subseasy.com.hk
印　　刷	韋懋實業有限公司

特別感謝　封面攝影 范毅舜

2015 年 11 月初版
2021 年 11 月初版 2 刷
Printed in Taiwan
I S B N 978-986-90324-9-0
定價／360 元